スイングは骨で考えると
よくわかります

BONES AND GOLF

BONES AND GOLF

# アドレスでは骨格のバランスを整え「骨で立つ」

アドレスで大事なのは胸を右に回しやすい体勢をとること。胸は正面に向け、背骨（頸椎《けいつい》、胸椎《きょうつい》、腰椎《ようつい》）が「曲げる」「伸ばす」、どちらにも行けるようニュートラルな状態にする。

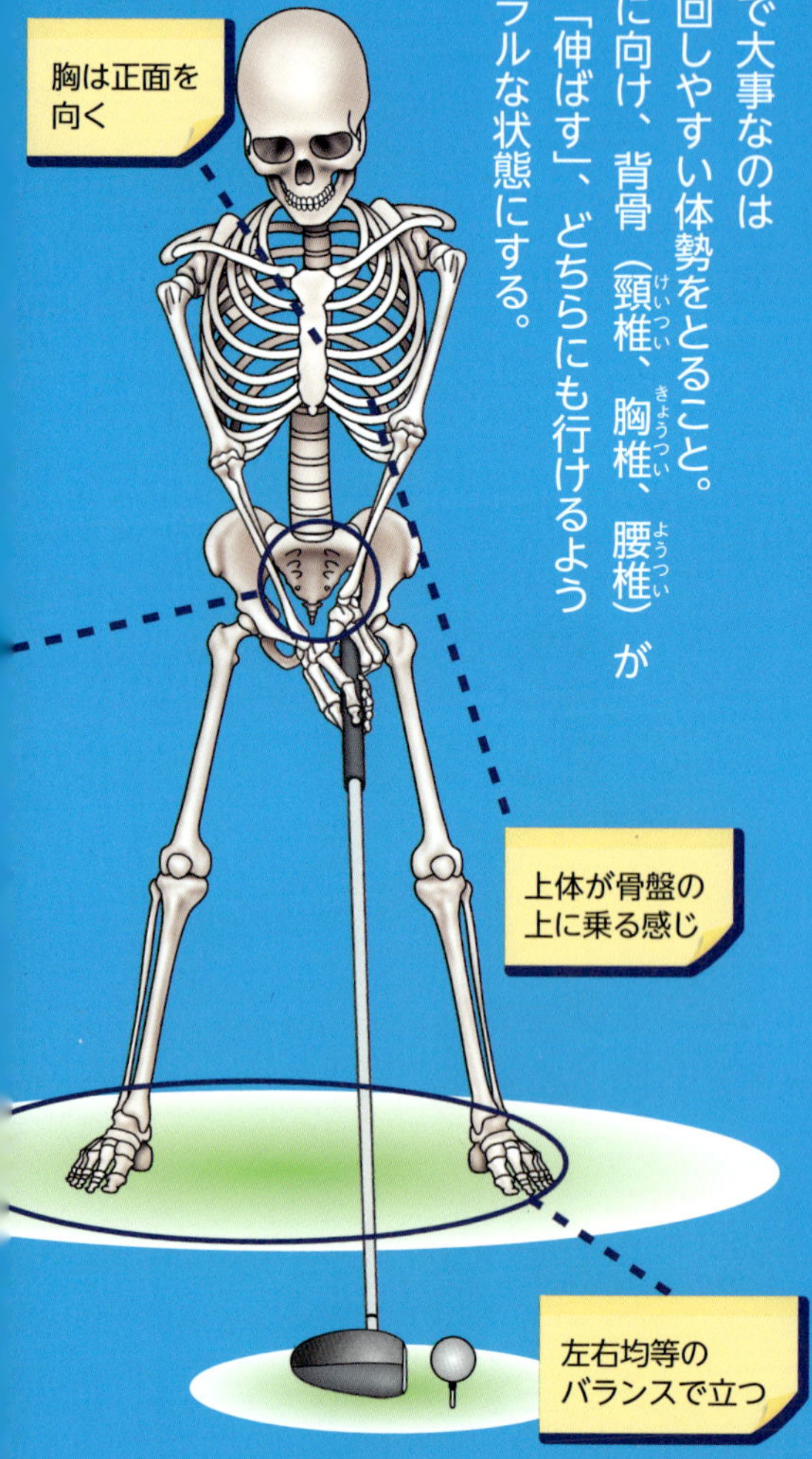

アドレスでは股関節《こかんせつ》を屈曲して
骨盤《こつばん》を前傾させる。
上体が骨盤の上に乗る感じになり
胸が回せる体勢になる。

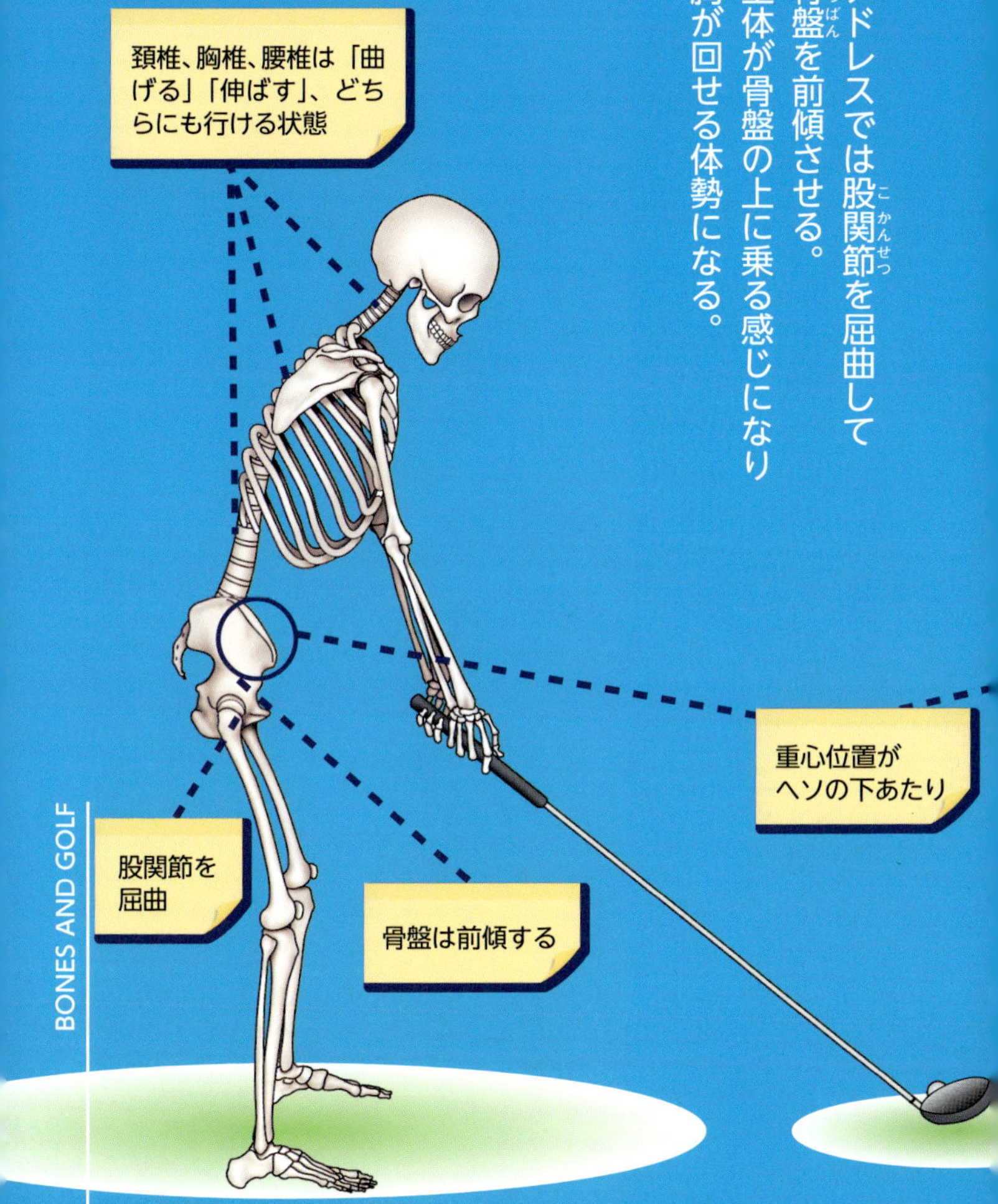




本文72ページ～

# 肩甲骨まわりは適度に固定する

適正な姿勢で構えられると、
両ヒジを下に向けてクラブを握れ、
両ワキが締まったアドレスになる。
ここで肩甲骨まわりを適度に固めておく。

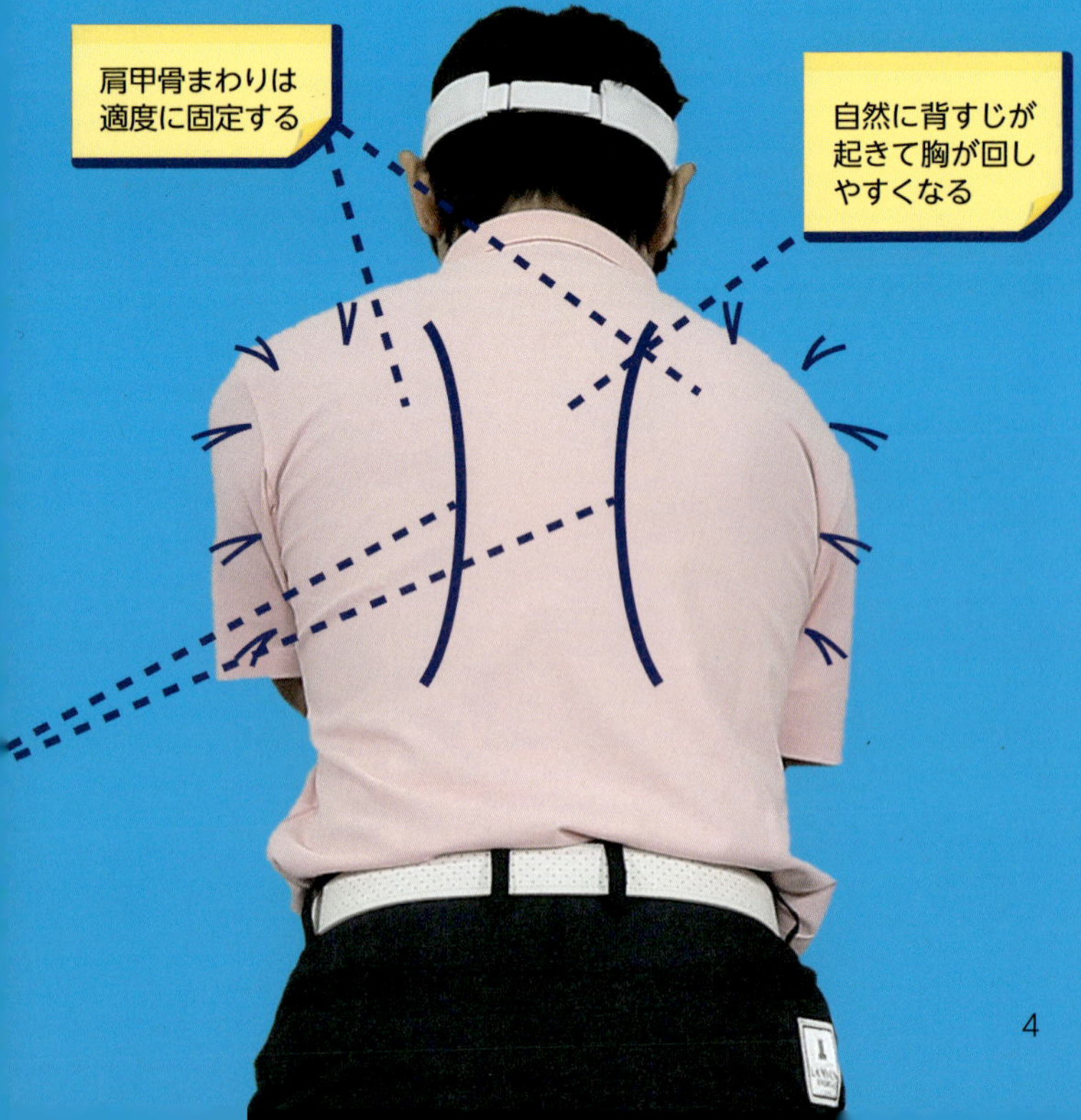
肩甲骨まわりは
適度に固定する
自然に背すじが
起きて胸が回し
やすくなる

肩甲骨まわりを適度に固めてグリップすると、
左右の肩甲骨が少し開く。
自然と背すじが起きて胸が回りやすくなる。

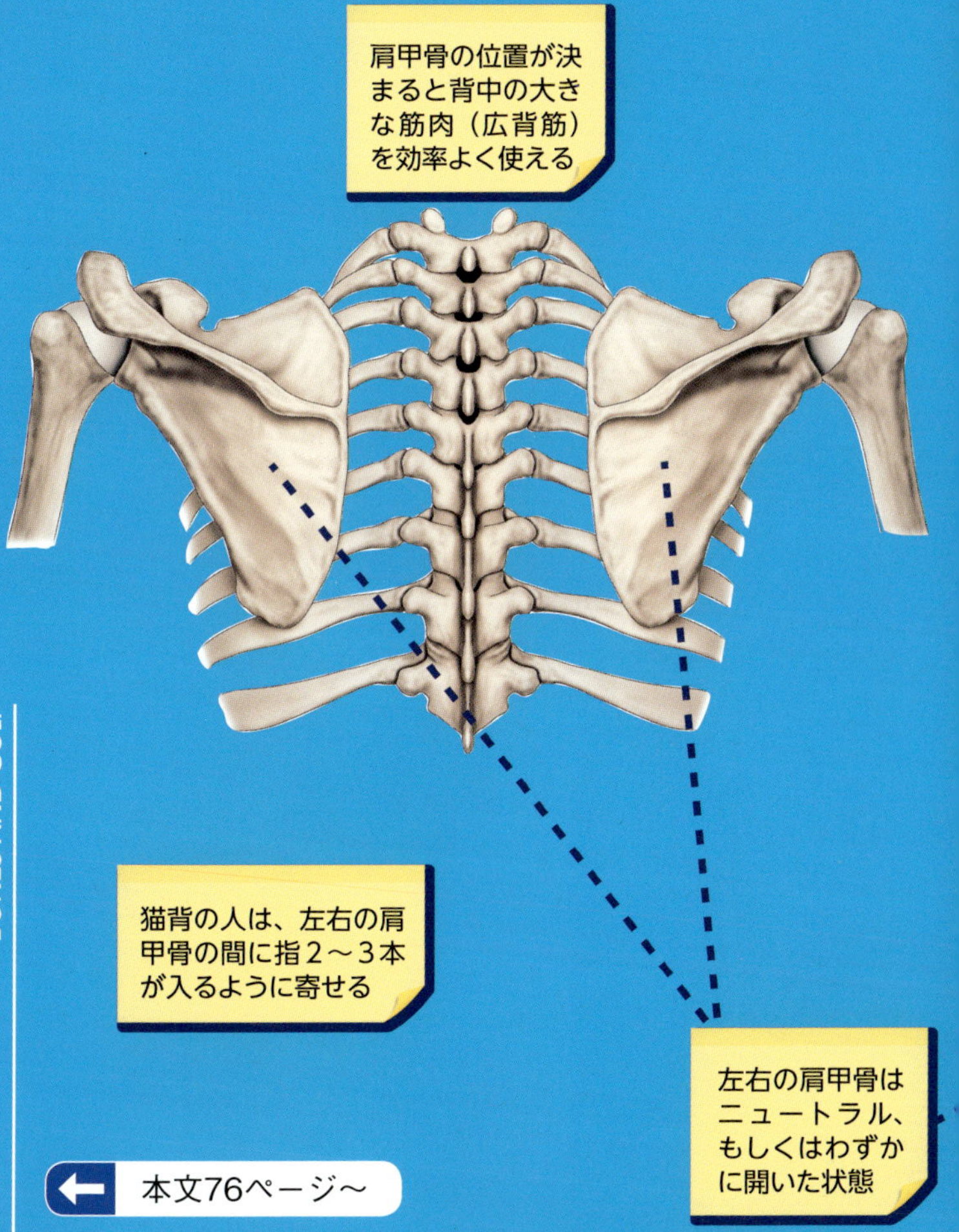

肩甲骨の位置が決まると背中の大きな筋肉（広背筋）を効率よく使える
猫背の人は、左右の肩甲骨の間に指2～3本が入るように寄せる
左右の肩甲骨はニュートラル、もしくはわずかに開いた状態


本文76ページ～

# 骨盤の前傾がスイング安定の鍵

骨盤のポジションは体型により変わる。クラブの長さもほぼ同じなので、股関節の屈曲《くっきょく》度合いに、何度といった定義はない。

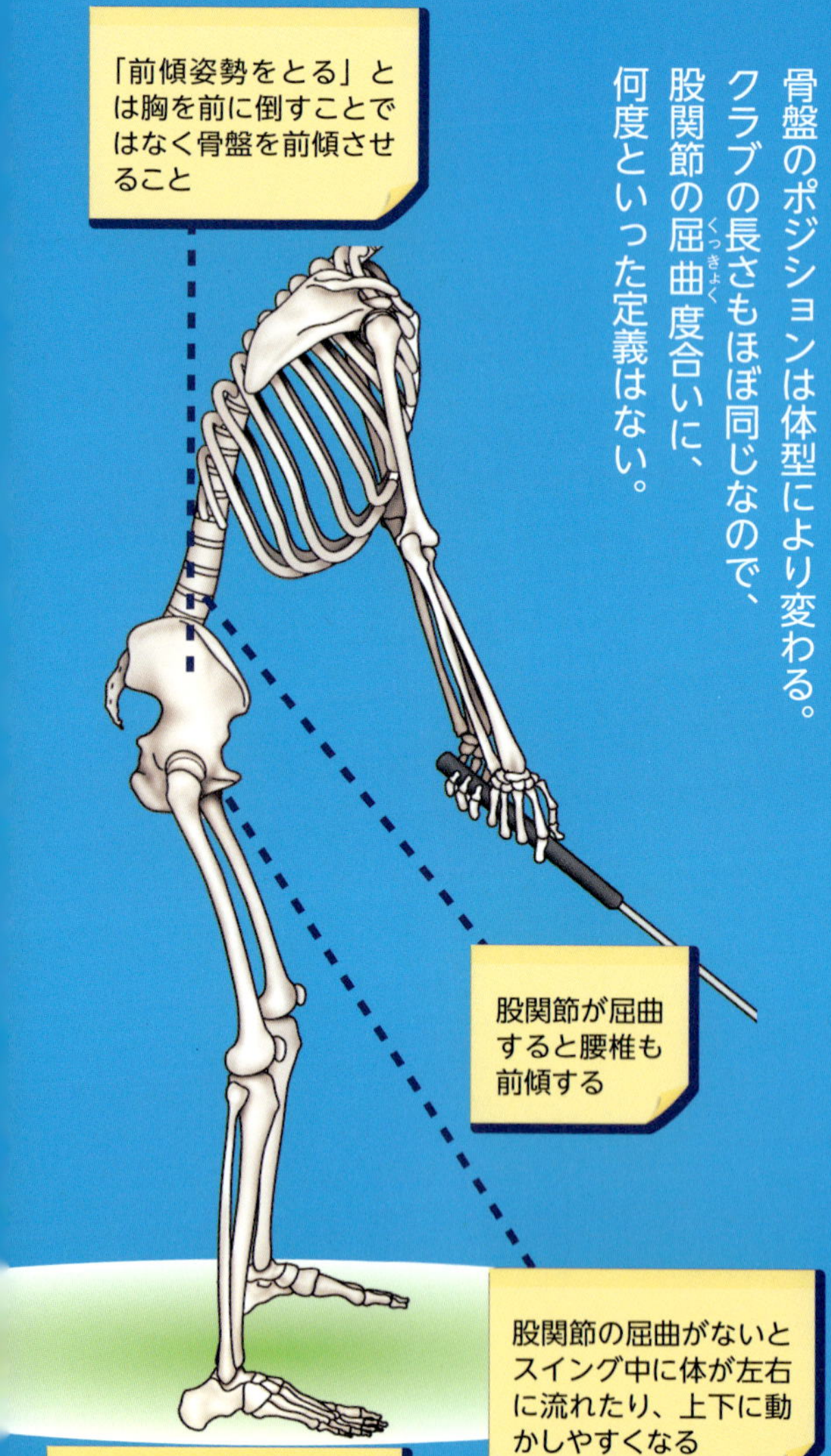
「前傾姿勢をとる」とは胸を前に倒すことではなく骨盤を前傾させること
股関節が屈曲すると腰椎も前傾する
股関節の屈曲がないとスイング中に体が左右に流れたり、上下に動かしやすくなる
正しくないアドレスから正しいアドレスに変わるとはじめは違和感がある

骨盤が前傾していないと、
ヨコ揺れやタテブレの多いスイングになる。
背骨がニュートラルなら、
股関節の屈曲に伴って骨盤が前傾する。

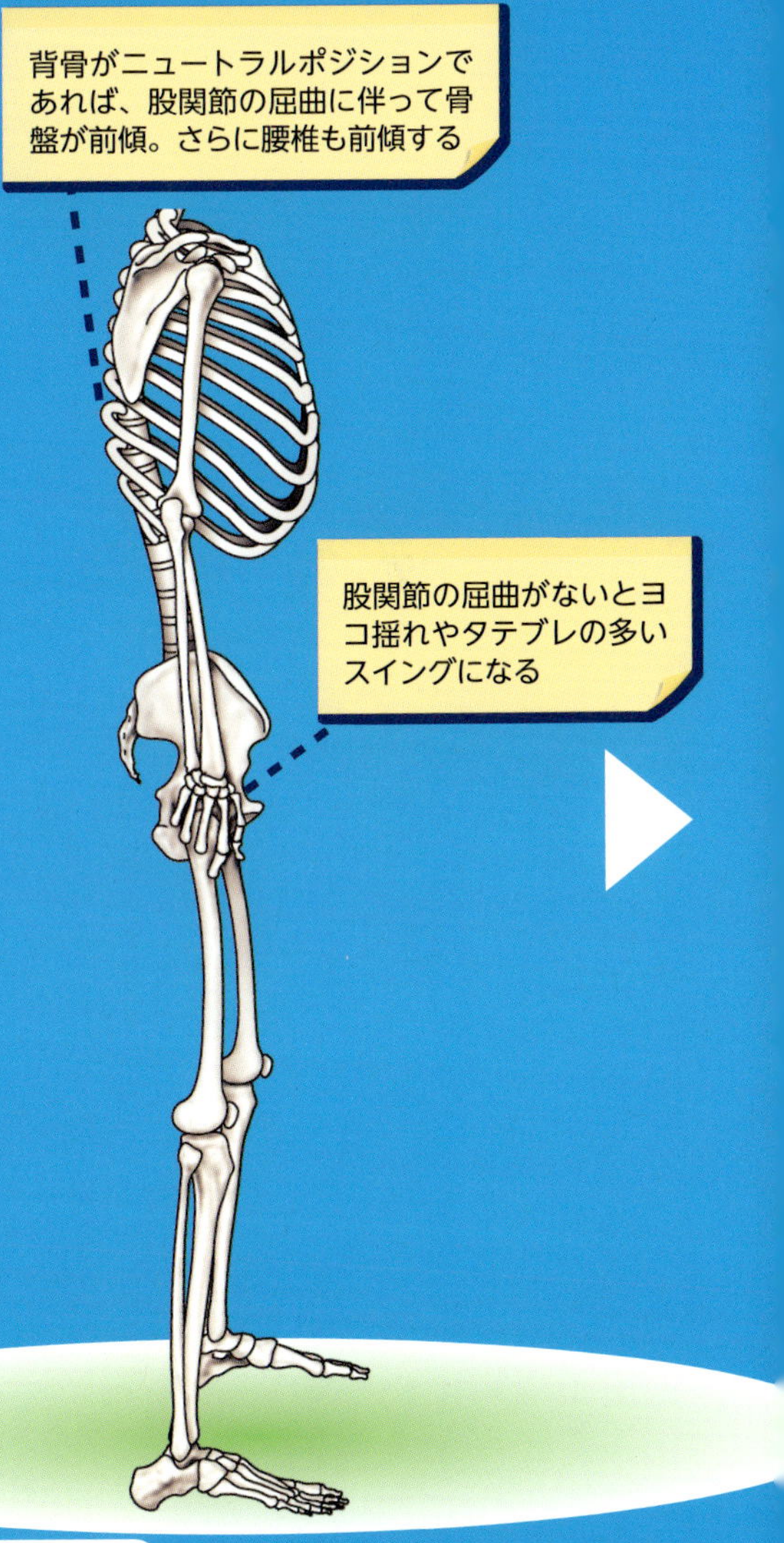
背骨がニュートラルポジションであれば、股関節の屈曲に伴って骨盤が前傾。さらに腰椎も前傾する
股関節の屈曲がないとヨコ揺れやタテブレの多いスイングになる

本文88ページ～

# 股関節と胸椎を使ってスイング

BONES AND GOLF

筋力や柔軟性によって
体の各部の可動範囲には違いがあるが、
骨や関節の使い方は万人共通。
とりわけ股関節と胸椎の使い方が重要だ。

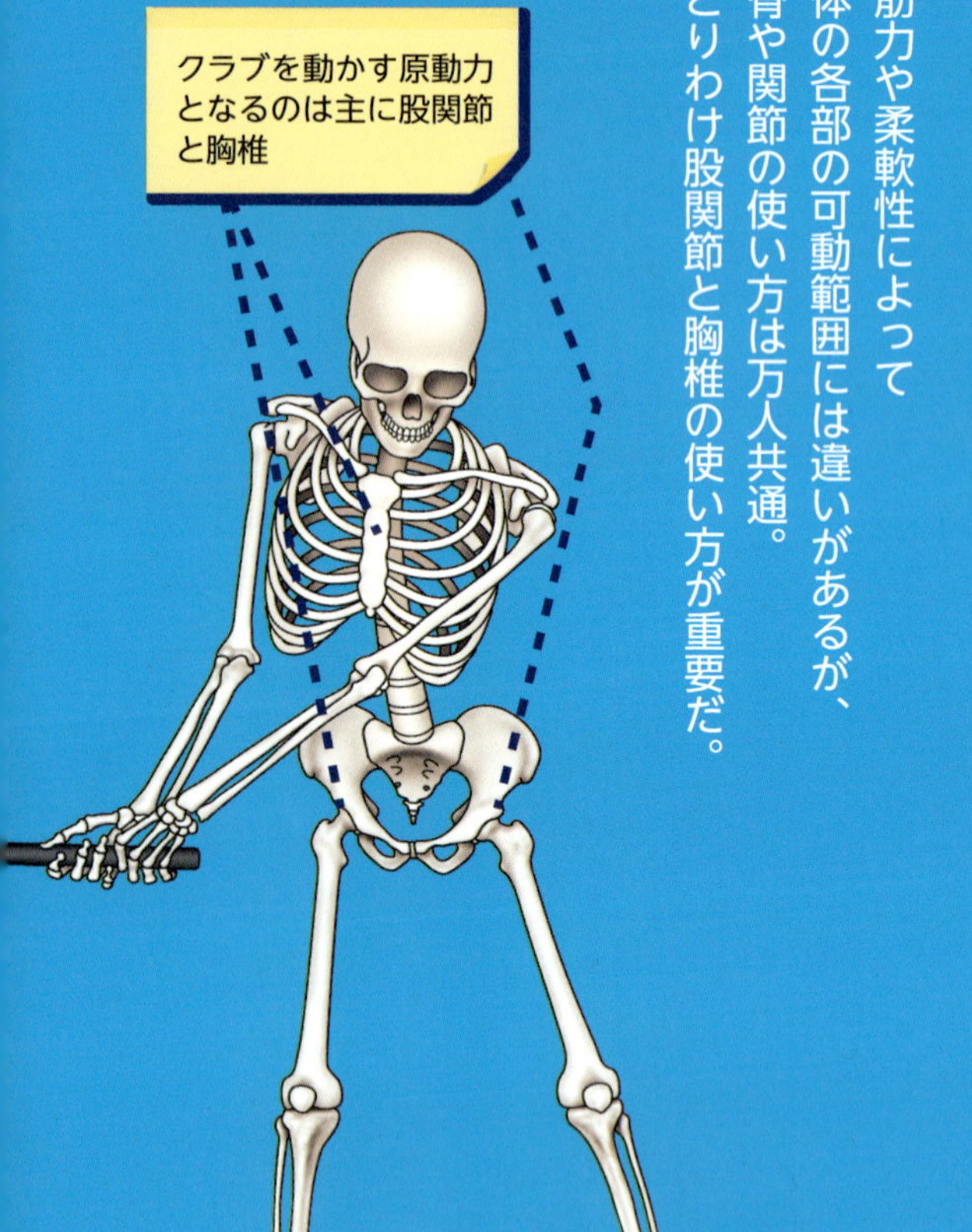
クラブを動かす原動力
となるのは主に股関節
と胸椎

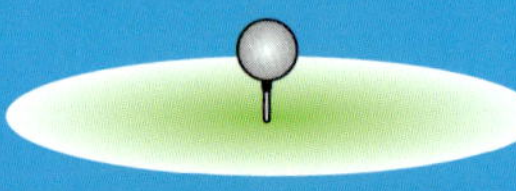

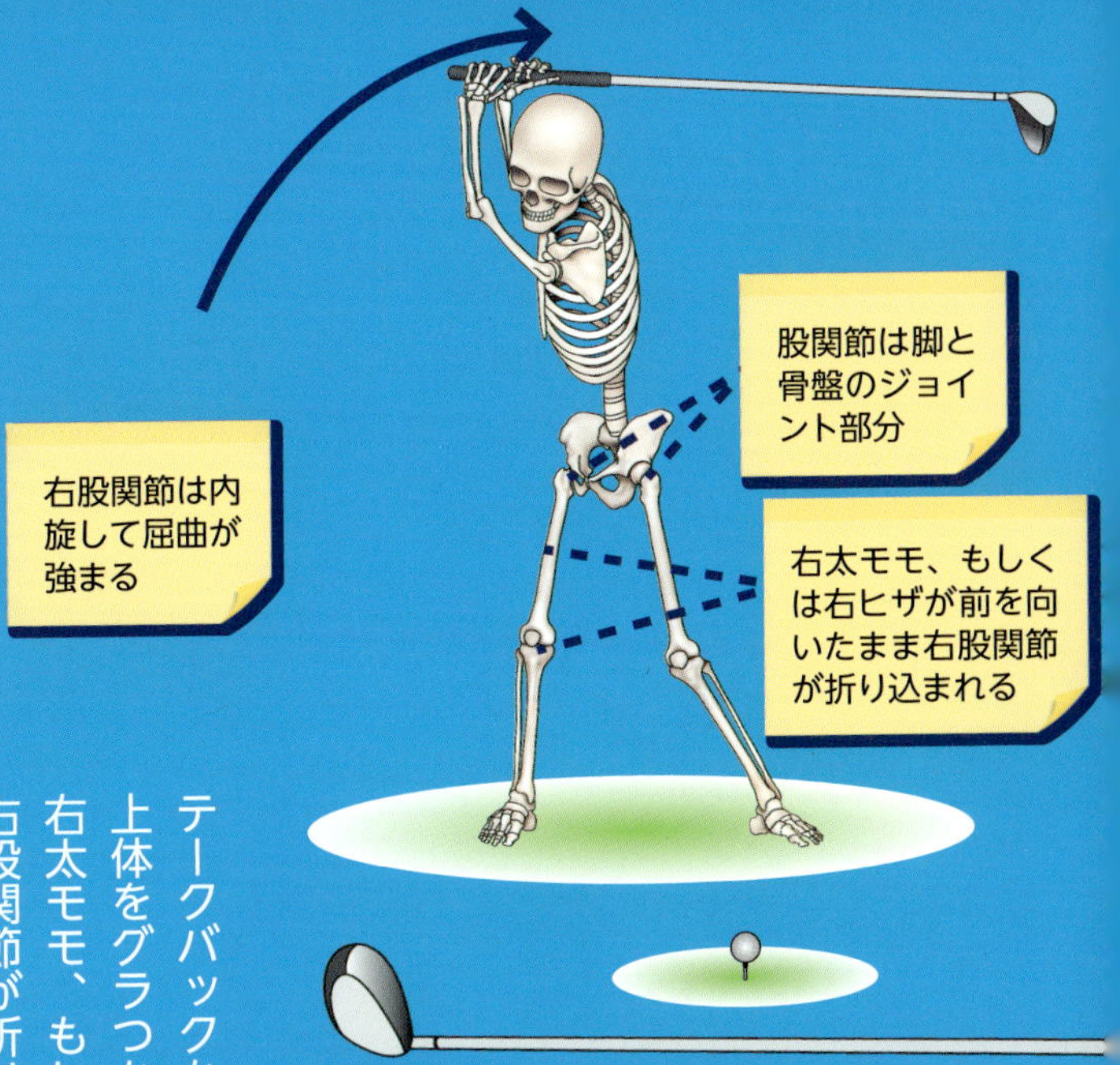
股関節は脚と骨盤のジョイント部分
右股関節は内旋して屈曲が強まる
右太モモ、もしくは右ヒザが前を向いたまま右股関節が折り込まれる

テークバックからトップでは、上体をグラつかせずに目標の右に向けたい。右太モモ、もしくは右ヒザが前を向いたまま右股関節が折り込まれると実現できる。

本文102ページ～

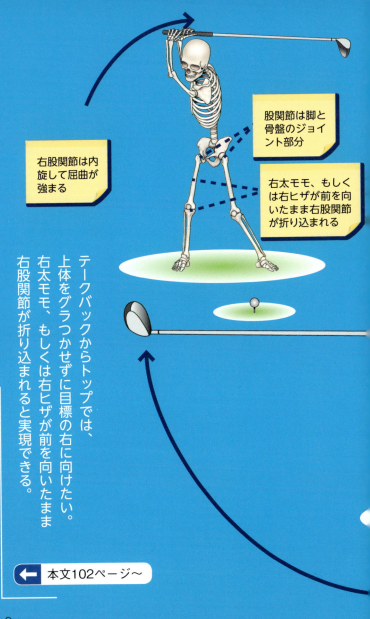

# 右股関節を折り込んでバックスイング

背骨には回る機能を有している部位もあるが、腰椎には、ほぼその機能がない。

骨盤側のくぼみに大腿骨《だいたいこつ》の先端（大腿骨《こつ》頭《とう》）がスポッとハマった部分が股関節。まわりの筋肉や腱で固定されている
テークバックからバックスイングでは右股関節を折り込んで屈曲状態をキープする
胸椎を構成する椎骨《ついこつ》のひとつひとつが、ちょっとずつズレて胸を右に向ける。頸椎と胸椎の可動域が狭いとボールの方向を見続けられない

背骨が回旋する場合、
ほとんどの役割を担うのは頚椎と胸椎。
何かを抱えて右を向いたときに
たくさん動いているのは頚椎や胸椎、
股関節といった部位だ。

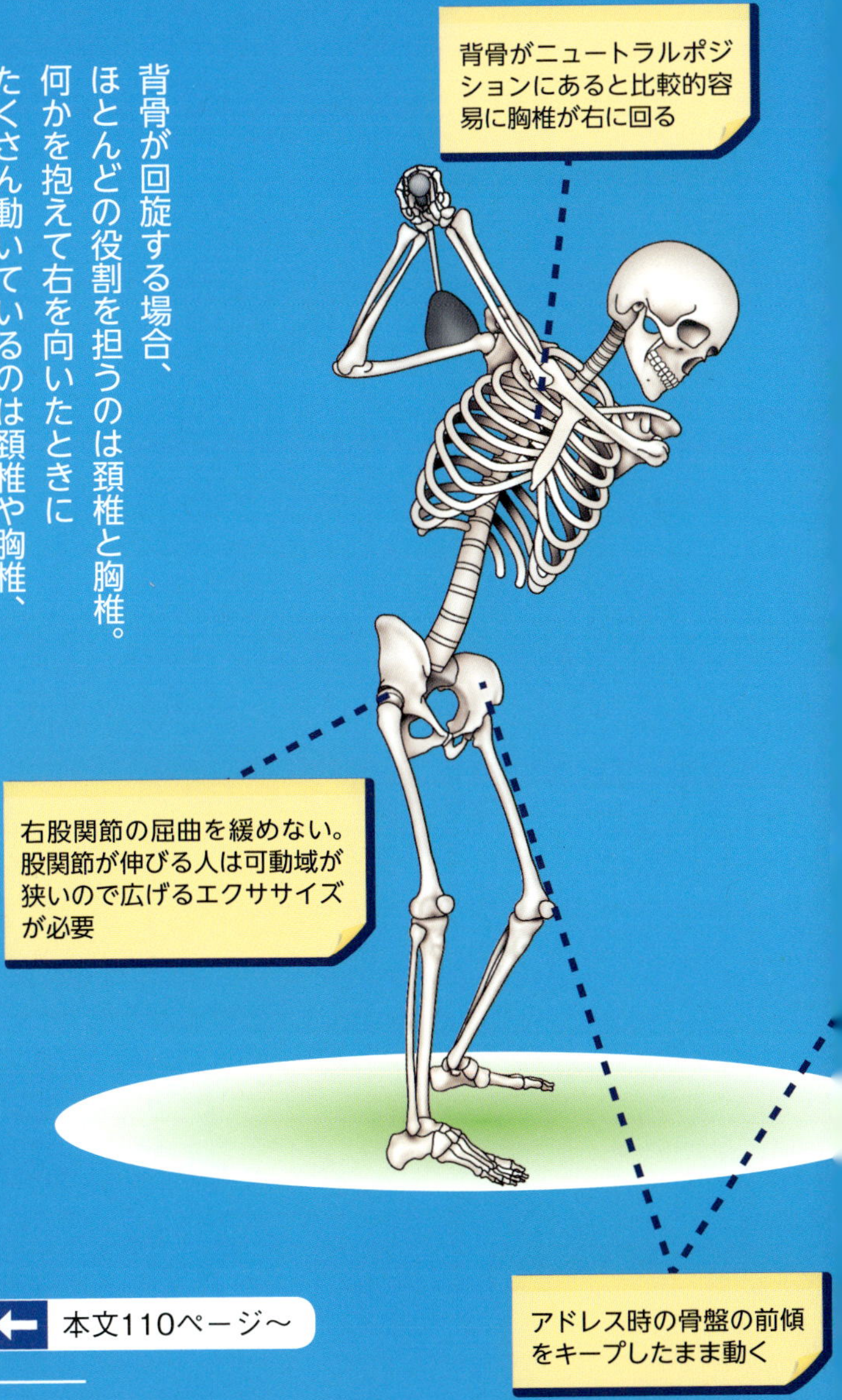
背骨がニュートラルポジションにあると比較的容易に胸椎が右に回る
右股関節の屈曲を緩めない。股関節が伸びる人は可動域が狭いので広げるエクササイズが必要
アドレス時の骨盤の前傾をキープしたまま動く

本文110ページ～

BONES AND GOLF

# トップでは胸と股関節から上が90度程度回る

右股関節が折り込まれることと、胸椎が回旋することで体が右を向く

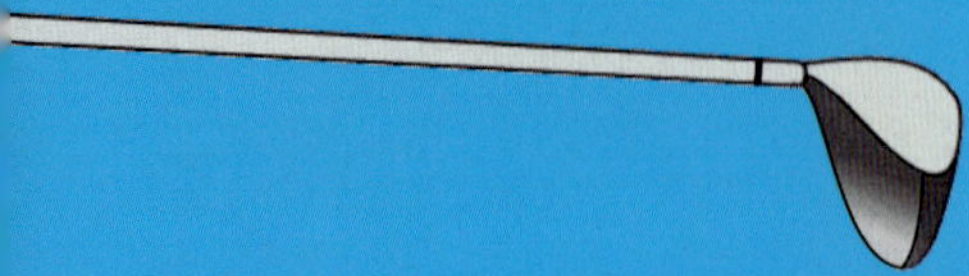

バックスイングで回るのは肩でなく胸。
ここに股関節の折り込みによって生まれる
上体の回転が加わって
肩のラインがアドレスから90度近く動く。
バックスイングで肩を回すと、
クラブを腕で引っぱる動きを誘発するので、
右股関節を折り込んで
胸を右に向ける意識をもつ。

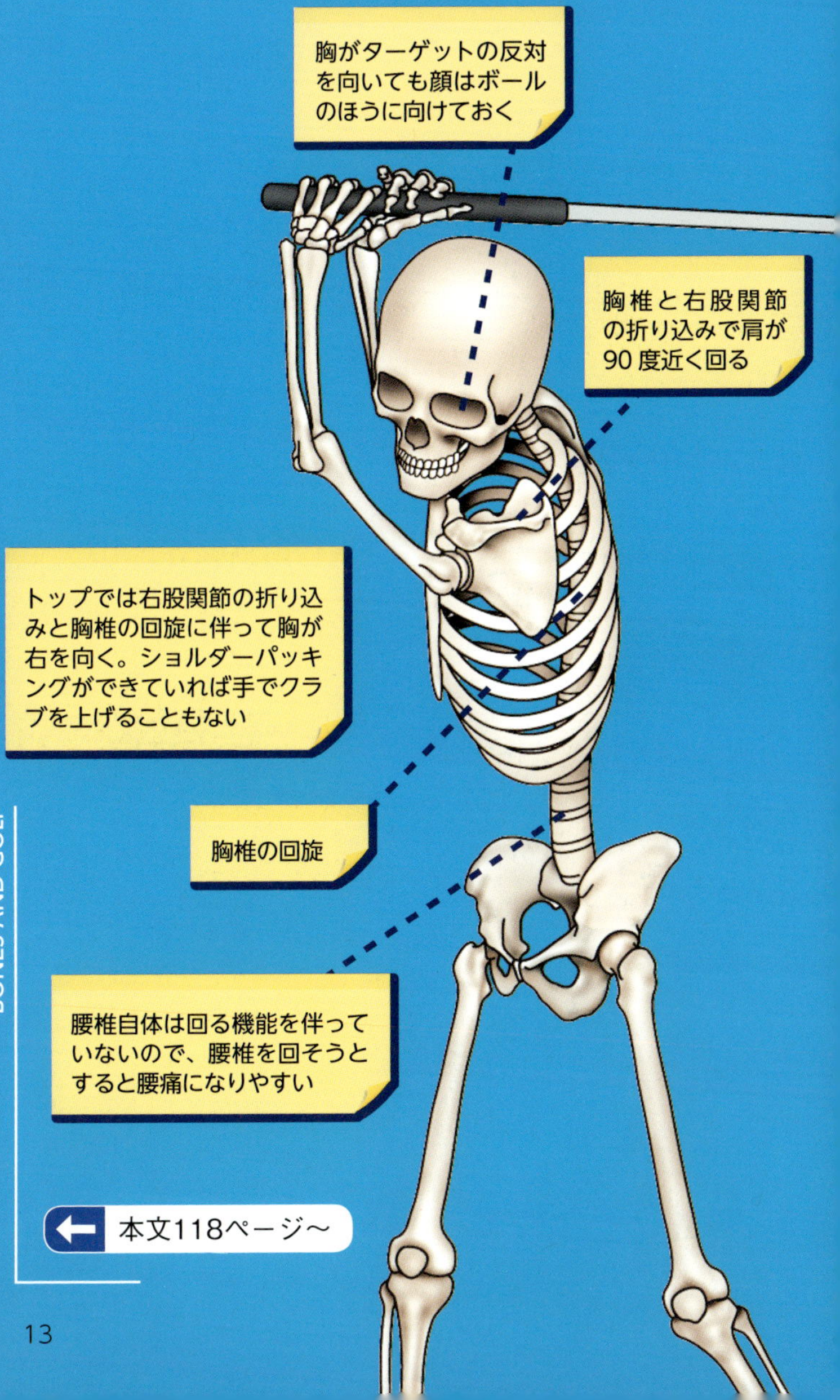
胸がターゲットの反対を向いても顔はボールのほうに向けておく
胸椎と右股関節の折り込みで肩が90度近く回る
トップでは右股関節の折り込みと胸椎の回旋に伴って胸が右を向く。ショルダーパッキングができていれば手でクラブを上げることもない
胸椎の回旋
腰椎自体は回る機能を伴っていないので、腰椎を回そうとすると腰痛になりやすい



本文118ページ〜

# 「下半身リード」とは左股関節を折り込むこと

ダウンスイングでは腰から先に回す、と表現するプロも、実際には切り返しで左股関節を折り込んでいる。回すイメージが、スエーや体重が右に残る動きを生む。

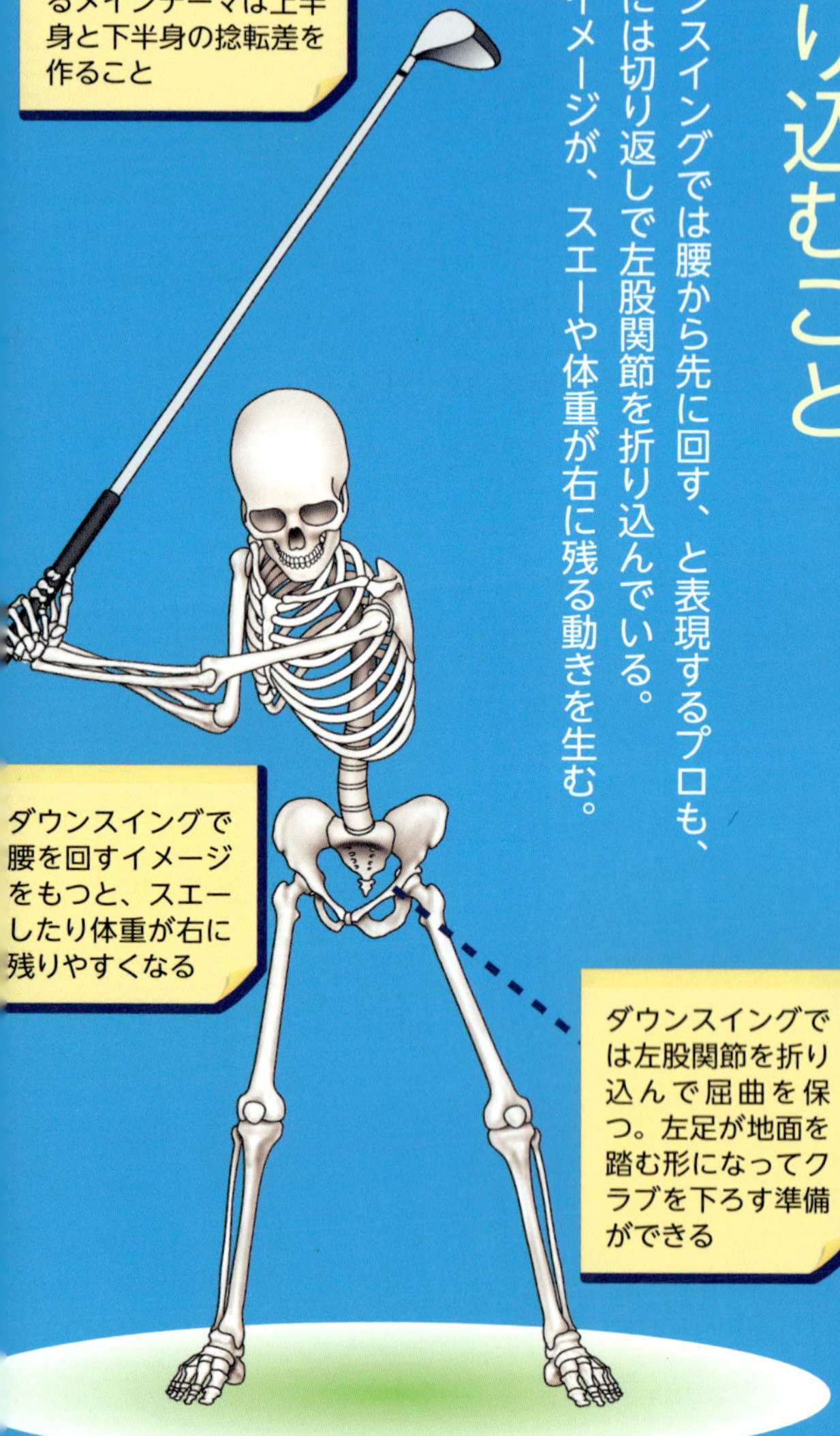
ダウンスイングにおけるメインテーマは上半身と下半身の捻転差を作ること
ダウンスイングで腰を回すイメージをもつと、スエーしたり体重が右に残りやすくなる
ダウンスイングでは左股関節を折り込んで屈曲を保つ。左足が地面を踏む形になってクラブを下ろす準備ができる

ダウンスイングのポイントはひねりを大きくして上半身と下半身の捻転差を作ること。

トップからダウンスイングに移るタイミングで左股関節を折り込むと下半身が先に動く。

これが下半身リード。

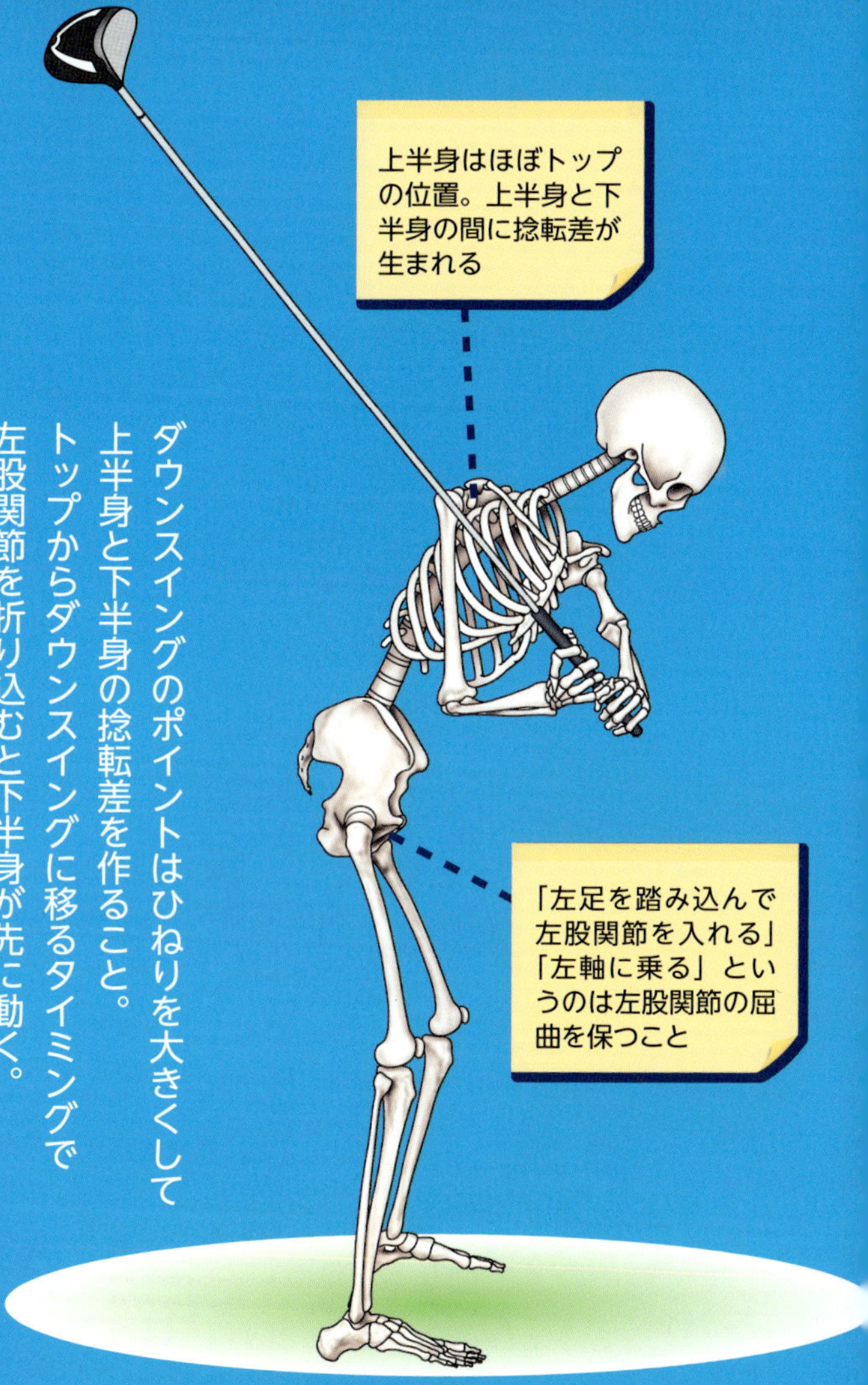
上半身はほぼトップの位置。上半身と下半身の間に捻転差が生まれる
「左足を踏み込んで左股関節を入れる」「左軸に乗る」というのは左股関節の屈曲を保つこと

本文122ページ～

# 胸が目標方向を向きながらインパクト

BONES AND GOLF

下半身リードで動けると、腰がひと足早く正面からターゲット方向を向きはじめ、胸が目標方向を向きはじめたタイミングでインパクトを迎える。

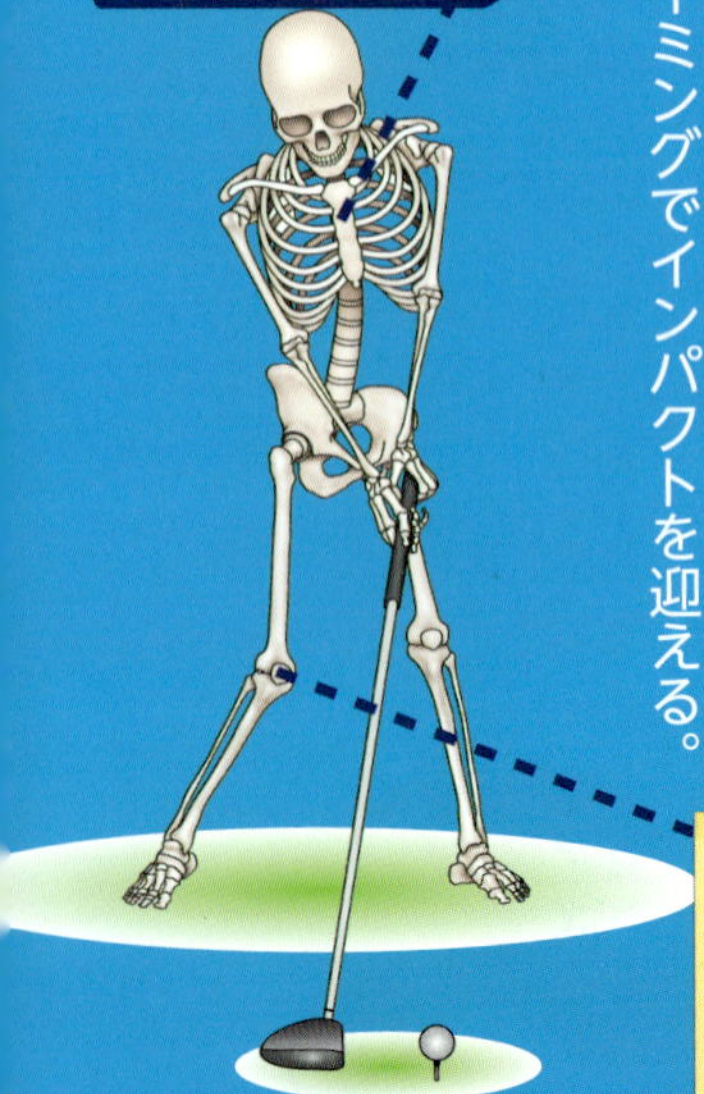

下半身リードで動けると、このタイミングで上体が追いつく
ダウンスイング～インパクトで右股関節が伸びる。それに伴い右ヒザが伸びて地面を強く踏む力が生まれる


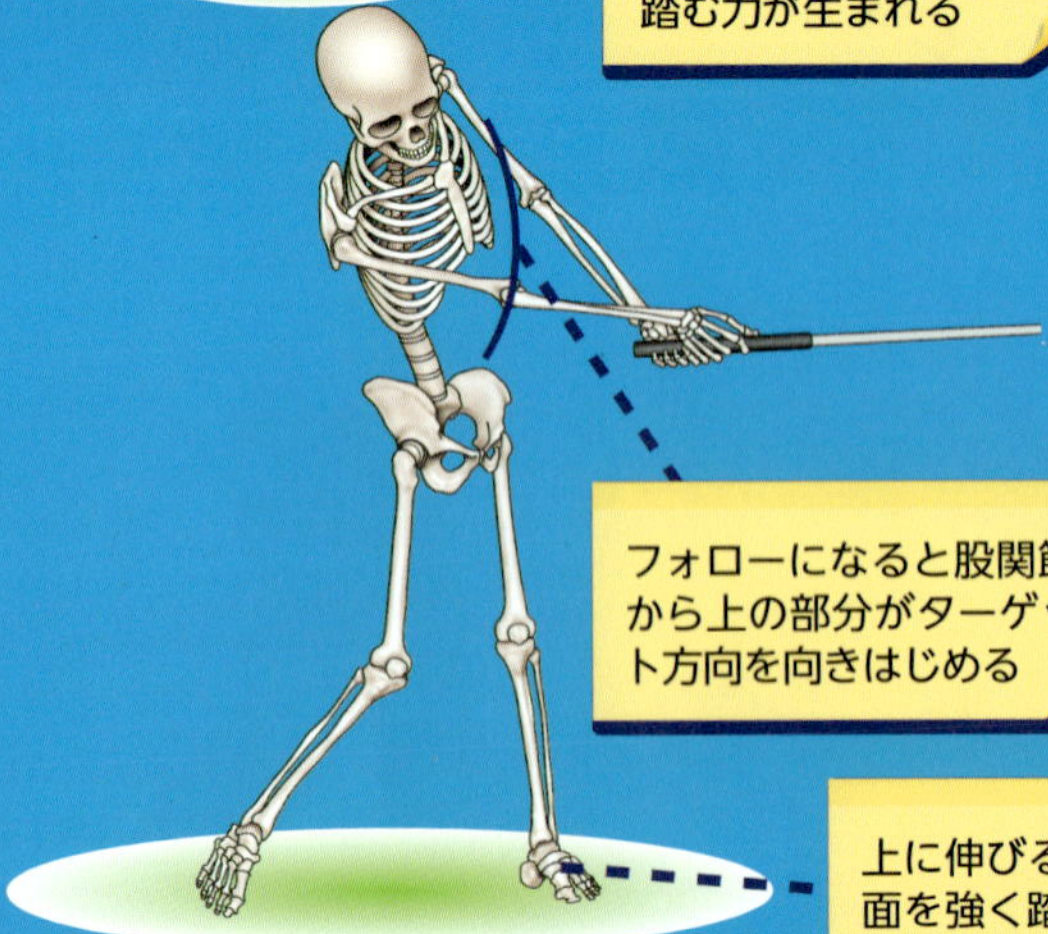

フォローになると股関節から上の部分がターゲット方向を向きはじめる
上に伸びる力が働くと地面を強く踏めて下からのパワーが体全体に伝わる


本文132ページ～

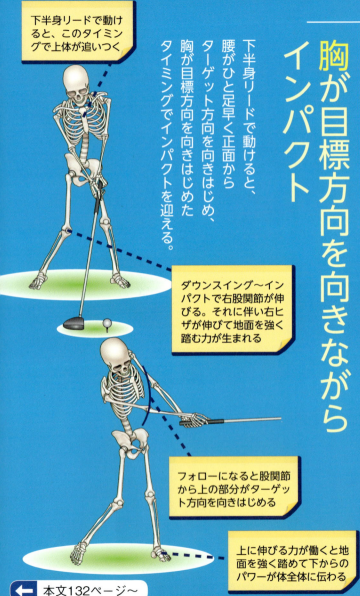

# ゴルフ 正しいスイングは「骨格」で理解する！

「骨と関節の動き」からつかむ、美しいスイングの秘訣!!

内藤雄士

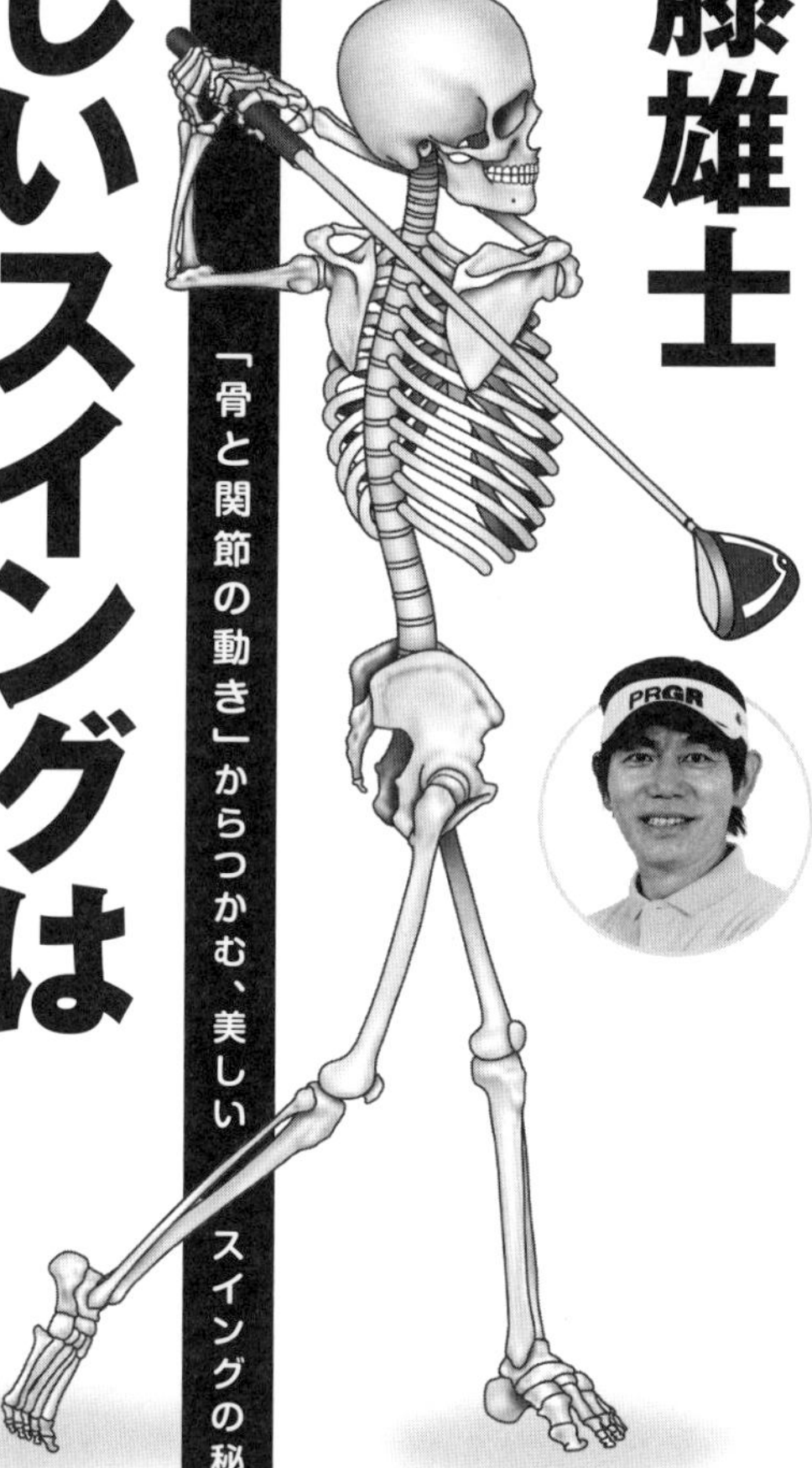


KONAMI SPORTS CLUB

池田書店

# はじめに

レッスン活動をはじめた25年前から、私は「骨格」を意識してスイングを見てきました。老若男女、体型や体力に関係なく診断できるからです。子どもの頃から、プロや自分のスイングビデオをレントゲン写真のイメージで見る習慣があったせいだと思います。

しかし、なんとなくモヤモヤした部分がありました。シンプルにスイングするのがベストなのはわかっていても、何をもってシンプルなのか？　といった疑問に答えられなかったり、スイングは直せても、なぜ、そうするべきなのか説明しきれない自分がいたからです。

ところが、あることをきっかけに霧が晴れてきました。コナミスポーツのスタッフ様をはじめとする、体の動かし方を熟知する有識者と語り合い、協力していただいたことでシンプルの正体が見えてきたのです。

それはとりも直さず「骨格」や「関節」の仕組みに則してスイングすること。「骨格」でスイングを覚えることで、より簡素化されてスイングに対する理解を深めることができました。

たとえば、骨が組み上がった状態にあれば、誰でもスイングアクションを支えることができます。それを筋肉で支えるから〝力み〟が生まれる。このようなことがスイング中にもたくさん行われることでエラー動作が生じます。つまり、骨や関節のポジショニングや使い方さえ整えば、誰もが容易に正しいスイングに誘導されるということになります。

本書で一番お伝えしたいのは「体の仕組みを知るとスイングが簡単に理解できる」

ということです。インストラクターだけでは実現できなかった、スイング理論と体の理論の融合が成され、私が知りたかったことを形にできました。その意味で本書は、自分が読みたかった本と言っても過言ではありません。

事実、この本を作っていく過程で私自身いくつもの新たな発見をしました。さらにスイングについての知識が整理され、これまでは形としてだけお伝えしていたことに細かい説明が加えられるようにもなりました。いまではこの本を作らせていただき、本当によかったと思っています。

本書をお読みいただければ、レッスンを受けなくてもスイングが理解できます。もちろん、レッスンを受ければ相乗効果でスイングはさらによくなるでしょう。アマチュアの方にはもちろんのこと、インストラクターや、これからお子さんにゴルフをやらせたいとお考えの親御様にもぜひ読んでいただきたい。すべてのゴルファーが知ることで、日本のゴルフが変わる内容であることを確信しています。

内藤雄士

# 内藤雄士　ゴルフ　正しいスイングは「骨格」で理解する！　目次

第2章

# スイングと代償動作

第3章

# アドレスとは骨格のポジショニング

第4章

# 骨格から見たベストスイングとは

第5章

## 骨格スイングに近づくためのエクササイズ

# 第1章

# うまくならない人が見直すべきはスイングでなく体

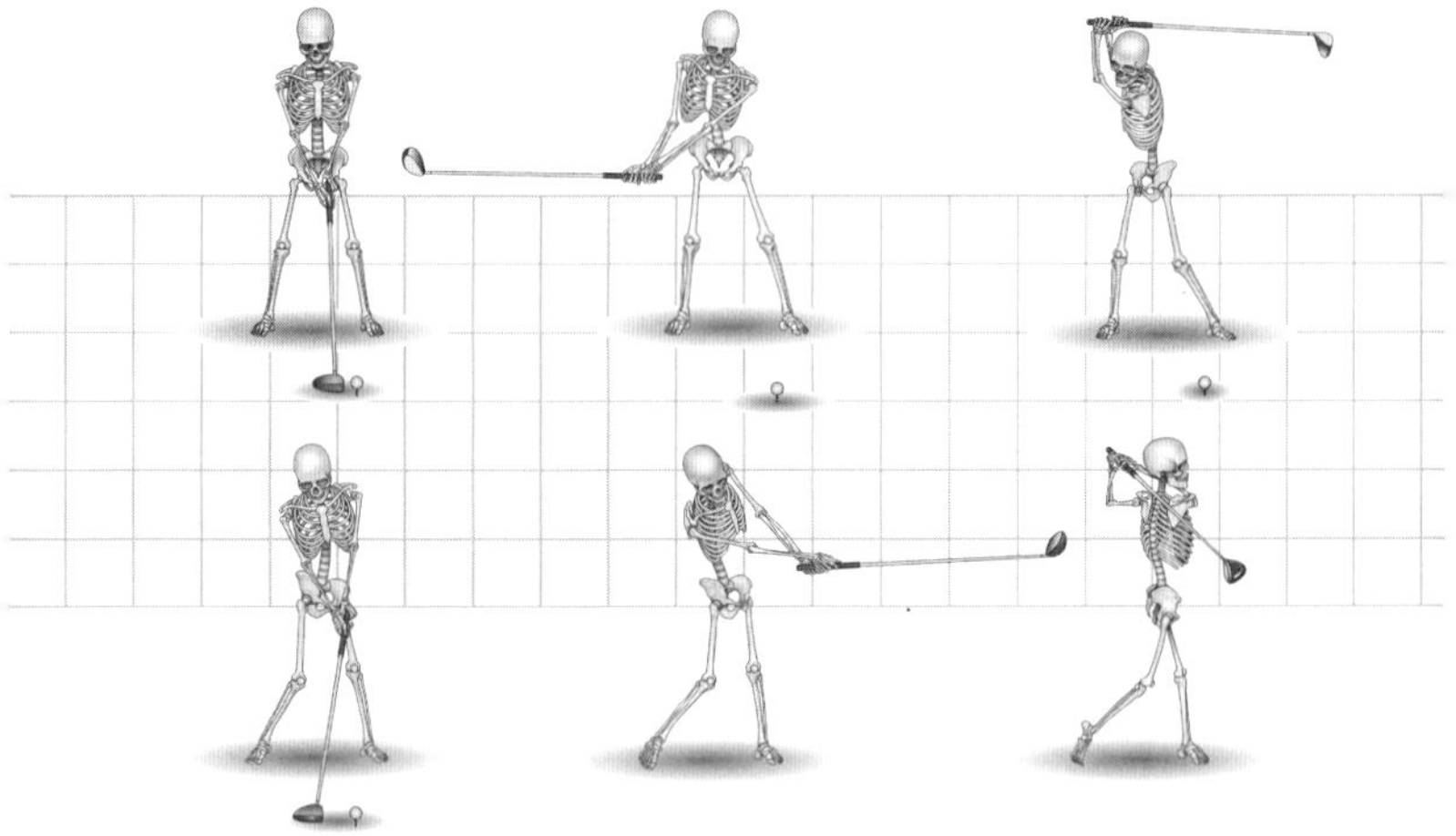

いいスイングをするとテークバックやバックスイング、トップといったパーツの位置や形が整う。しかし、そのようになるのは体が正しく動いた結果であることを忘れてはならない。

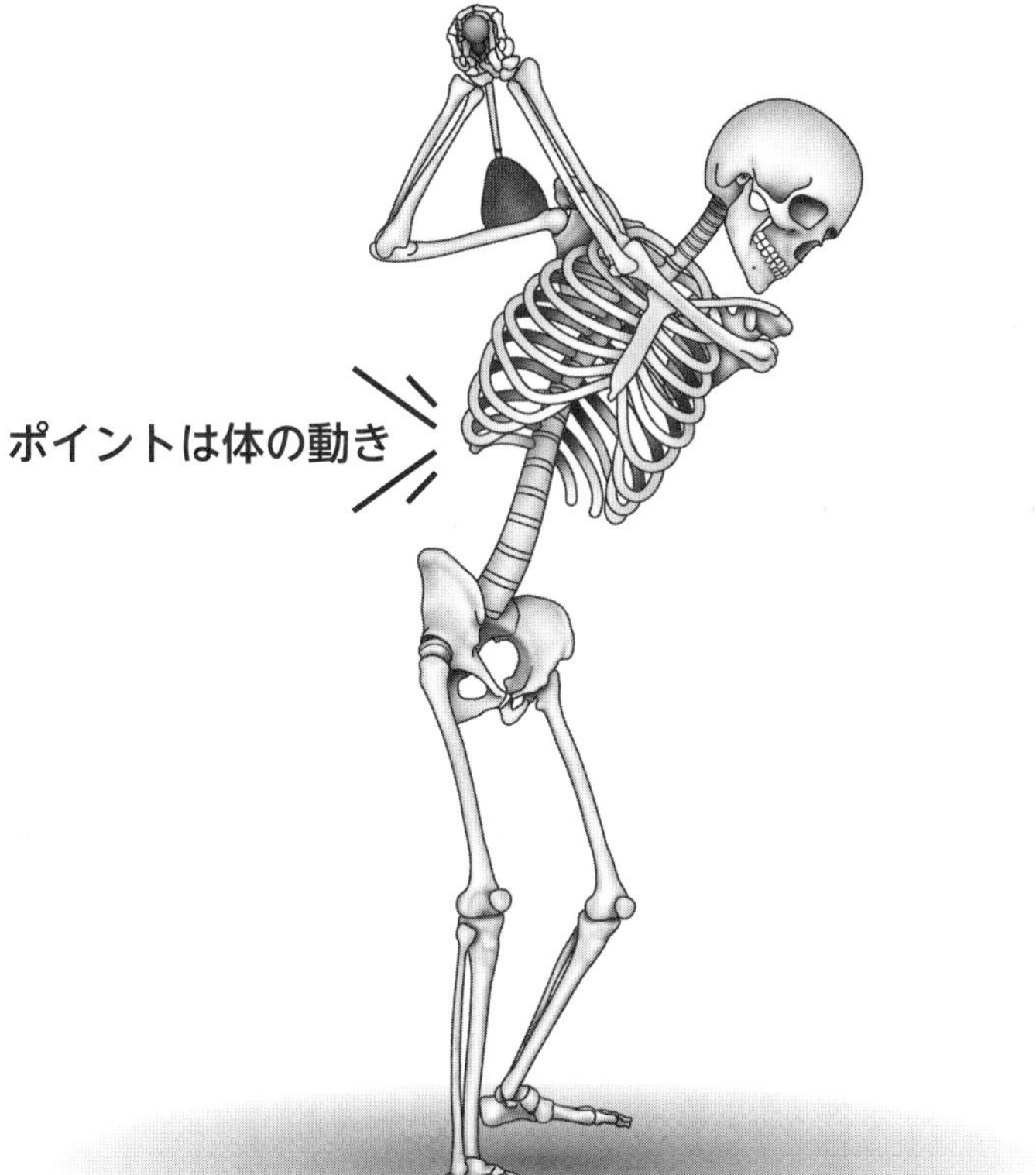


BONES AND GOLF

# 1 レッスンを受けるゴルファーが増えても依然間違ったスイングのアマチュアが多い

私がコーチング活動をはじめた1993年ごろ、レッスンを受けるゴルフ経験者はほとんどいませんでした。受けていただいたのは主婦層と初心者。練習に来てくださっている男性のアベレージゴルファーでさえレッスンを希望する人はゼロで、クラブにボールが当たる健康な大人はレッスンとは無縁の存在でした。

私の活動拠点で東京都にあるハイランドセンターには、ずっと昔から「シングルの会」というのがあって、月に一度のガチンコラウンドで切磋琢磨《せっさたくま》していますが、当時の大きなテーマは、その人たちにレッスンを受けてもらうことでした。プロがレッスンを受けるのはまだ先の話と思っていましたから、せめて腕自慢に受けていただけるレッスンにしたかった。でも、なかなか思い通りにはいきませんでした。

無理もありません。当時は「ゴルフは感覚」の時代。「インパクトの感覚さえ養えば、どこにクラブを上げてもいい」といった考え方が主流。スイングプレーンなどない時代でしたから。

上級者で最初にレッスンのオファーをいただいたのはプロでした。プロのほうが貪欲ですから当然と言えば当然。結果が出た方の話が広まって、それからほかのシングル層にもレッスンに興味をもっていただけるようになりました。

そんな流れでレッスンを受ける方が増えたいま、スイングに対するアマチュアゴルファーの知識はかなり豊富です。トップアマでスイングプレーンを考えない人はいませんし、ゴルフテクノロジーも進化の一途です。ところが一方で、間違ったスイングをする人の比率は20数年前と変わらないという現実があります。ゴルフレッスンを志す者にとって、これは由々しき問題です。

# 2 20年たっても間違ったスイングをするアマチュアが減らないわけ

読者諸兄姉の中にも、ここ10年、あるいは20年くらいにわたってスコアがまったく変わらない、という方がおられるのではないでしょうか？

いまはゴルフ雑誌やレッスン書に加え、ネット上でも数えきれないほどのコンテンツを閲覧できる時代ですから、どんなスイングをすればいいか、大まかなところをご存じの方は多いはずです。にもかかわらず、私がスクールをスタートした26年前と比べても、変則的なスイングをするアマチュアゴルファーはまったく減っていません。

一方で、かつてたくさんいた変則スイングのプロゴルファーはマイノリティになりました。これは世界レベルでスイング理論が確立され、１９９０年代の後半にタイガー・ウッズというパーフェクトゴルファーが現れたからです。さらに当時のタイガーを見てプロになった選手も活躍しはじめ、コーチのレベルもグンと上がりました。この流れはヨーロッパはもちろんのこと世界中に広がり、アジアでもアメリカに追いつきはじめています。

理論が確立され、スイングについてある程度知ることもできる。なのに多くのアマチュアゴルファーのスイングは昔と変わらない。一体なぜでしょう？

それは体がいうことをきいてくれないからです。

極端な話、体がいうことをきかない人がスイングレッスンを受けても、当然効率が悪くなってしまいます。世のレッスンの大半は意のままに動けることを前提になされており、その内容も体が正しく動く人のスイングからフィードバックされているからです。

# 3 スイング理論を実践したくても体がいうことをきかない

私がレッスンをはじめたばかりの頃、パットのストロークをすると、頭ごと揺すってしまうアマチュアの方がおられました。

パッティングではストローク中に頭の位置を変えないのが基本ですから、ボールがあったところに目印を置き、「打ち終わったあとも目印を見ていてださい」とお願いしたのですが、それでも動いてしまう。私が頭を押さえても動いてしまうので「どれだけ頑固な人なんだ……」と思ったものです。

しかし、とんだ見当違いでした。**頭が動くのは体がそうなっていたから。**猫背で肩と首が前に出てロックされ、頭だけを止めることができなかったのです。

これはスイング理論がわかっているとか、いないとかの話ではありません。体の柔軟性の問題でもない。それ以前、すなわち姿勢の問題。猫背が直って肩や首が前に出ないようにすれば改善できることだったのです。

**体がいうことをきかないとは、こういうことです。止めようとしても止まらない、動こうとしても動けない。**アマチュアの方のほとんどは、そんな体にスイングすることを強いています。これではスイング理論の実践は望めない。それどころか、体を傷めることにもなりかねません。

そんなことは絶対にないのですが、アベレージゴルファーよりプロを教えるほうが簡単という人がいます。プロは体がいうことをきくので教えたことがすぐできます。反対に多くのアマチュアの方は、教える側からすると聞いているのかいないのかわからないくらい動きません。だからプロのほうが簡単と勘違いするのでしょう。

# 4 スイング理論だけではうまくなれないし レッスンでできることにも限界がある

体がいうことをきかない人は、レッスンを受けても空回りしやすくなります。言いかえればレッスンだけでは限界がある。レッスンを受ける前に、あるいはレッスンと並行して、いうことをきく体に変えていかなければなりません。

多くのアマチュアの方がゴルフをやめてしまう最大の理由は飛距離です。メンバーコースで毎週のようにラウンドし、50代くらいまでは「あのバンカーは越せる。ショートカットを狙うぞ！」とやっていた人が、ある日を境に突如バンカーに届くのも難しくなる。こうなると自分に失望して、ゴルフが一気につまらなくなってしまうのです。

もちろんこれは下手になったからではありません。**体が正しく使えていないから**

**です。**若いうちは体力にまかせて何とかしのげても、パワーが衰えると途端に太刀打ちできなくなるというわけです。

心あたりのある方は、いまのまま練習を続けてコースに行くことを繰り返しても進化は望めません。ゴルフもスポーツですから、スイング理論だけでうまくなることはできない。必要な要素をバランスよくレベルアップしていかなければなりません。多くのアマチュアゴルファーの場合、その中で一番手つかずになっている要素が体だということです。

**体の使い方が変われば、すでにもっている知識や身につけている技術が本当の意味で生かせます。**もちろん新しいことにもチャレンジできる。「よーし、バンカーを越すぞ！」と挑戦意欲が湧いてワクワクする。たとえコスり球になって越せなくても、それはそれで楽しくなるでしょう。

# 5 年齢を重ねてもうまくなれる、そのための準備をしよう！

繰り返しになりますが、体の動きを正しく理解し、適切なトレーニングやストレッチを施していけば、ボールを打つ練習が有機的に結びつき、ラウンドで結果が出はじめます。

プロがすぐに結果を出せるのは、どう振ったらいいかが体に染み付いているからです。疲労の蓄積やケガといったことがない限り、体のコンディションが整えばパフォーマンスはすぐに上がります。

残念ながら一般アマチュアの方は、そうはいきません。9割以上の人は、優秀なコーチについてスイング改造し、しっかりと練習してラウンドを重ねればうまくなると思っていたはずです。しかし、大人は体がどんどんいうことをきかなくなっていくわけですから、そこを無視して上積みはあり得ないのです。

というのも、モーションキャプチャーなどの発達で、スイング中の体の動きやクラブの動き方がかなり解明されていますが、それを理解するのとは別の問題だから。つまり、理想像が明らかになっても、それを目指すための準備が整っていないということなのです。

**準備とは、正しくクラブを動かすときに、体が間違った反応をしないようにすること。**月並みな言い方ですが、クラブを体の一部にするということです。

それには姿勢をよくして、無理なく関節を使えるようにすることが大前提。これをクリアできれば下降線が上昇に転じてモチベーションが上がるだけでなく、健康増進にもつながります。

# 第2章

# 間違ったスイングの大部分は「代償動作」でできている

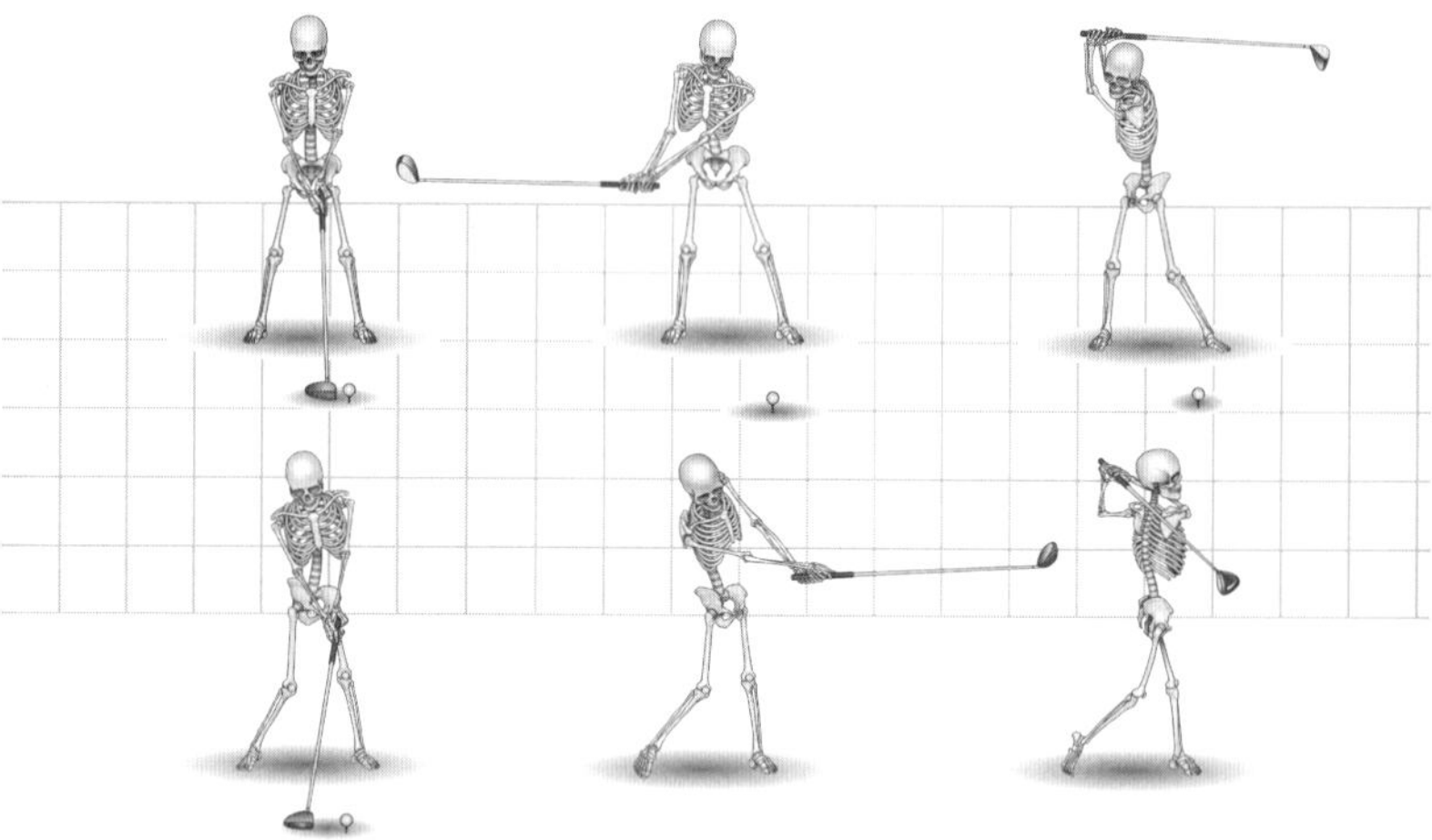

スイングがヘンになるのは、体の動くべきところ、動かすべきところが動いていないから。そうなると、本来は使わなくていい部分が動きを補おうと代わりに仕事をはじめる。これが「代償動作」だ。

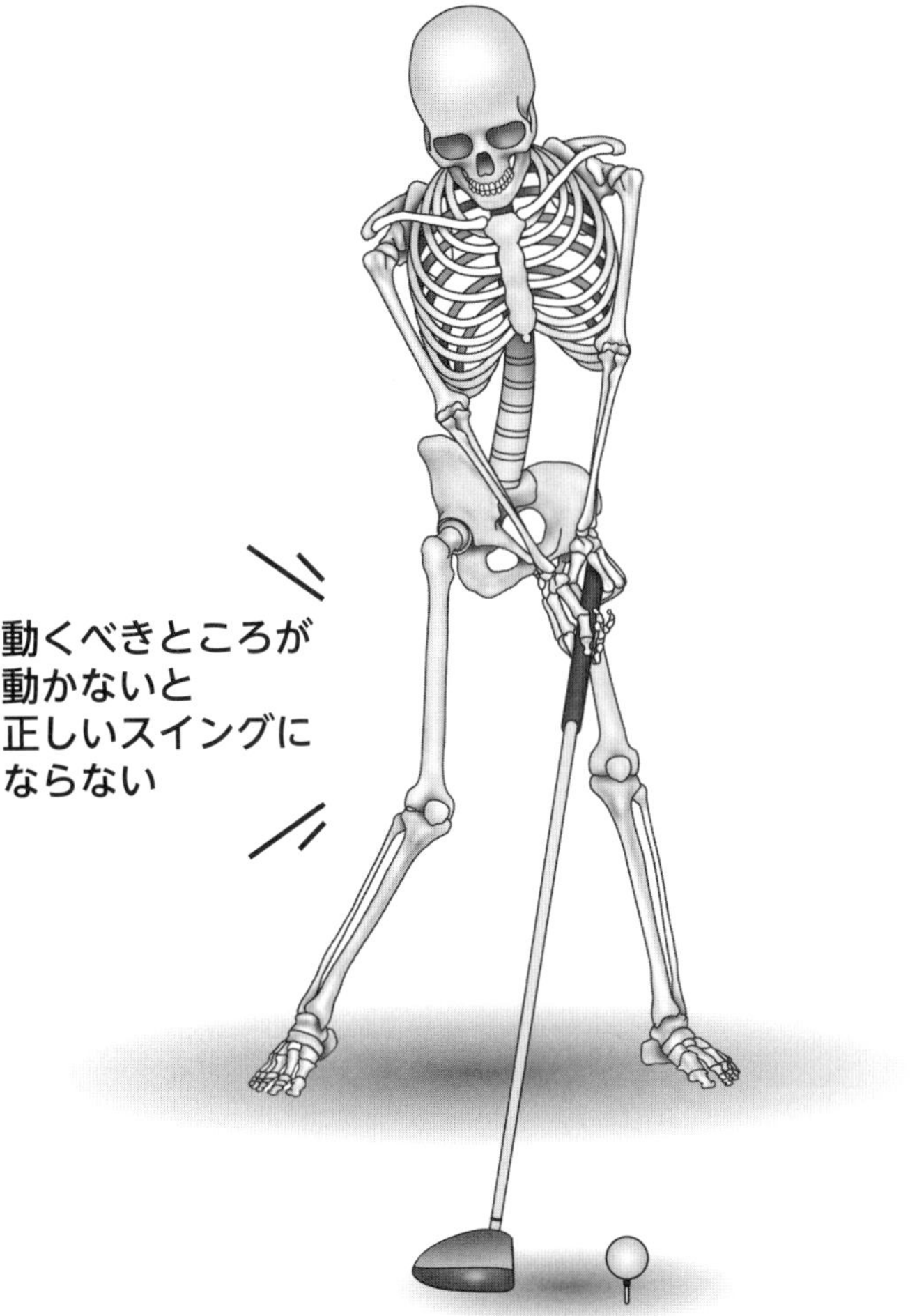


BONES AND GOLF

# スイングは千差万別、十人十色だが、うまい人はみんな誤差の範囲でおさまっている

アマチュアの方の中には、最初からすごく力んでいて、レッスンで何を教えても力まかせにクラブを振ってしまう方がいます。教える立場から言わせていただくと、そういう人が最も直しづらい。どうしていいかわからず、頭が真っ白になってしまうインストラクターもいます。

そんなケースを想定して、昔からうちのスタッフには**「スイングは肉で見ないで骨で見ろ」**とアドバイスしています。お客様のスイングをレントゲン写真で見るように、骨格のバランスを見るということです。

いま主流となっているレッスンは統計学のもとに成り立っています。プロのスイングに見られるいい共通点、アベレージゴルファーに見られる悪い共通点のそれぞ

れを探し出し、それらをもとに理想のスイングを導き出し、かつ改善点を指摘する手法で構築されています。

しかし、現実には万人が同じトップではないし、スイングプレーンが同じわけでもありません。人によって手足の長さが違えば、関節の可動域も違う。クラブの長さも違います。さらに、やりたいゴルフのスタイルもばらばら。ベン・ホーガンは針の穴を通すようなショットを打ち、ジャック・ニクラスはハイドロー、バッバ・ワトソンはドライバーがスライスでアイアンがフックといったように千差万別、十人十色です。

見た目のスイングの違いはこのような事情で生じますが、プロはもちろん、上級者はみんな誤差の範囲でおさまっています。誤差とは、「いいスイング」と呼べる許容範囲と考えていただければいいでしょう。

# 間違ったスイングの大部分は「代償動作」でできている

では、「スイングが許容範囲に収まっている」とはどういうことでしょうか？

それは代償動作を生まないということです。

代償動作とは、ある動作を行うのに必要な機能を使えない、あるいは使わないために、必要な機能以外の機能を使って動作を補うことです。代償動作は結果的には不要な動きなので、体が本来の機能に従って正しく動いている人には無縁です。

**正しい動作ができていない人は、本来使うべきでないところを動員して動作を補っています。代わりにやるから代償動作。**これが入ることにより、正しい動作とはかけ離れた間違ったスイングになるわけです。

たとえば、クラブを上げるときに「体を回せ」と言われたとしましょう。もし、体が回らなかったらどうするでしょうか？　十中八九、手でクラブを上げるでしょう。かなり極端な例ですが、この手の動きが代償動作です。

間違ったスイングの大部分は代償動作でできています。機能的に劣っている部分、あるいは本来の動きができていない部分があると、どこかで代償する。多くのアマチュアゴルファーのほとんどがこれ。**骨や関節を正しく使えないため、スイングが代償動作まみれになっているのです。**

読者諸兄姉の中には、自分のスイング動画を見るとカッコ悪くてガッカリする方がおいでかと思いますが、なぜカッコ悪いかといえば代償動作が入っているから。カッコ悪いスイングから逆算して代償動作を削除していくと、いつの間にかいいスイングになります。

# 右肩が上がったアドレスによって生じる代償動作

ここでは代償動作を具体的に見ていきますが、アマチュアの方の代償動作は多岐にわたるので、一例として、右肩および左肩が上がったアドレスによって派生する代償動作を例示します。

これらをなくすには、スイングの前に体そのものを見直すことが不可欠であると認識してください。同時に間違ったアドレスが代償動作の引き金になっていることがおわかりいただけるはずです。

アドレス

アドレスで右肩が上がっている

ボールがつかまらない、スライスやヒッカケで悩んでいるビギナーやアベレージゴルファーによく見られるアドレス

# バックスイングの代償動作①

## 胸が回らないから手で上げる

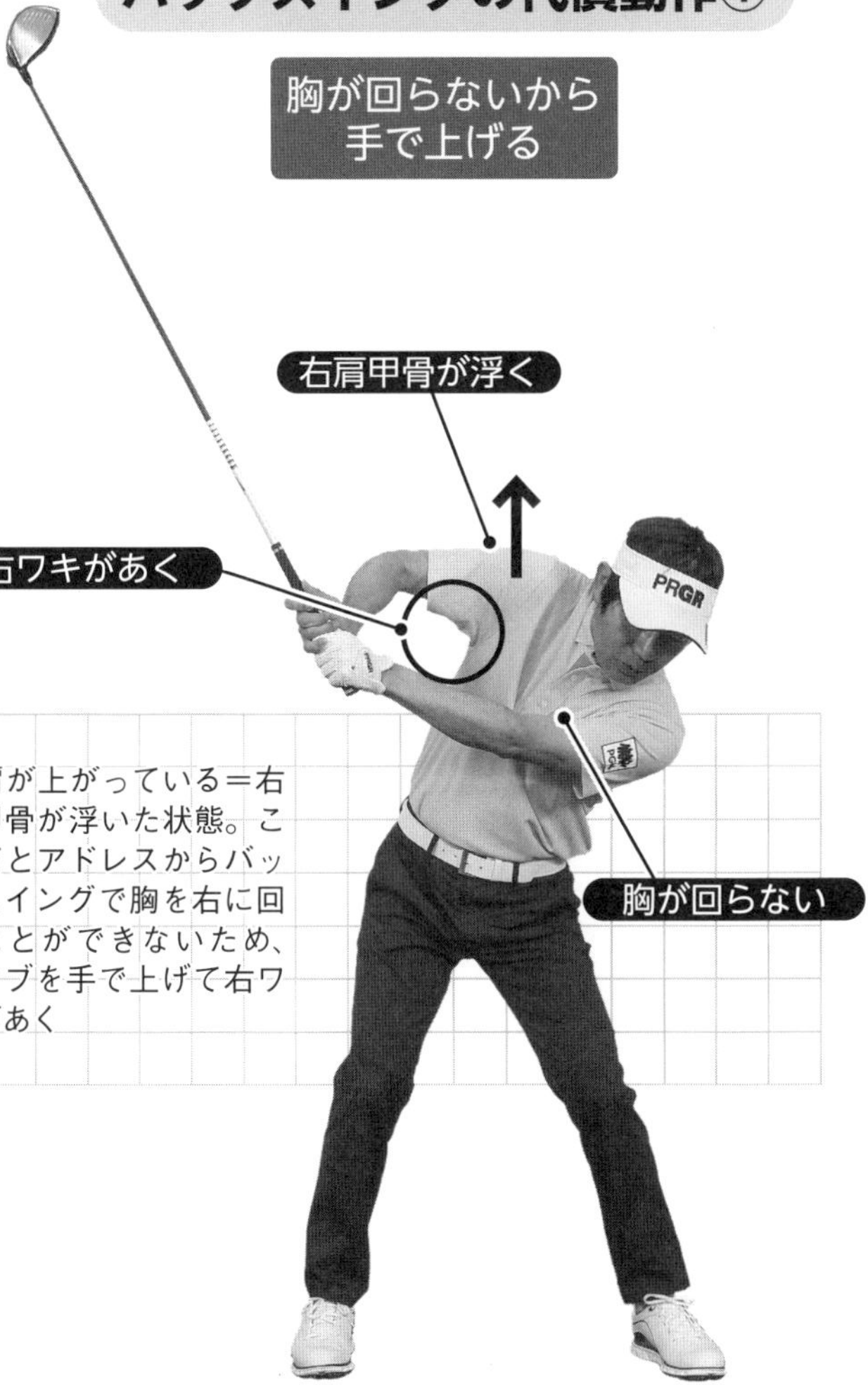


右肩が上がっている＝右肩甲骨が浮いた状態。これだとアドレスからバックスイングで胸を右に回すことができないため、クラブを手で上げて右ワキがあく

# 胸が右に回らないことによる代償動作

## バックスイングの代償動作②

### 手首を使ってクラブをインサイドに引く

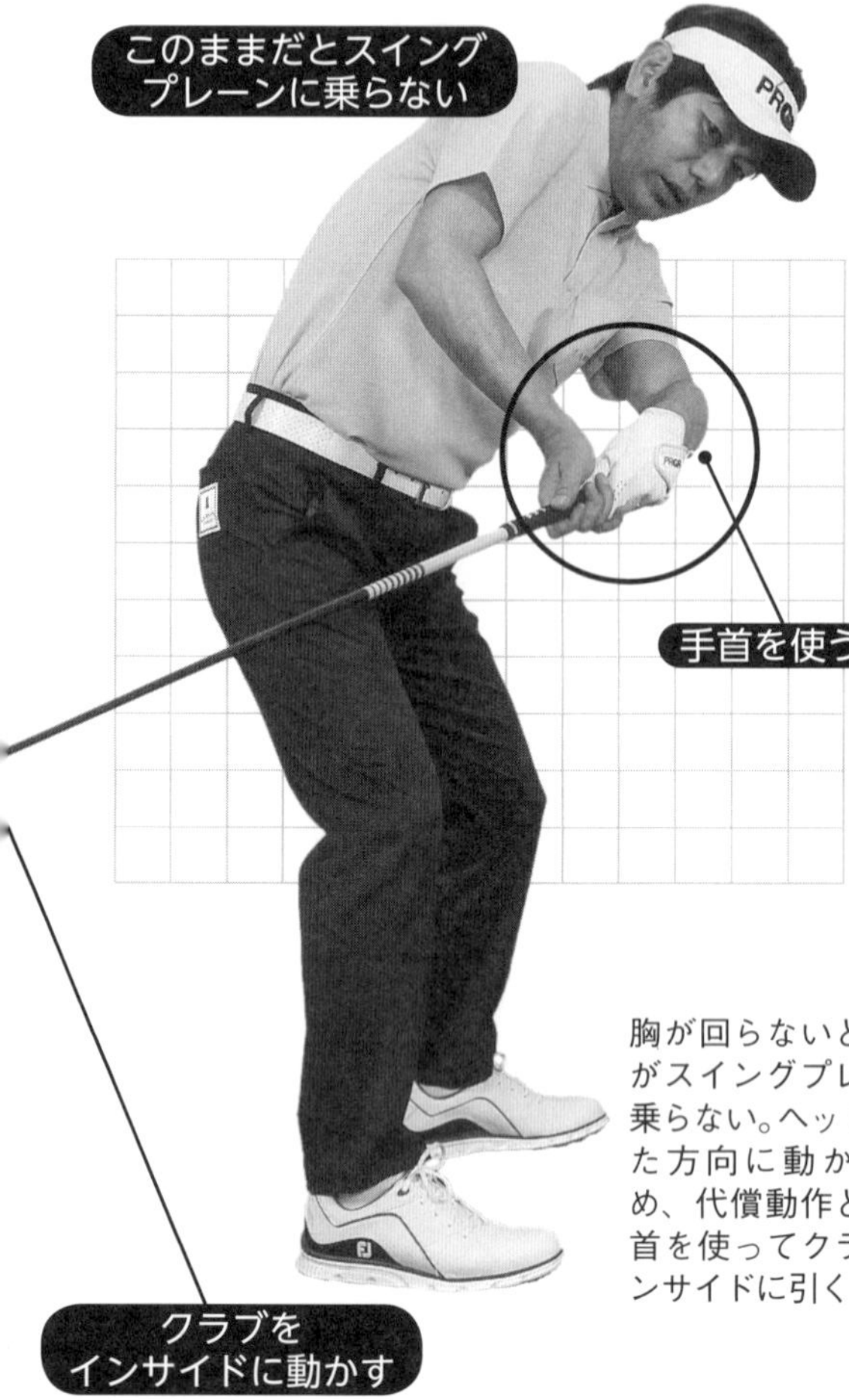


胸が回らないとクラブがスイングプレーンに乗らない。ヘッドも思った方向に動かないため、代償動作として手首を使ってクラブをインサイドに引く

# バックスイングの代償動作③

## クラブヘッドがアウトサイドに上がる

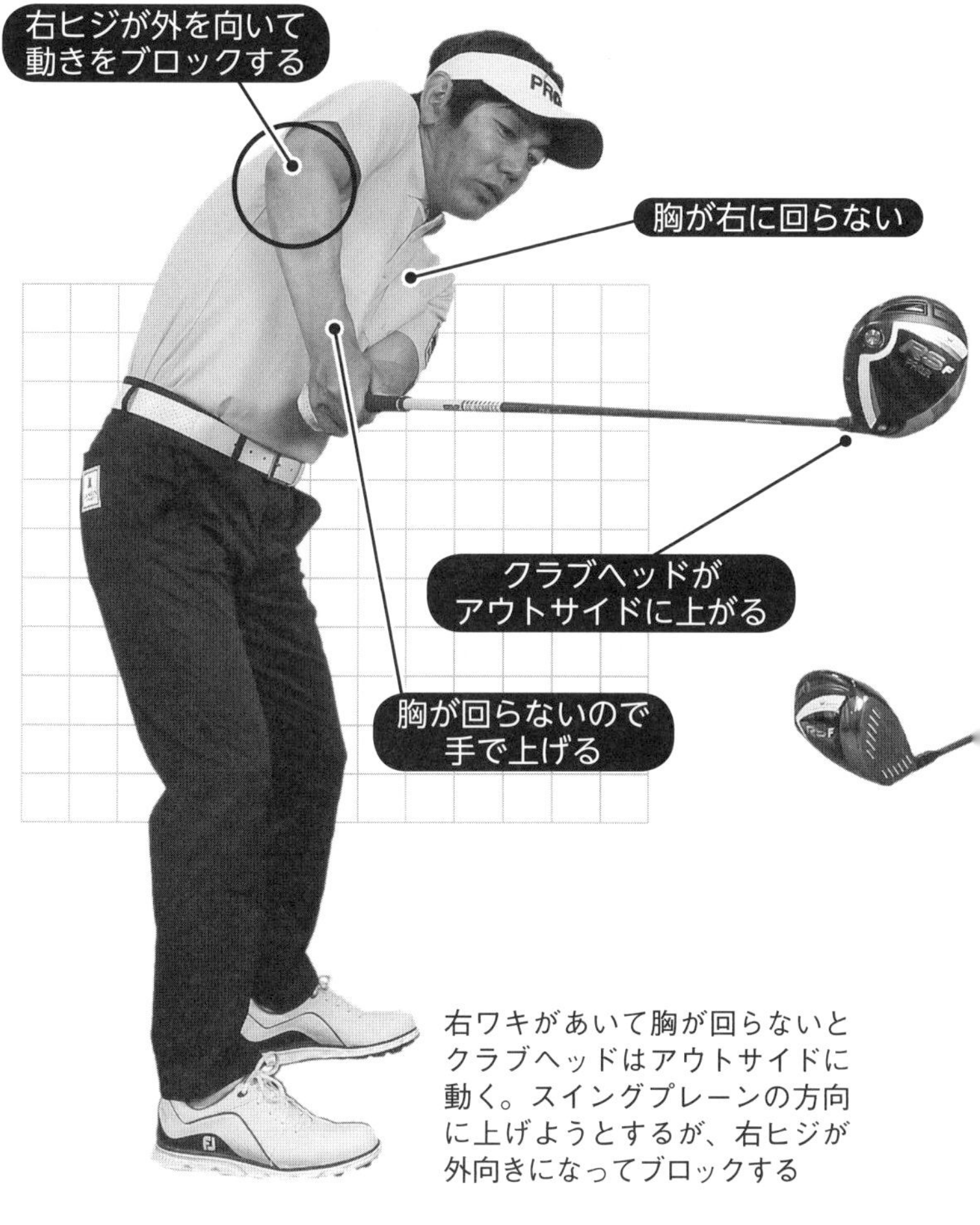


右ワキがあいて胸が回らないとクラブヘッドはアウトサイドに動く。スイングプレーンの方向に上げようとするが、右ヒジが外向きになってブロックする

# クラブを手で上げるとワキがあき、体が伸び上がる

## トップの代償動作①

### 手と腕でクラブをかつぐ

右ワキがあく
(フライングエルボー)
クラブがクロス
いわゆる
オーバースイング
になる
胸が回っていないので
手と腕を動かすしかない

ボールがつかまらない、スライスやヒッカケで悩んでいるビギナーやアベレージゴルファーによく見られるトップ

# トップの代償動作②

## 体が伸び上がる

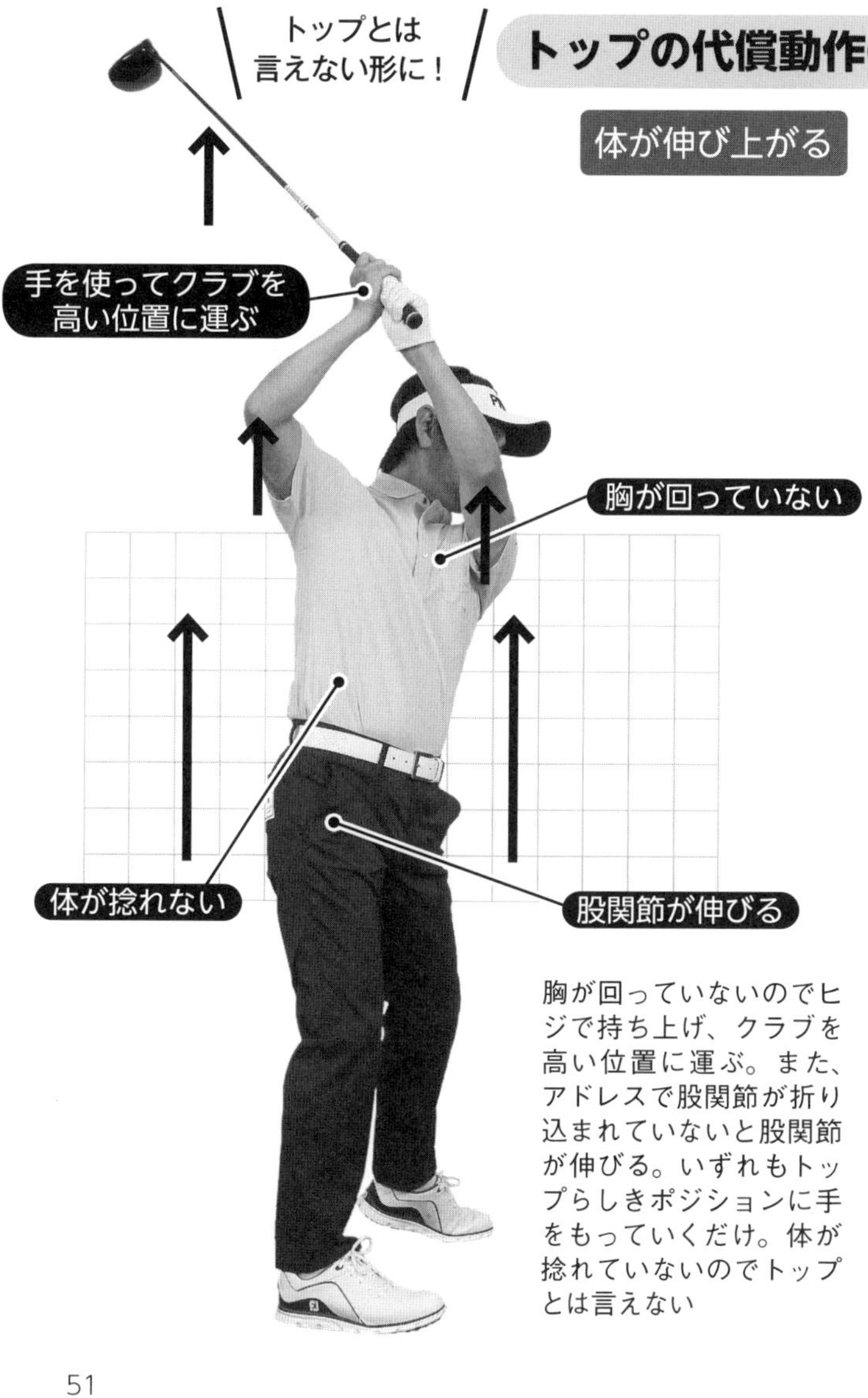
トップとは
言えない形に！
手を使ってクラブを
高い位置に運ぶ
胸が回っていない
体が捻れない
股関節が伸びる

胸が回っていないのでヒジで持ち上げ、クラブを高い位置に運ぶ。また、アドレスで股関節が折り込まれていないと股関節が伸びる。いずれもトップらしきポジションに手をもっていくだけ。体が捻れていないのでトップとは言えない

# 手でクラブを下ろすとインパクトが窮屈になる

## インパクトの代償動作

### 体が伸びてヒジが引ける

手でクラブを下ろすとインパクトで詰まる。そのためヒジが引け、体も伸びる。その動き自体が悪いというよりは、それ以外何もできないというのが現実

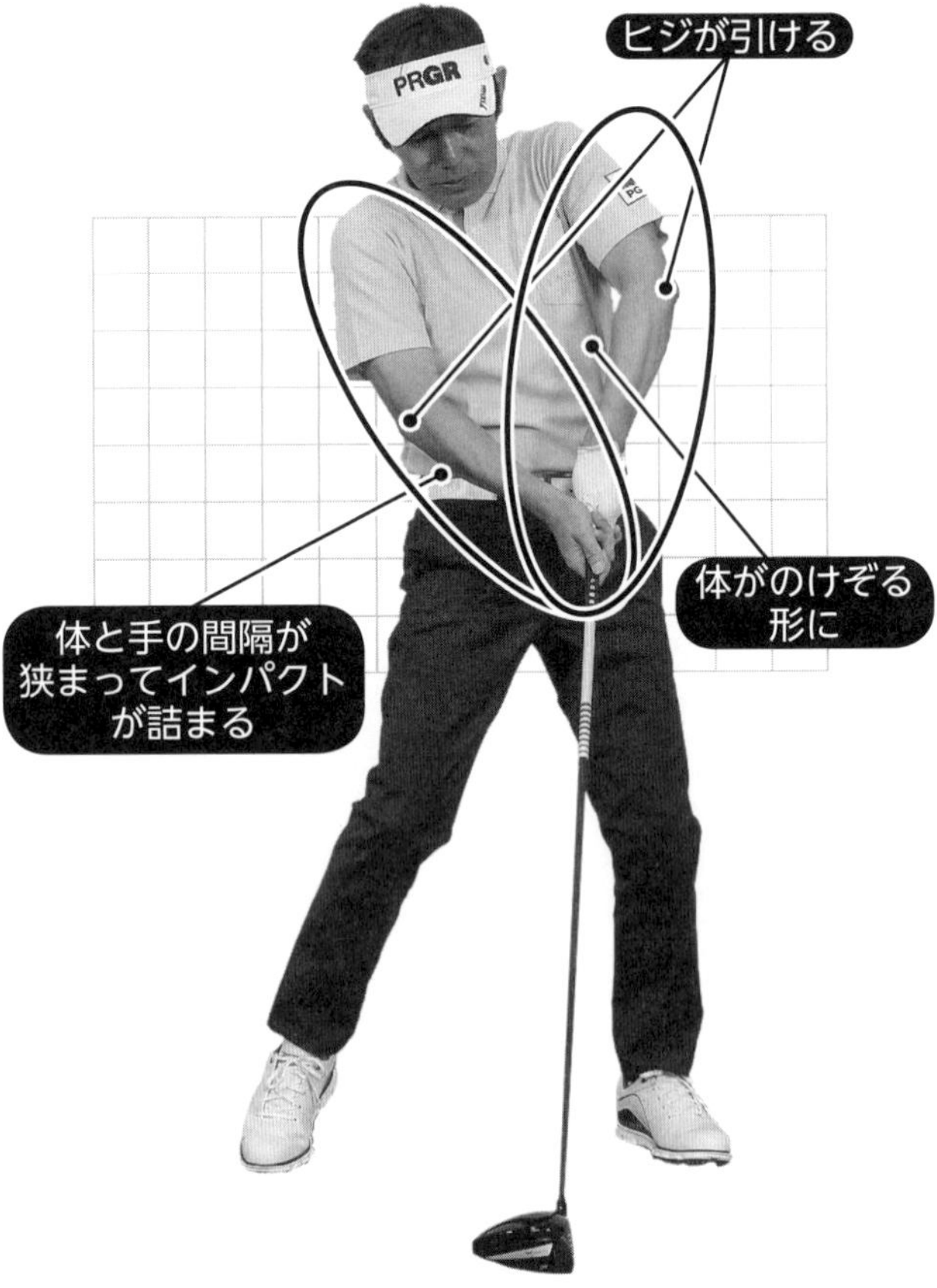
ヒジが引ける
体がのけぞる
形に
体と手の間隔が
狭まってインパクト
が詰まる
PRGR

## ダウンスイングの代償動作

### 手でクラブを下ろす

体の捻転ができていないのでスイングの前半でパワーの蓄積ができていない。そのため必然的に手でクラブを下ろすことになる

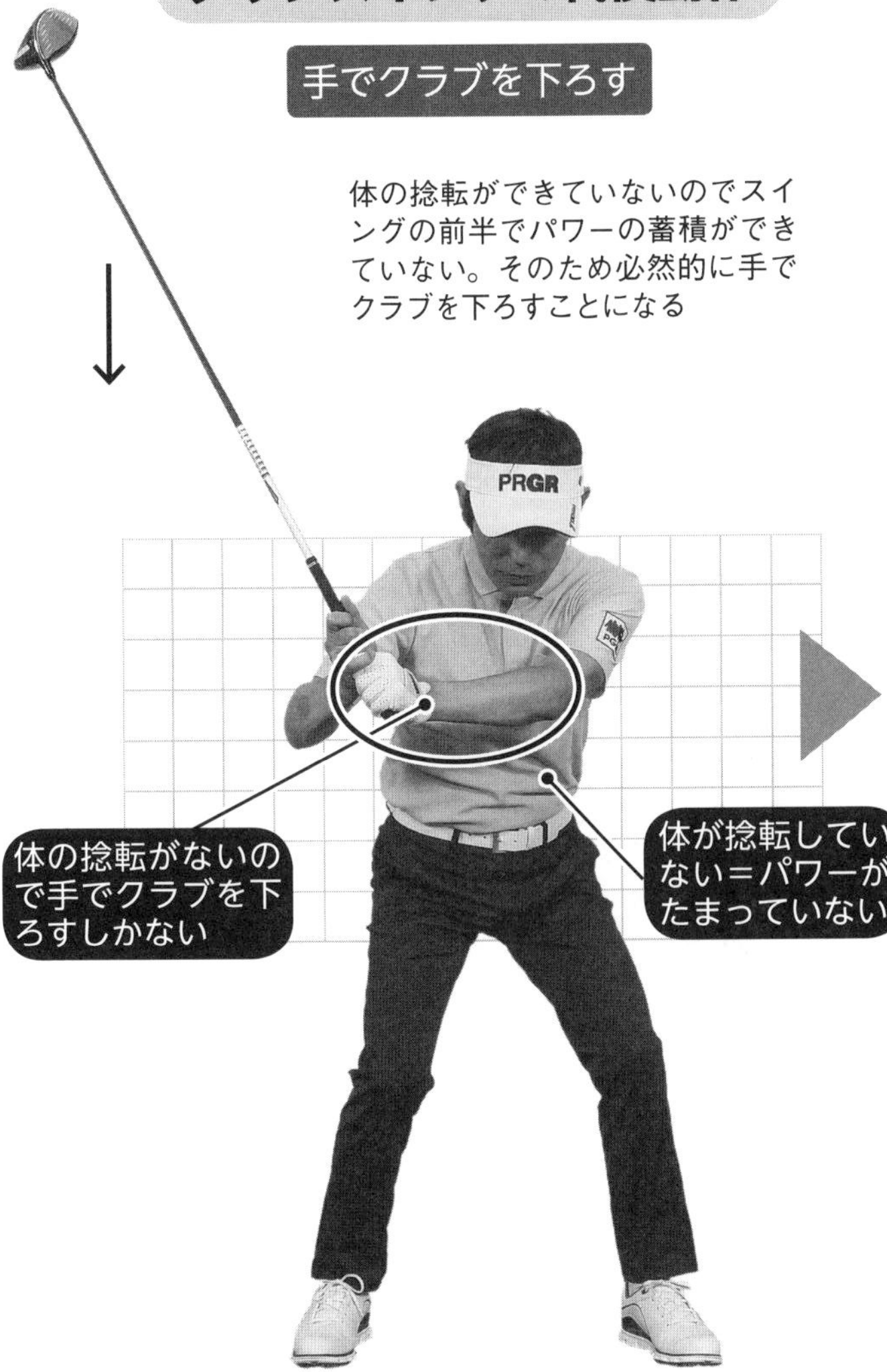
体の捻転がないので手でクラブを下ろすしかない
体が捻転していない＝パワーがたまっていない

体が伸びるとトップで左足、フォローで右足体重になる

## インパクト〜フォローの代償動作

### 右足に体重が残る

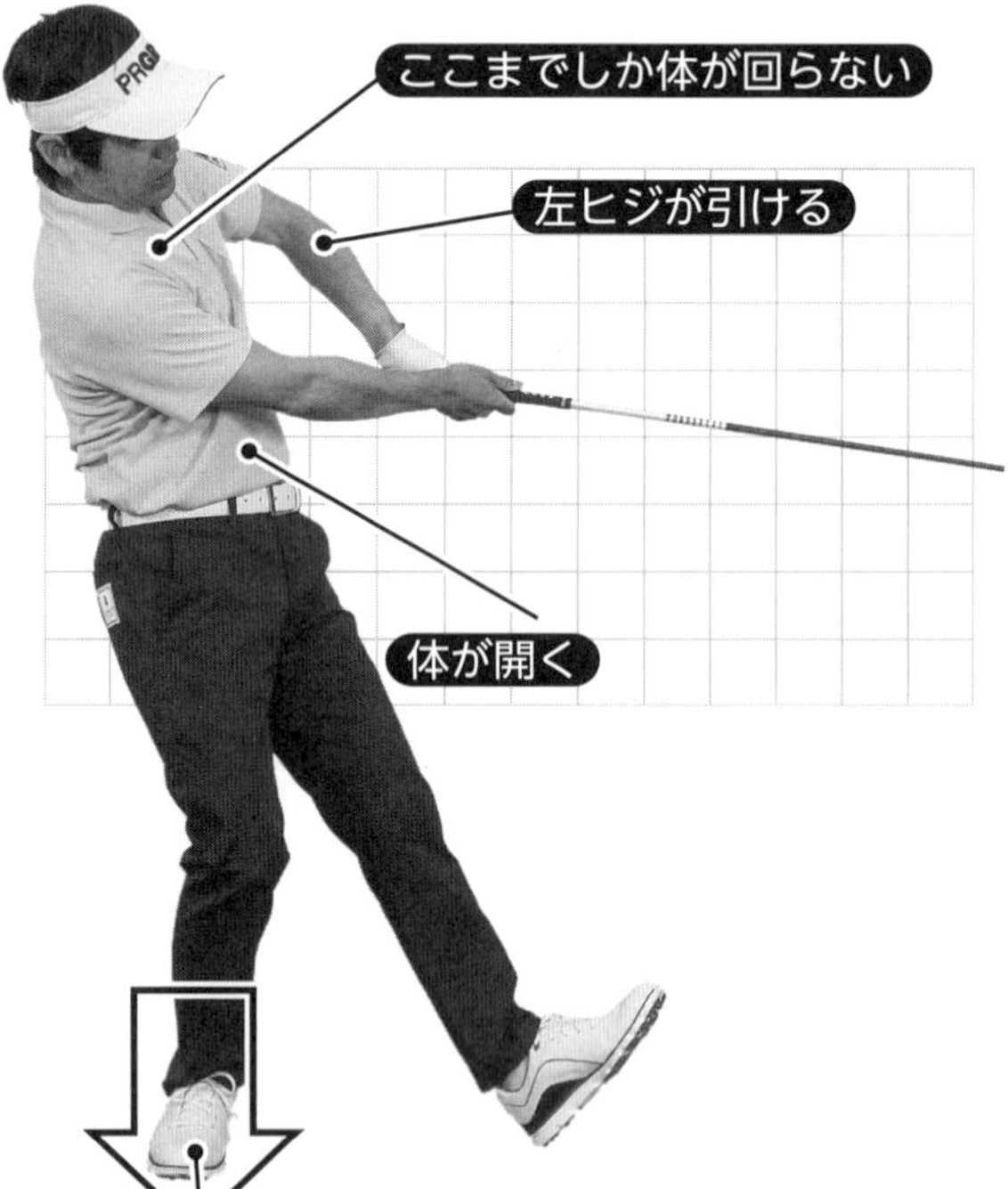
ここまでしか体が回らない
左ヒジが引ける
体が開く
右足体重になる

インパクトで詰まるとわかっているので体重を右足に乗せながら体を開く。股関節が伸びきっているので体も回らない

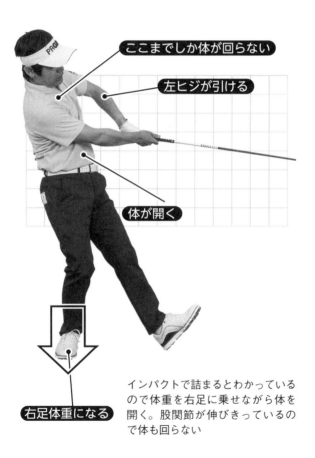

# トップの代償動作

## 体重が左に乗る

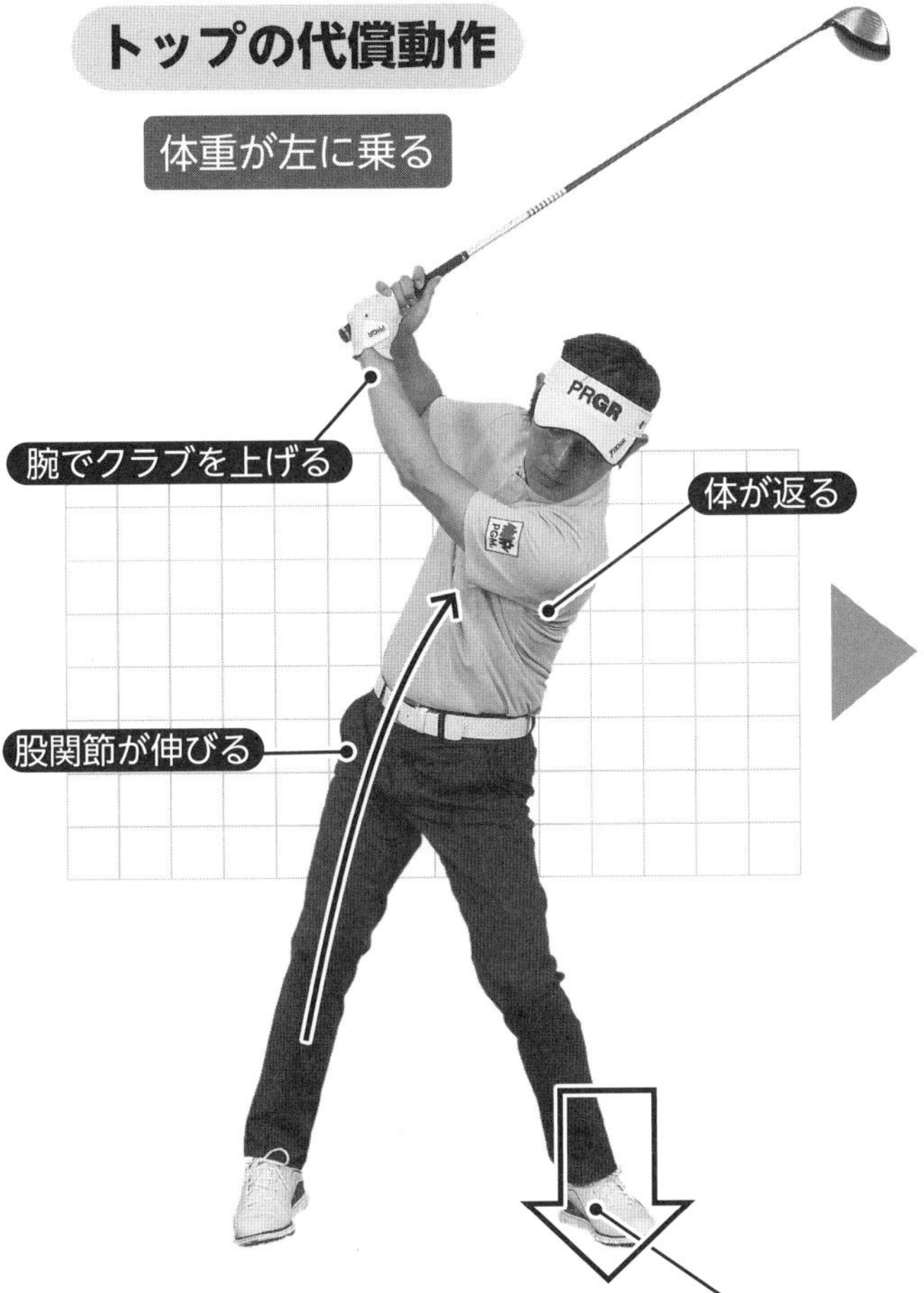


腕でクラブを上げ、なおかつ股関節も伸びると、トップで左足に体重が乗りやすくなる。そのまま下ろすとインパクトが詰まる

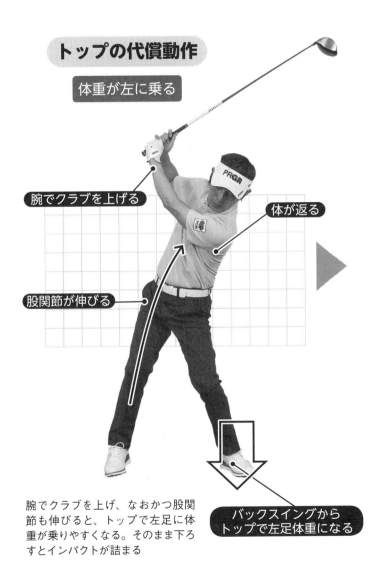

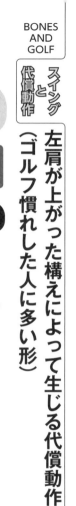

# 左肩が上がった構えによって生じる代償動作（ゴルフ慣れした人に多い形）

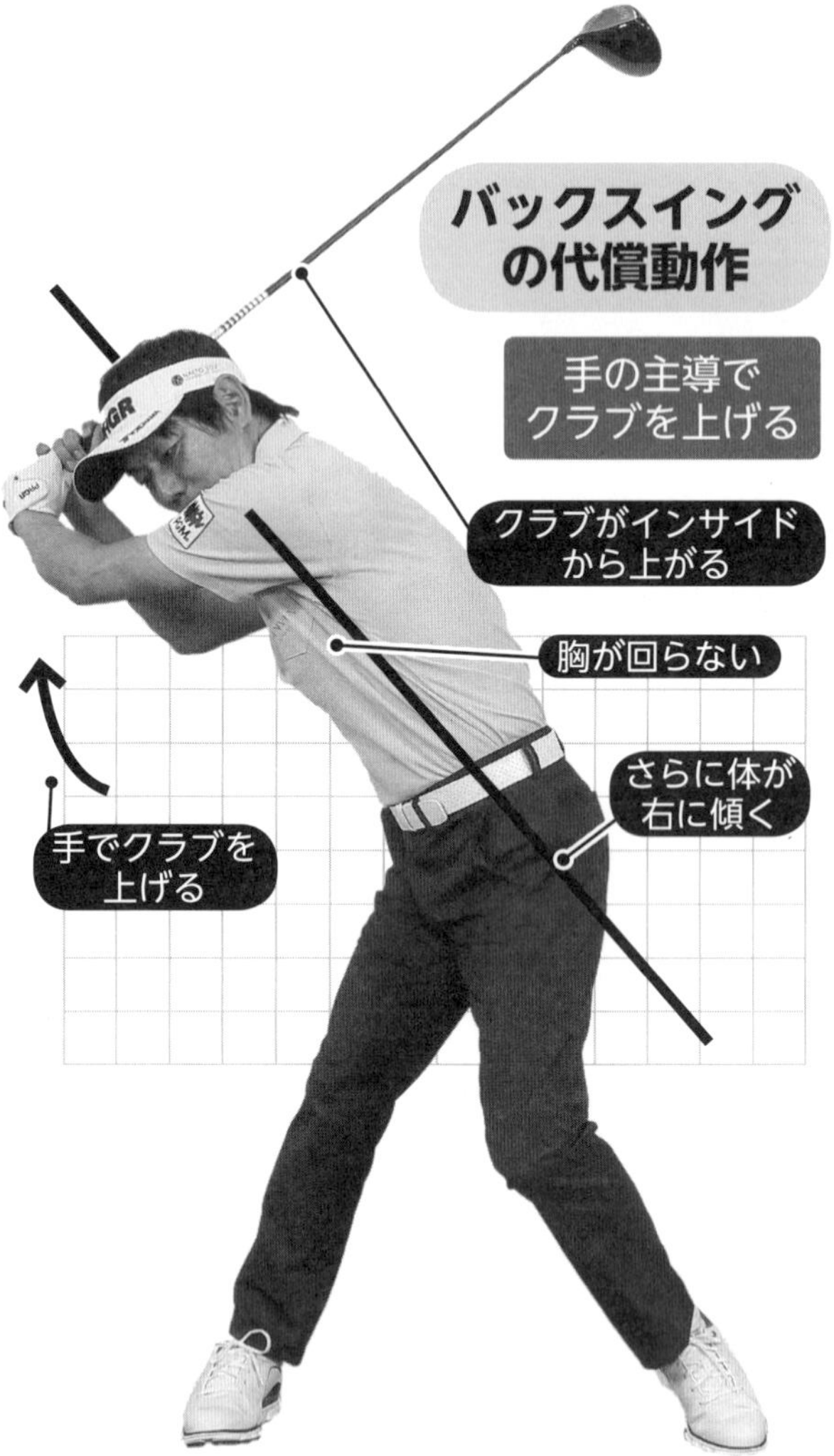
バックスイングの代償動作
手の主導でクラブを上げる
クラブがインサイドから上がる
胸が回らない
さらに体が右に傾く
手でクラブを上げる

右ワキが締まっているのでバックスイングはできるが胸を回さず手でクラブを上げる。体が右に傾いてクラブがインサイドに動く

## アドレス

### アドレスで左肩が上がる

チーピンやプッシュアウトに悩むゴルファーに多く見られる形

# バックスイングは上がるがフォローがとれない

## フォローの代償動作

### フォローがとれない

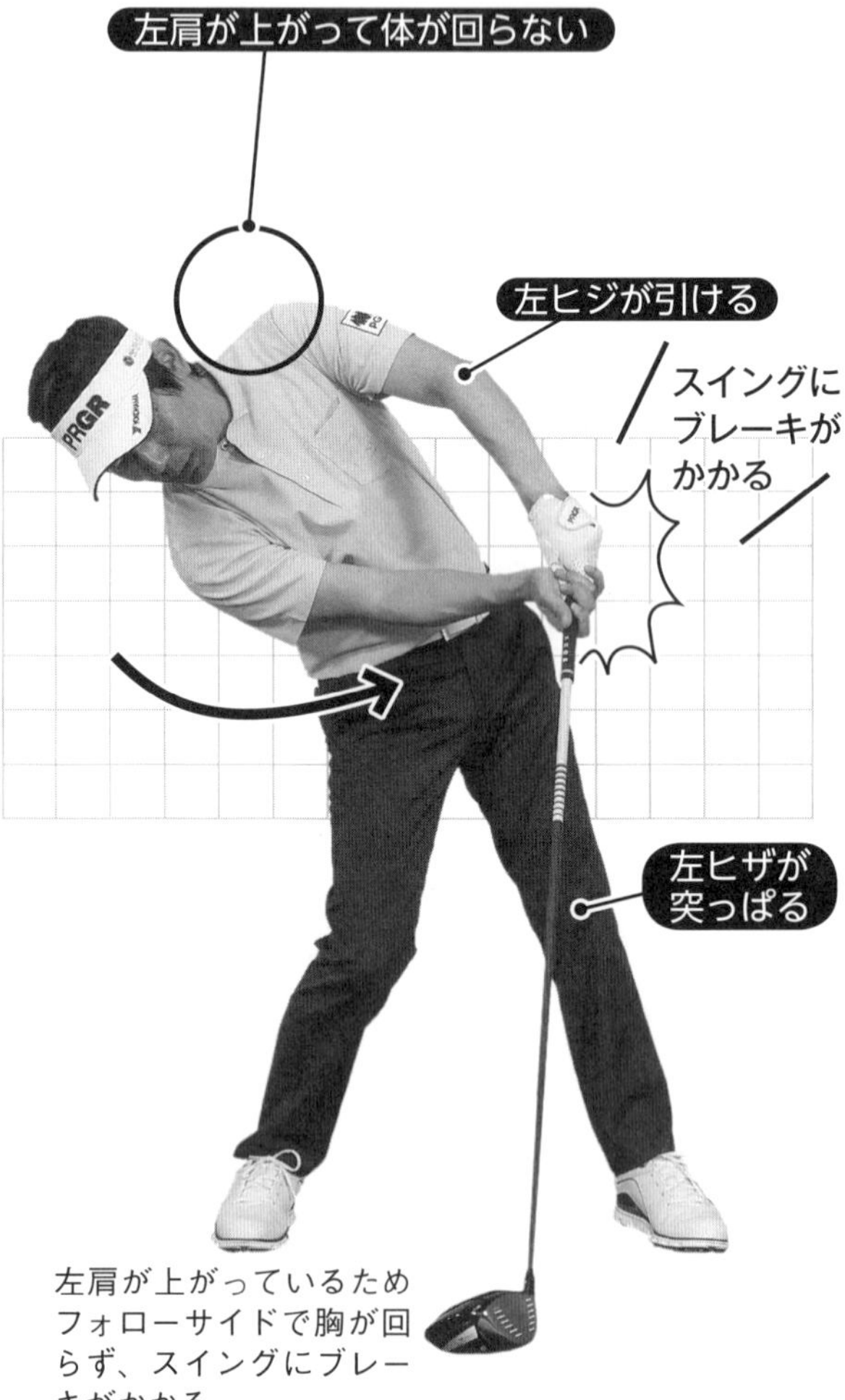
左肩が上がって体が回らない
左ヒジが引ける
スイングに
ブレーキが
かかる
左ヒザが
突っぱる

左肩が上がっているため
フォローサイドで胸が回
らず、スイングにブレー
キがかかる

## ダウンスイングの代償動作

胸が右に回っていないため手でクラブを下ろす。右肩が落ちているので右足に体重が残ってしまう

## クラブを手で下ろすと上体の突っ込みやスエーを生む

### 手だけが前に出る・スエー

手でクラブを下ろすことにより、手がクラブより前に出て左腰が左にスエーする

腰が左にスエー
手でクラブを下ろす

## ダウンスイング～フォロー

### 手で打ちにいく・突っ込み

ボールをつかまえにいったり、左への体重移動を意識するとこの形に

左へ体重移動して体全体が左へスライドしながら上体が突っ込む
手が目標方向に動く

## 第３章

# アドレスとは骨格のポジショニング

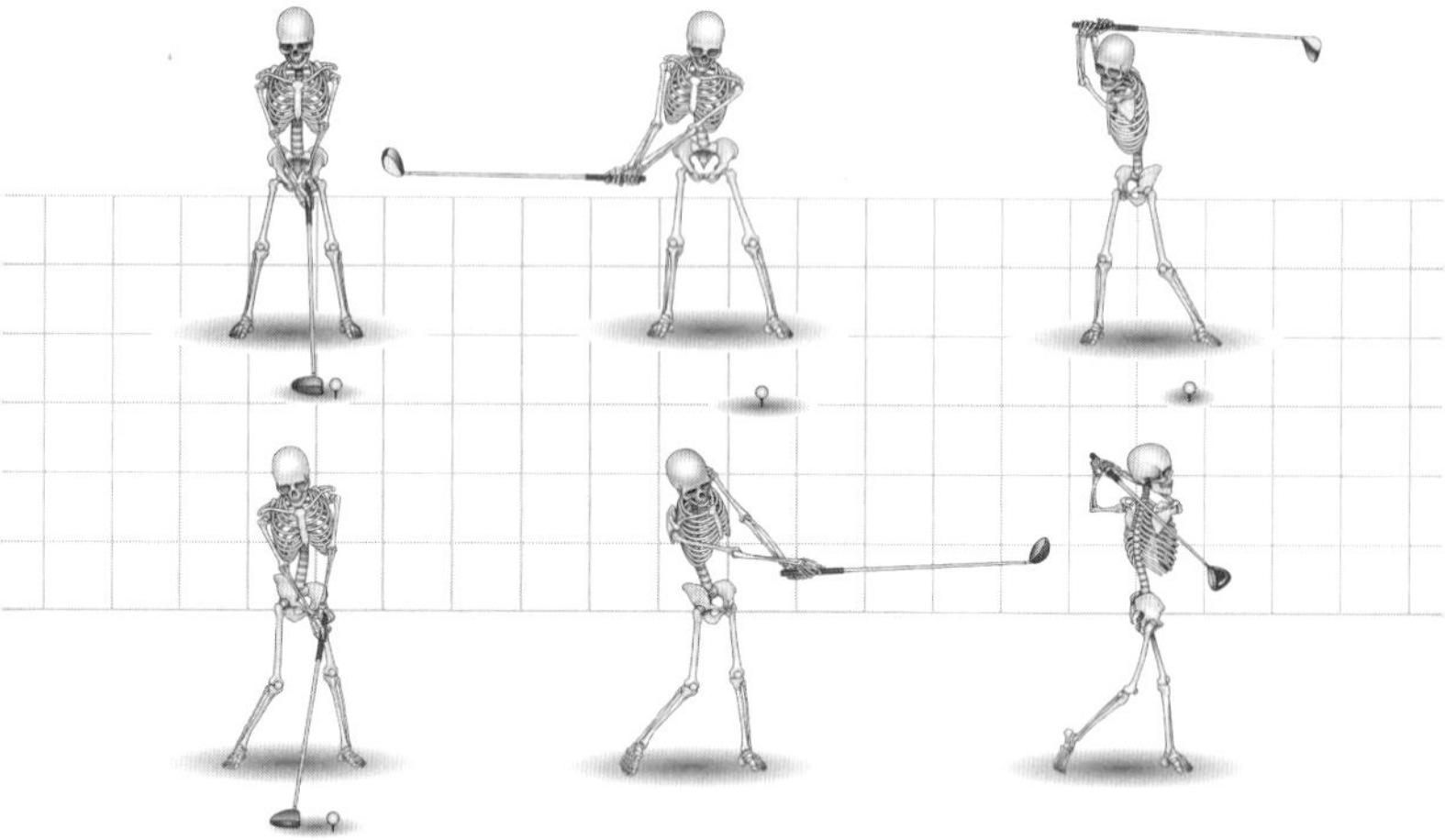

スイングのスタート地点、すなわちアドレスの姿勢が悪いと代償動作が発生しやすい。アドレスとは骨格のポジショニングのこと。正しい姿勢で構えられると無理を必要としない合理的なスイングができる。

＼ 骨格バランスの悪いところには ／
＼ 力が入って、“力み”につながる ／

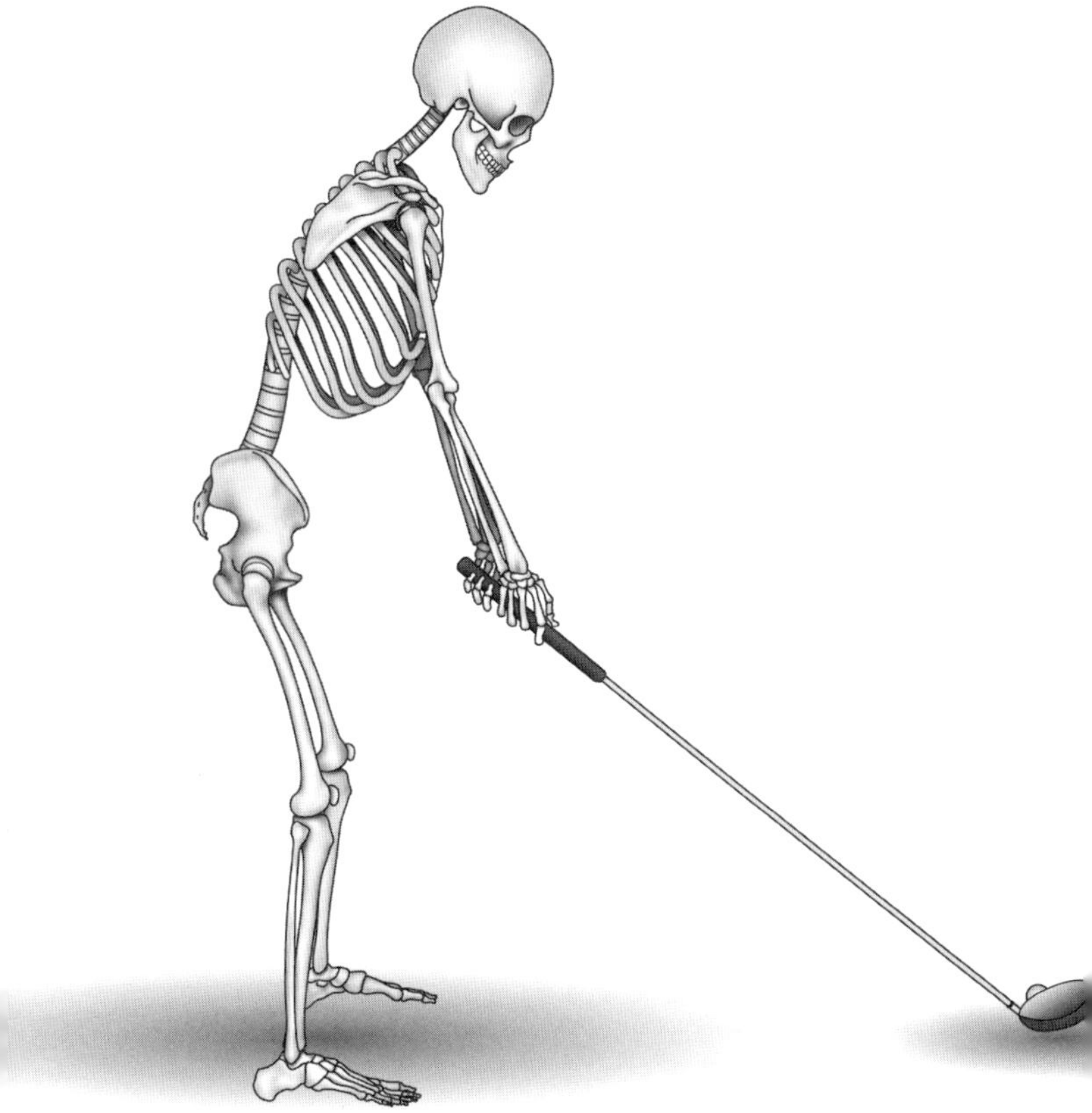

BONES AND GOLF

# 骨格のバランスがよくなると力みがとれる

前章では多くのアマチュアゴルファーのスイングは代償動作の温床とお話しし、その実例を紹介しましたが、代償動作を完全に消滅させるのは簡単ではありません。それができたらプロレベルだからです。

私がアメリカでゴルフを学んでいた頃からいまに至るまで、レッスンの世界では「ゴルフスイングにプラスはない」と言われています。スイングは常に引き算。フィニッシュした時点で、なるべく減点が少なくなるようにスイングすることが大事です。

つまり完全に消滅させるのは難しいとしても、なるべく代償動作が出ないようにしていかなければいけません。とはいえ、そもそも体を正しく使えれば自然消滅するものですから、難しく考えなくても大丈夫です。

**どうすれば代償動作が少なくなるかというと、スイングを骨で支えること。骨を使うイメージでスイングすることです。** 動く部分は動かし、動かない部分は動かさない。至極当たり前なのですが、残念ながらほとんどのアマチュアゴルファーは実践できていません。

とりわけ大事なのは、アドレスからトップまでの骨格バランス。特にアドレスは大事で、骨のポジションを調整しただけでスーッと力みがとれるアマチュアの方がたくさんいます。

骨格バランスが悪いところには力が入りやすい。そのまま力づくで振るから余計にバランスが崩れて、さらに力が入る、という悪循環になるのです。

# 動けないのは体が硬くなったからではなく姿勢が悪くなったから

ゴルフで一番大切なのは姿勢です。思うようにスイングできないと、みなさん「体が硬いから」などと言われますが、それ以上に、ほとんどの人は姿勢が悪くなっています。

たとえば、年をとって体幹部が弱くなると猫背になりやすい。また、読者の中には普段からイスに座って仕事をされている方が多いと思います。そうでなくてもパソコンやスマホを使う機会が頻繁にあるでしょう。こういったシーンでは必ず、頭が両肩より前に出た姿勢になります。猫背になって首が前にせり出すのです。

猫背になると、とたんに体が捻れなくなります。詳細は第4章に譲りますが、体を捻る動きは、脊椎《せきつい》（背骨・ここではおもに胸椎《きょうつい》）を形成するひとつひとつの関節がわずかずつ捻れることで成立します。脊椎が歪んだ猫背の状態ではこれができませんから、構造的にニュートラルになっていることが不可欠です。

さらに言うなら、脊椎には多くの神経が通っていて、脳との間で情報のやり取りをしています。猫背のまま動くと、猫背なりの関節の使い方や体重のかけ方を脳が覚えて、どんどんその動きが定着していきます。

年をとって姿勢が悪くなり、動きが悪化するのはこのため。いっときも早く、正しい形に修正しなくてはなりません。これはスイングに限らず健康維持にも通じることです。

逆に言えば、**アドレスで正しい姿勢をとれていれば、誰もがかなりの高確率でスイングの基本動作ができる**ということになります。

# ゴルフはもちろん、健康維持の意味でも姿勢は重要なファクター

読者諸兄姉には、長年にわたってゴルフをやっている方が少なからずいらっしゃると思います。同時に、肩こりで悩んでいる方も多いのではないでしょうか。いわゆる四十肩、五十肩で、いつの間にか感じるようになった肩こり。ひどいと腕が上がらなくなることもあります。

ところが不思議なことに、四十肩、五十肩で悩んでいるプロゴルファーはまずいません。これはスイングで肩まわりの筋肉をしっかり動かしているからだと考えられます。

アマチュアの方は肩こりになる確率が高いのにプロは低いのは、スイングする前の姿勢に関係があると私は考えています。**プロは肩まわりの筋肉が使える＝正しく**

**動ける姿勢がとれていますが、アマチュアの方はとれていない。その違いがスイングや肩まわりのコンディションに出るということです。**

もちろん、プロとアマチュアの方の日常生活はまったく違います。でも、だからこそ正しい姿勢でスイングできれば、普段の生活でこり固まった部分をほぐすことができるはず。少なくとも悪化することはないはずです。

たとえば、姿勢を正して首のポジションがよくなるだけで肩こりがなくなる、あるいは頚椎（首の骨）が動くようになって首まわりの動作が楽になる、といったことは実際に起こります。トレーニングをやっても改善しなかったトラブルが、姿勢を直すことによって改善に向かうというケースもあります。ゴルフにおいてはもちろんですが、健康状態と比例するという意味でも、姿勢はすごく重要なファクターだと言えるのです。

# アドレス姿勢をよくすれば可動域が広がっていいスイングになる

言うまでもなくプロは高い身体能力を有したアスリートです。それゆえ体の構造について細かく教えなくても、できてしまうことが多い。アダム・スコットのようなアドレスで構え、そのままスッとスイングできます。身体能力の高さゆえ、勝手にいい姿勢になってしまうというわけです。

しかし、一般のアマチュアゴルファーの場合、そうはいきません。私がはじめてパターのレッスンをさせていただいたお客様のように、頭の動きを止められないのが現実（34ページ参照）。同じことをプロに言えば、みんながみんなその瞬間に修正できますが、アマチュアの方は動いてしまうのです。

確かにこれは身体能力の違いではありますが、**アドレス時の姿勢を直すだけでか**

**なり改善できます。** 正しい骨格ポジションで構えていないから、猫背になってアゴが前に出る。そのため頭の動きを止められないのです。

考えてもみてください。体幹部の姿勢が安定的にキープされ、クラブの重さによって肩甲骨《けんこうこつ》が適度に引っぱられている。その状態で首の付け根の位置が動かず胸が捻れるのであれば、腕さえ力まなければ手は必ず元の位置に戻ってくる。ボールに当たらないわけがないのです。

思ったように動けない人は多くの場合、力が足りない、柔軟性がない、という以前に姿勢が悪い。だから動かない。自ら本来よりも可動域を狭めてしまっているのです。

それでは、正しいアドレス姿勢作りに取りかかりましょう。

# 背骨は、曲げる、伸ばす、どちらもできるニュートラルな状態

アドレスで大事なのは、胸を右に回しやすい体勢をとることです。それにはまず首から腰までの背骨（頸椎《けいつい》、胸椎《きょうつい》、腰椎《ようつい》）をニュートラルにすること。背骨を曲げる、伸ばす、どちらにも行ける状態です。

各部位の詳細については順に説明しますので、ここでは「骨で立つ」イメージをもち、全身の骨格バランスを頭に入れてください。

胸は正面を向く
左右の体重配分は5：5が基本。まずは骨格をイメージしてバランスよく立つ
5
5

## 軽くスクワットした体勢がアドレス

### 胸が右に回りやすい体勢をとる

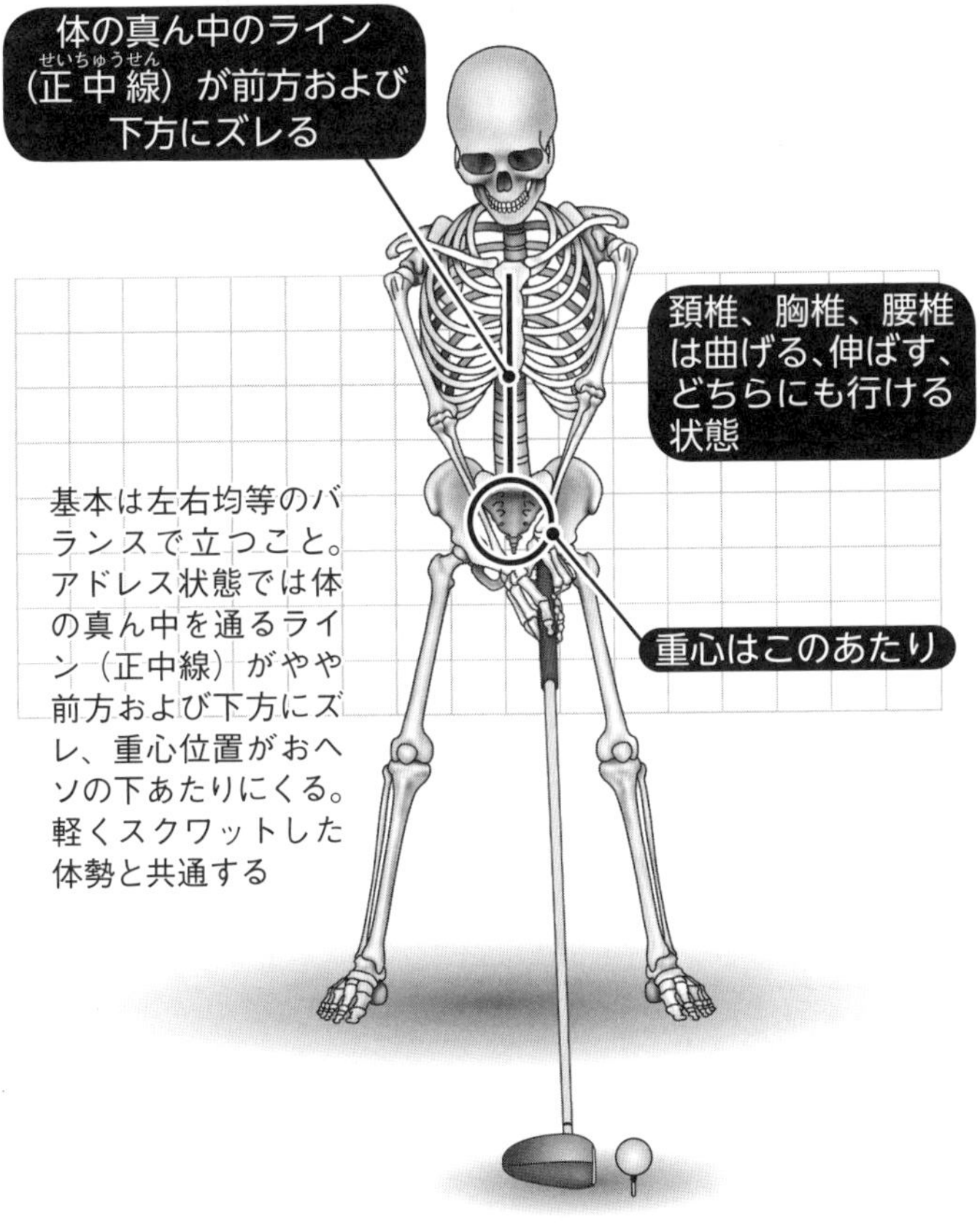
体の真ん中のライン（正中線《せいちゅうせん》）が前方および下方にズレる
頚椎、胸椎、腰椎は曲げる、伸ばす、どちらにも行ける状態
基本は左右均等のバランスで立つこと。アドレス状態では体の真ん中を通るライン（正中線）がやや前方および下方にズレ、重心位置がおヘソの下あたりにくる。軽くスクワットした体勢と共通する
重心はこのあたり

# 前傾した骨盤に上体が乗ったイメージ

腰が反ってしまうほど背すじをピンと張る必要はありませんが、猫背は絶対にいけません。

背骨の次に大事なのが、股《こ》関《かん》節《せつ》を屈曲させて骨盤を前傾させること（86〜91ページ参照）。これができると背骨をニュートラルにした上体が、骨盤の上にポンと乗る感じになり、胸が回せる体勢になります。

## 背骨は曲げすぎず、伸ばしすぎず

腰が反るほど背すじを張らない
前傾した骨盤に上体が乗っている
猫背はダメだが、お尻が後ろに突き出るほど腰が反るのもダメ。その体勢から曲げる、伸ばす、どちらにも動けるのが目安

## 猫背と背すじの張りすぎに注意

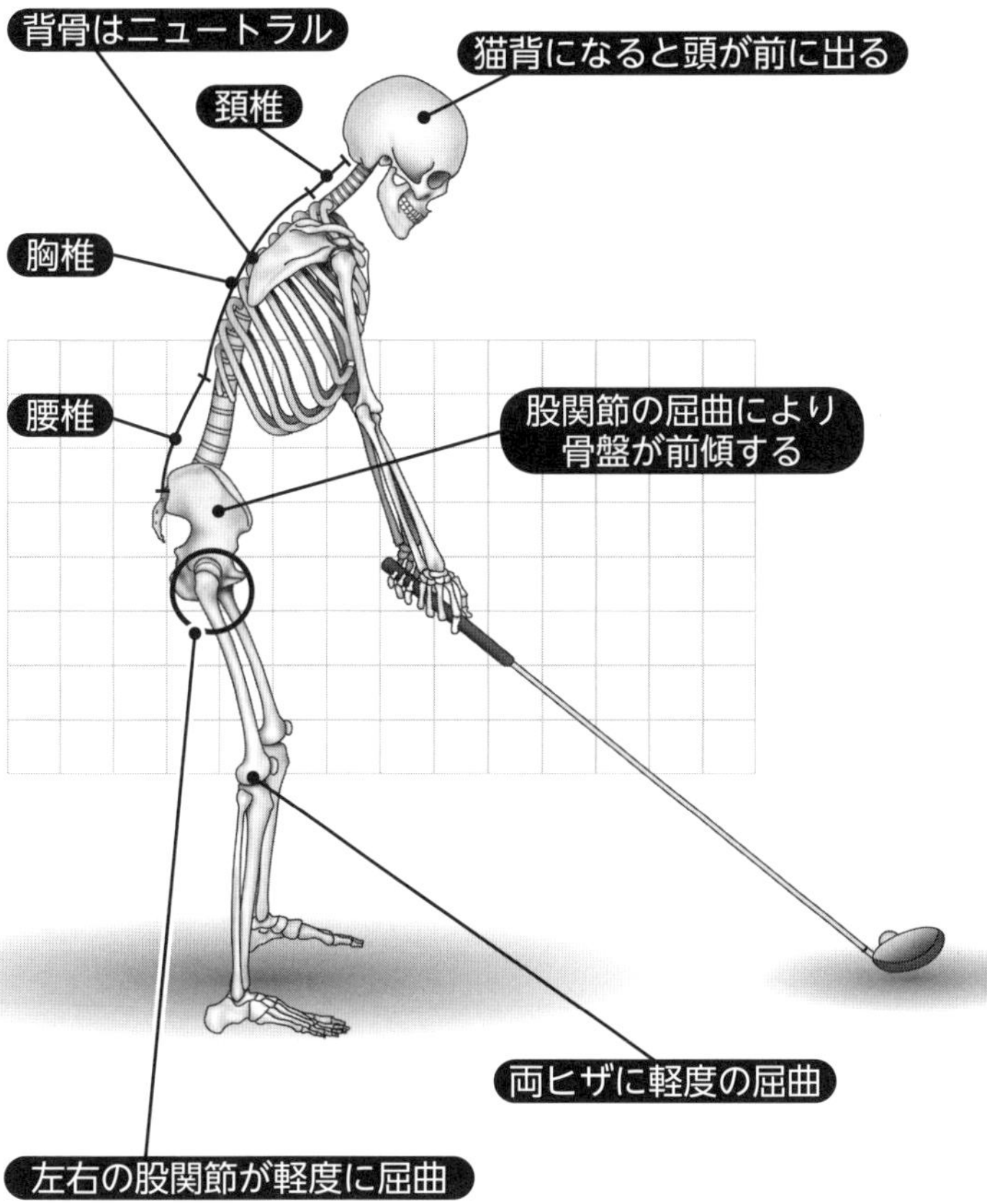

# 肩甲骨まわりは緩めすぎても固めすぎてもいけない

「スイングでは肩甲骨まわりが動けばいい」と考えている方が多いですが、それはカン違いです。猫背でガチガチに固めたら動けませんが、ある程度は固めておかないと正しく動けません。

アマチュアの方の場合、固まりすぎているか緩すぎるか。アドレス時の肩まわりが、ここで紹介するような形になっている人は直す必要があります。

## 猫背のまま構えるとワキがあく

猫背だと肩甲骨が外に広がる。上からクラブを握る形になって両ワキがあきやすい

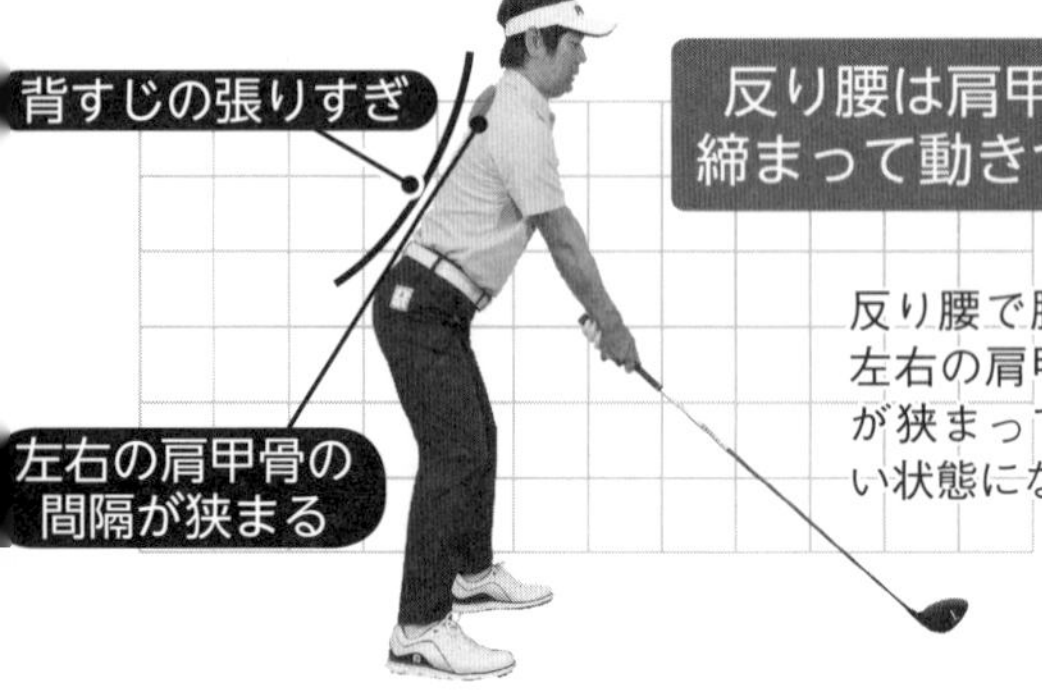


## 反り腰は肩甲骨が締まって動きづらい

反り腰で胸を張ると左右の肩甲骨の間隔が狭まって動きづらい状態になる

## 左右の肩甲骨が離れすぎるとヒジが外を向く

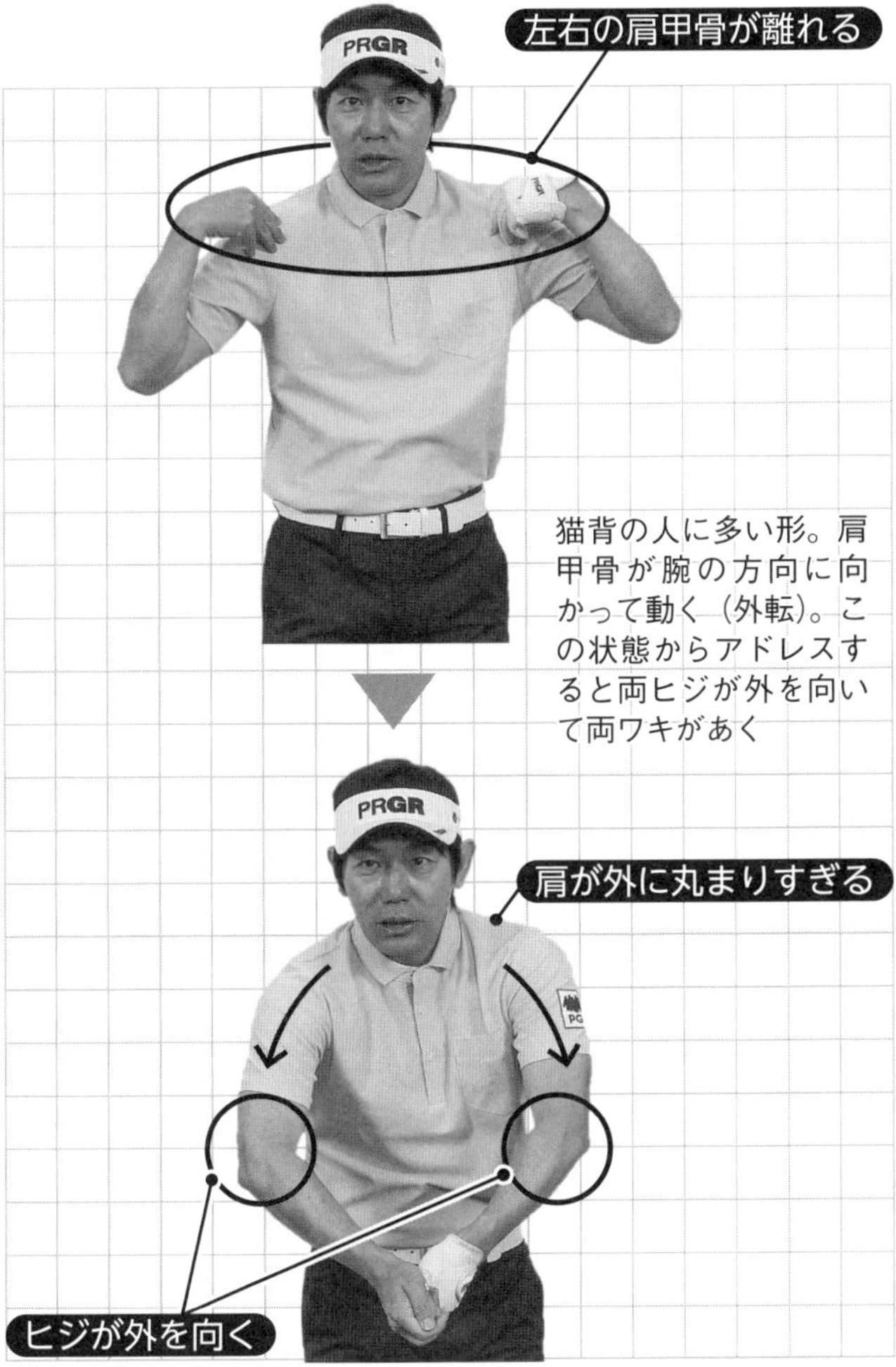
左右の肩甲骨が離れる
肩が外に丸まりすぎる
ヒジが外を向く

猫背の人に多い形。肩甲骨が腕の方向に向かって動く（外転）。この状態からアドレスすると両ヒジが外を向いて両ワキがあく

# アドレスでワキがあくと腕だけで振るスイングになる

猫背のアドレスで肩甲骨が外に丸まると、アドレスでヒジが外側を向いてワキがあきやすくなります。

アドレスでは右手が上にくるので、特に右ワキがあきます。すると肩のラインが左を向くだけでなく右腰も浮いてくる。結果的にアウトサイドからクラブが下りるアドレスになってしまいます。

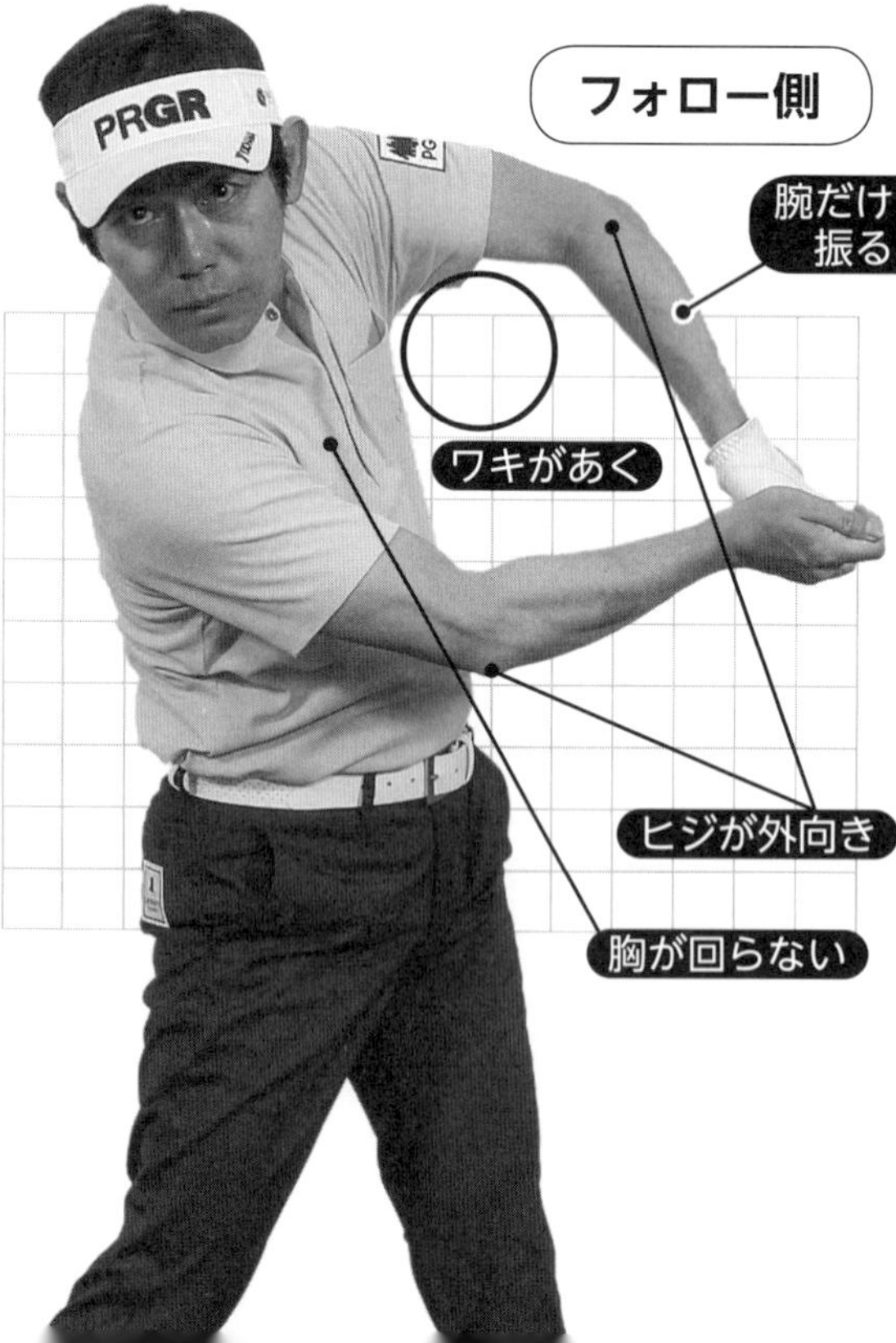
フォロー側
腕だけで振る
ワキがあく
ヒジが外向き
胸が回らない

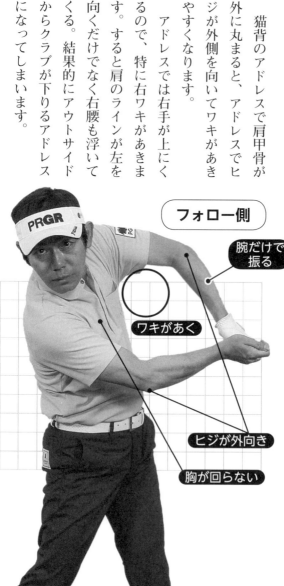

## ワキがあくと胸の回旋を使えない

ワキがあくと腕でクラブを振る形になって胸の回旋が使えない。体の動きでスイングできず当てるだけになる

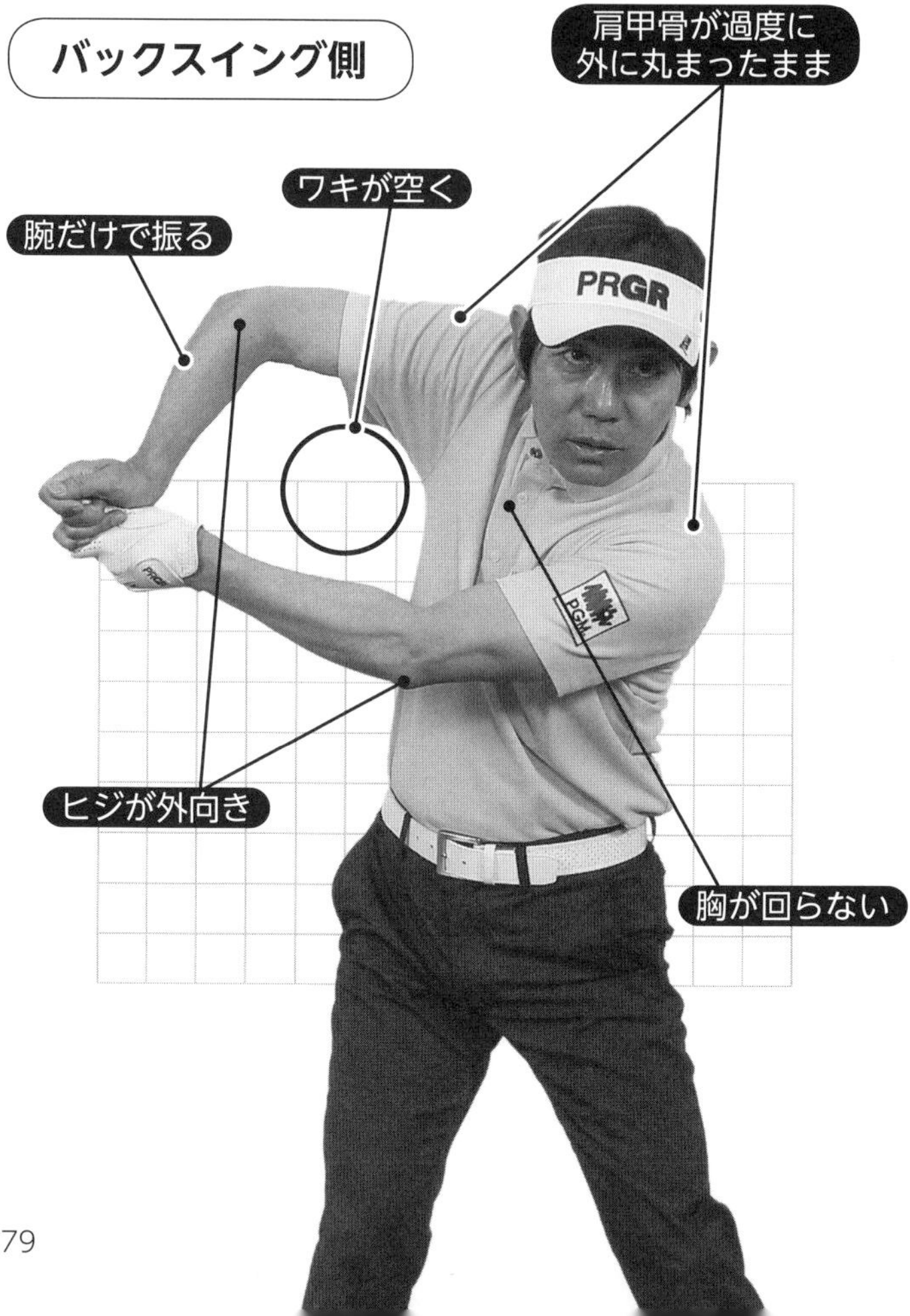
バックスイング側
肩甲骨が過度に外に丸まったまま
ワキが空く
腕だけで振る
PRGR
ヒジが外向き
胸が回らない

# 肩まわりを適度に固定して、肩甲骨を下げるのが正解

猫背でない適正な姿勢で構えると、両ヒジを下に向けてクラブを握ることができて、アドレスで適度に両ワキが締まります。

この状態で肩甲骨まわりを固めておくことがポイントで、ショルダーパッキングと呼びます。

人によっては左右どちらかがパッキングできていないこともあるので、必ず両方をパッキングしてください。

## 両手のひらを前に向けて構える

両ワキが適度に締まる
手のひらは正面向き

写真のように手のひらを前に向けてアドレス＆グリップすると、両ヒジが下を向き肩甲骨が安定する

## ショルダーパッキングのやり方

手のひらを上に向けながら両手を外から内に動かして、体の正面にもってくると、ヒジが下を向いてワキが締まる

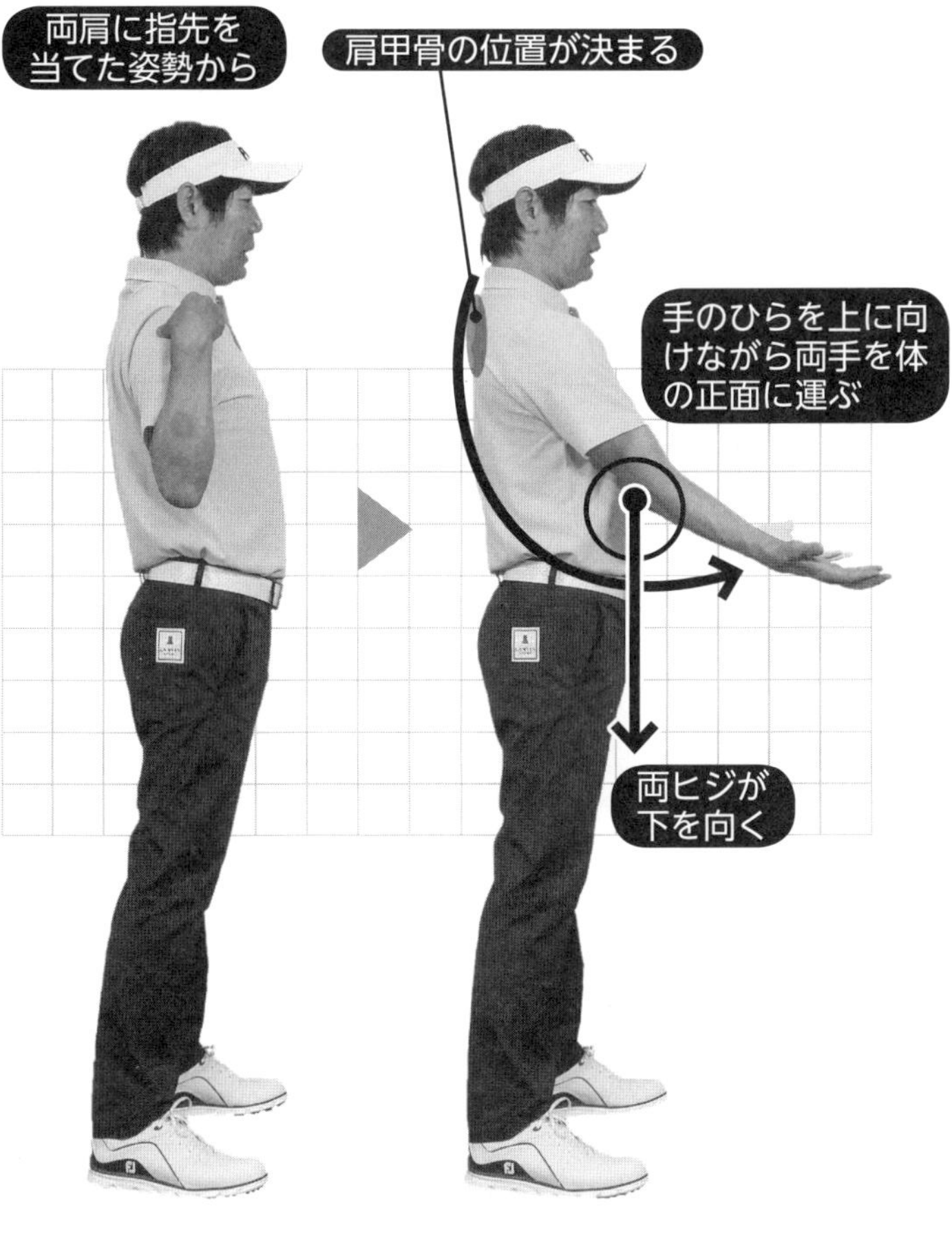
両肩に指先を当てた姿勢から
肩甲骨の位置が決まる
手のひらを上に向けながら両手を体の正面に運ぶ
両ヒジが下を向く

# 左右均等にショルダーパッキングすれば胸が回る

猫背でないことが前提になりますが、両ヒジが下を向いた状態で両ワキが締まり、ショルダーパッキングができると、スイング動作で胸が回ります。

右肩のパッキングが緩いと右ワキ、左が緩いと左ワキがあくので、左右均等にパッキングすることが大事。

また、パッキングで固めす

フォロー側

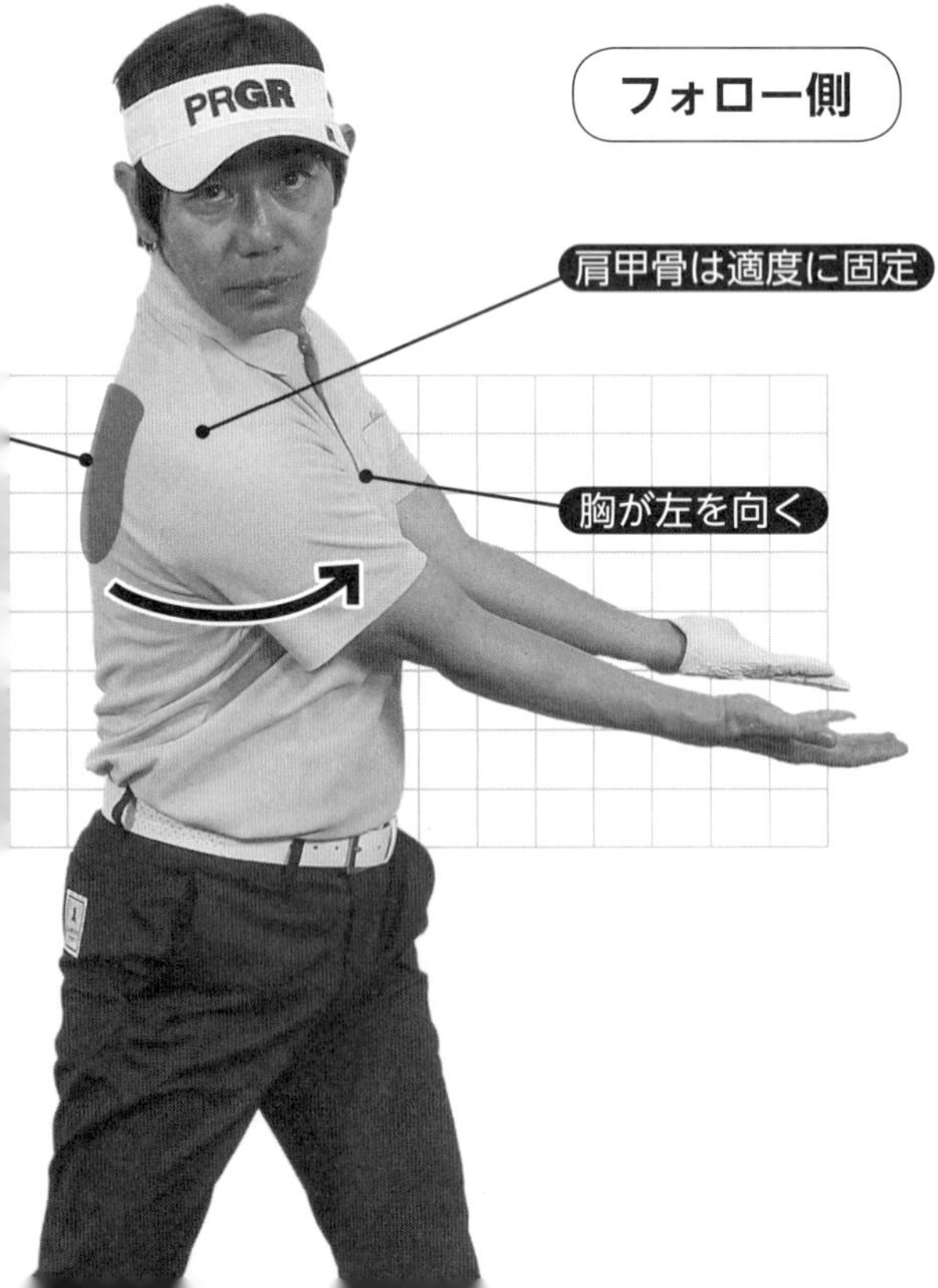
PRGR
肩甲骨は適度に固定
胸が左を向く

ぎると動けないので気をつけましょう。

## 肩甲骨が決まると筋肉が使える

ショルダーパッキングによって肩甲骨の位置が決まると、背中にある大きな筋肉（広背筋）を効率よく使えるが、それには左右の肩甲骨が離れすぎていないことが条件になる

### バックスイング側

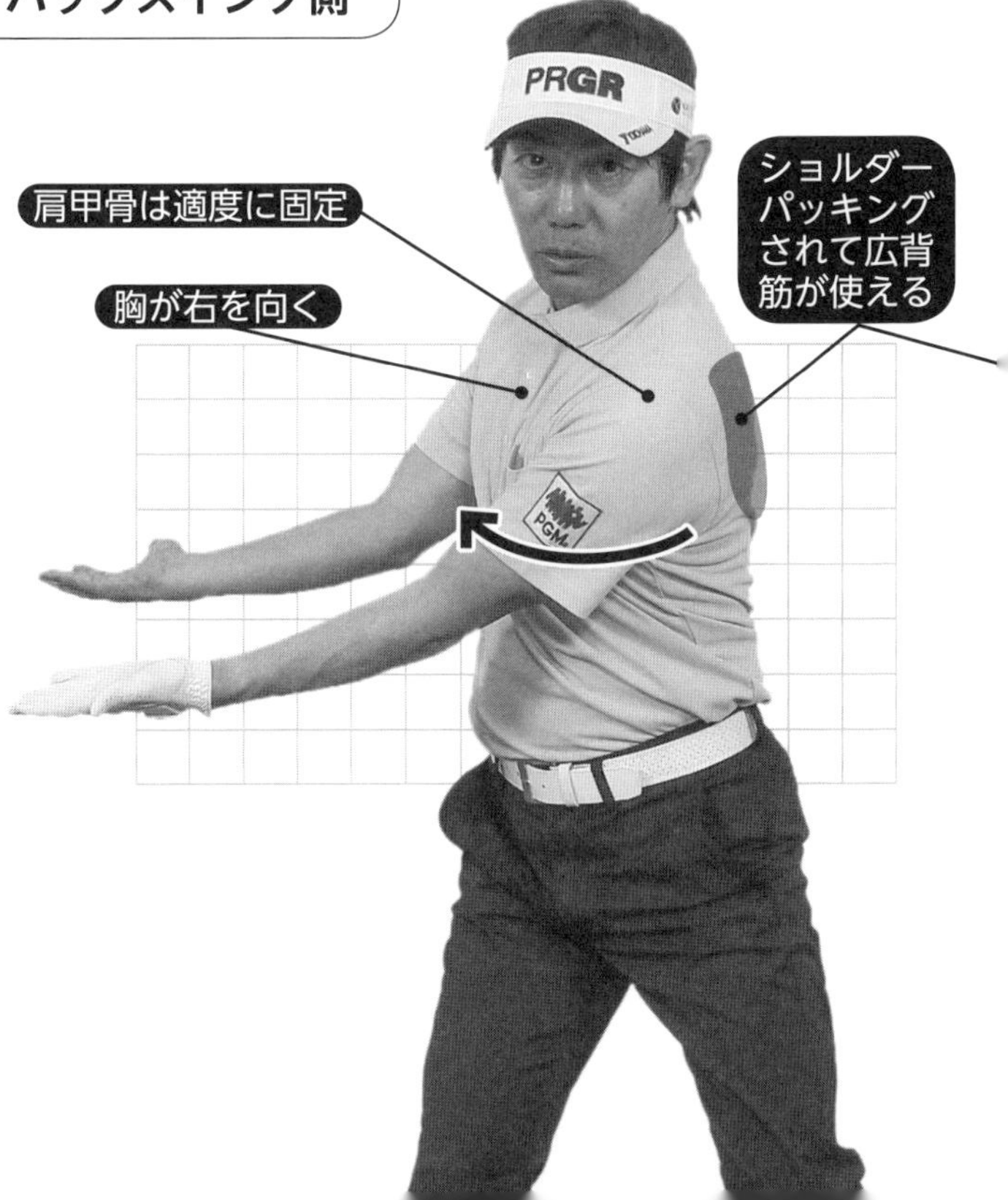
肩甲骨は適度に固定
胸が右を向く
ショルダーパッキングされて広背筋が使える
PRGR
PGM

# 左右の肩甲骨はニュートラルからわずかに開く

正しくショルダーパッキングできると、左右の肩甲骨はニュートラル、もしくはわずかに開いた上体になります。猫背が強い人は、左右の肩甲骨の間に指2〜3本が入るように寄せるといいでしょう。これができると自然に背すじが起きます。すると胸が回しやすくなって筋肉が使えます。逆に肩甲骨が開きすぎるとグラグラするので力が入りません。

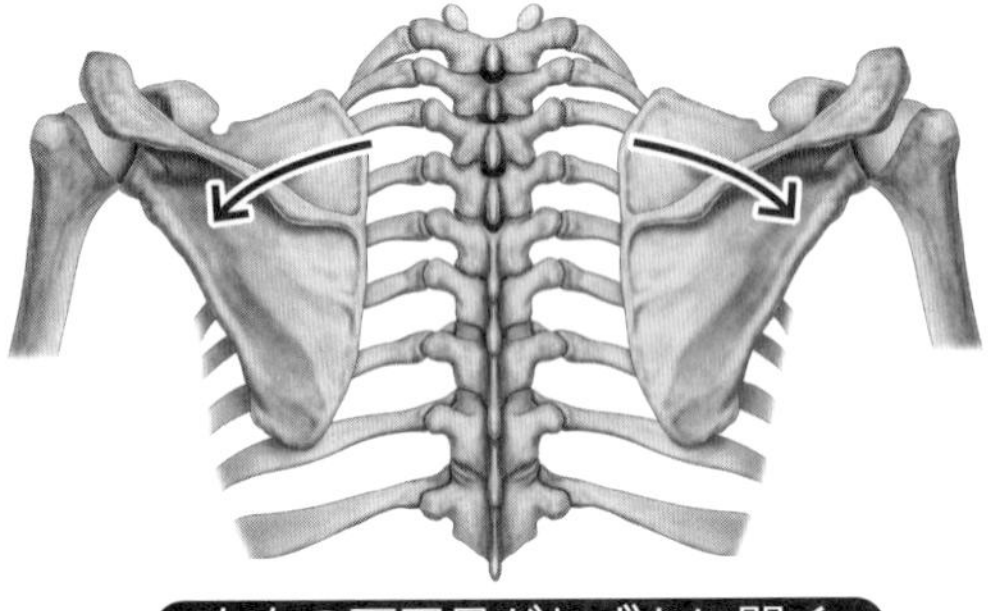

左右の肩甲骨がわずかに開く

## 猫背の人は左右の肩甲骨を少し寄せる

左右の肩甲骨がわずかに腕側にスライドした状態（外転）がアドレスの最適ポジション。猫背の人は左右の肩甲骨を近づける意識をもつ。背すじが少し起きてくればOKだ

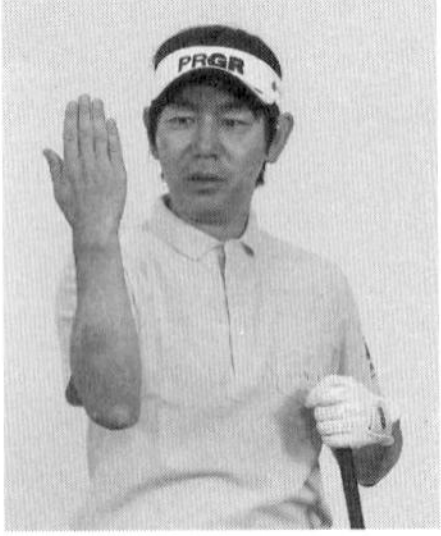

ワキをあけずに、自分に向けてヒジが曲がればOK

## 肩甲骨のまわりにシワができない

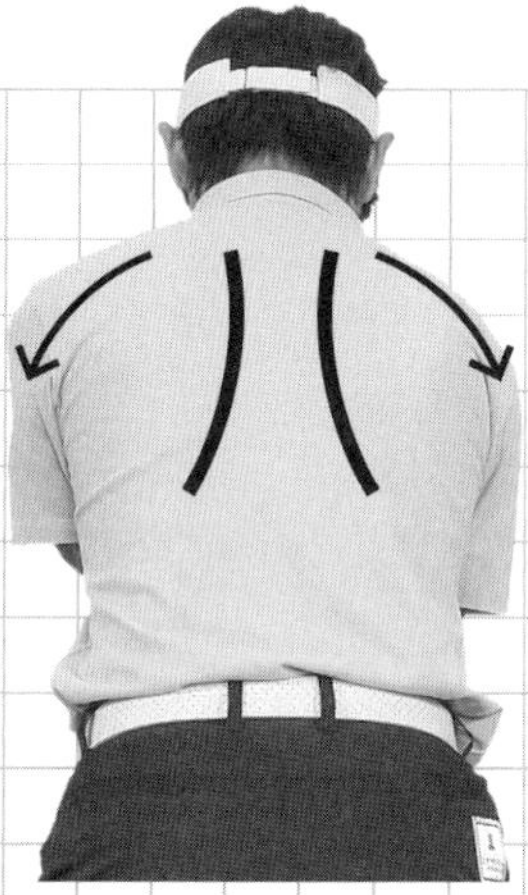

適度な位置でショルダーパッキングができると背中にシワができない。シワができたり、左右に引っぱられて張ってしまうのはNG

ショルダーパッキングにより背すじが起きてくる

猫背の人は左右の肩甲骨を近づける感じをもつ

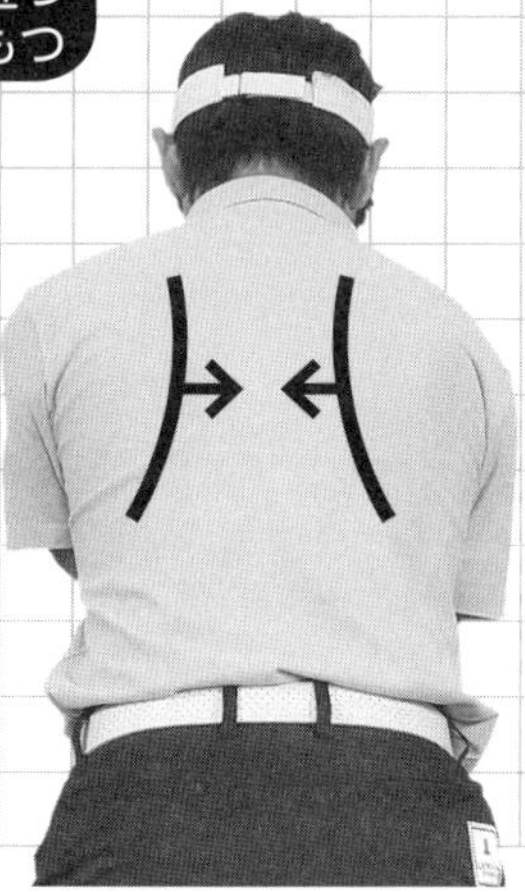

左右の肩甲骨はわずかに外転

# 正しい前傾姿勢は股関節が作る

肩甲骨まわりと並んで重要なポイントが股関節です。猫背の人の大半は、股関節の屈曲、伸展を普段からしていません。

そのため、前傾姿勢とは胸を前に倒すことだとカン違いしています。スイングで上体が突っ込んだり、伸びるのはある意味当然。心あたりのある方は、ここで股関節の屈曲をインプットしましょう。

股関節の屈曲によって上体が前傾

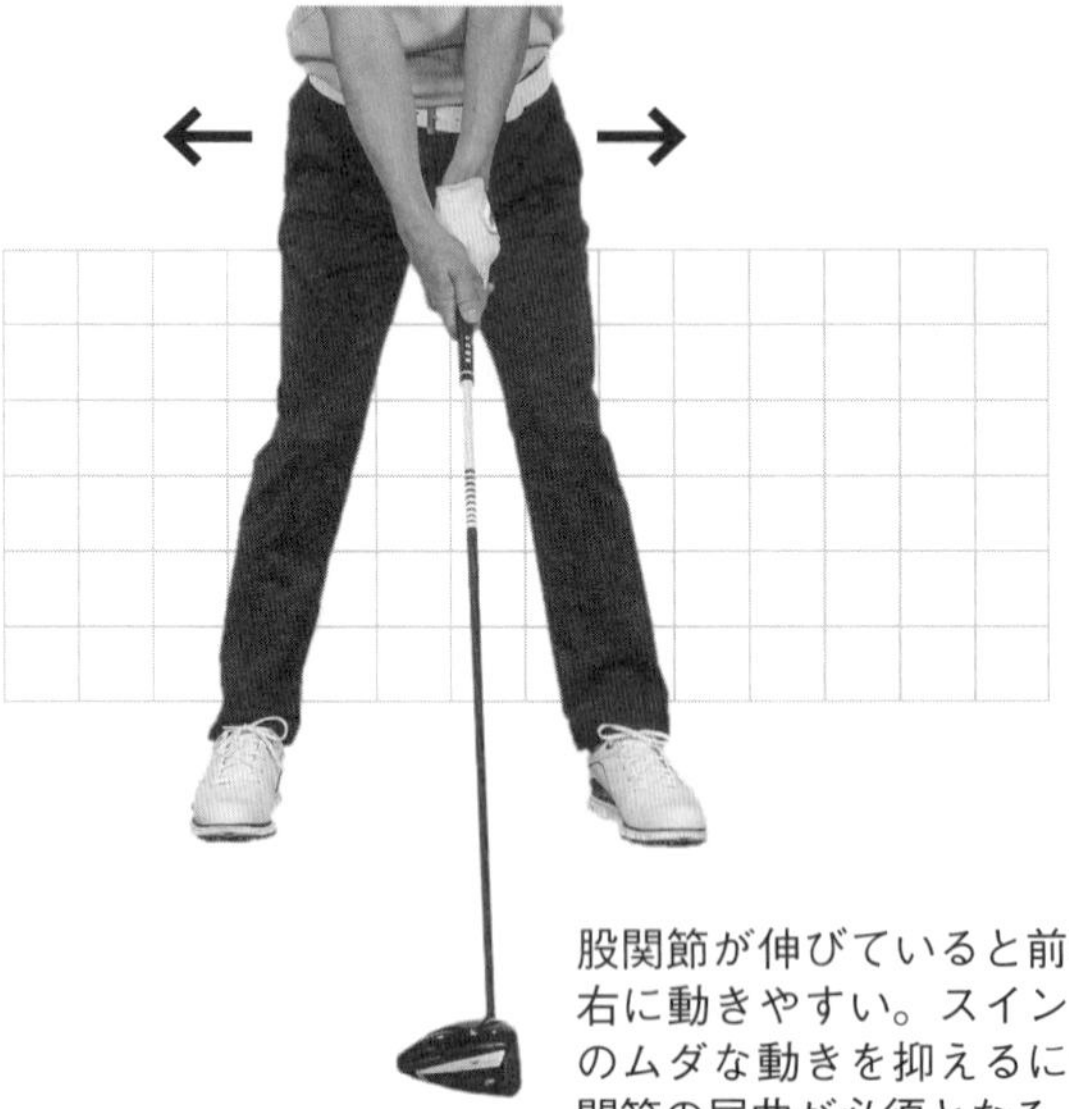

股関節が伸びていると前後左右に動きやすい。スイング中のムダな動きを抑えるには股関節の屈曲が必須となる

## 股関節を屈曲させると骨盤が前傾する

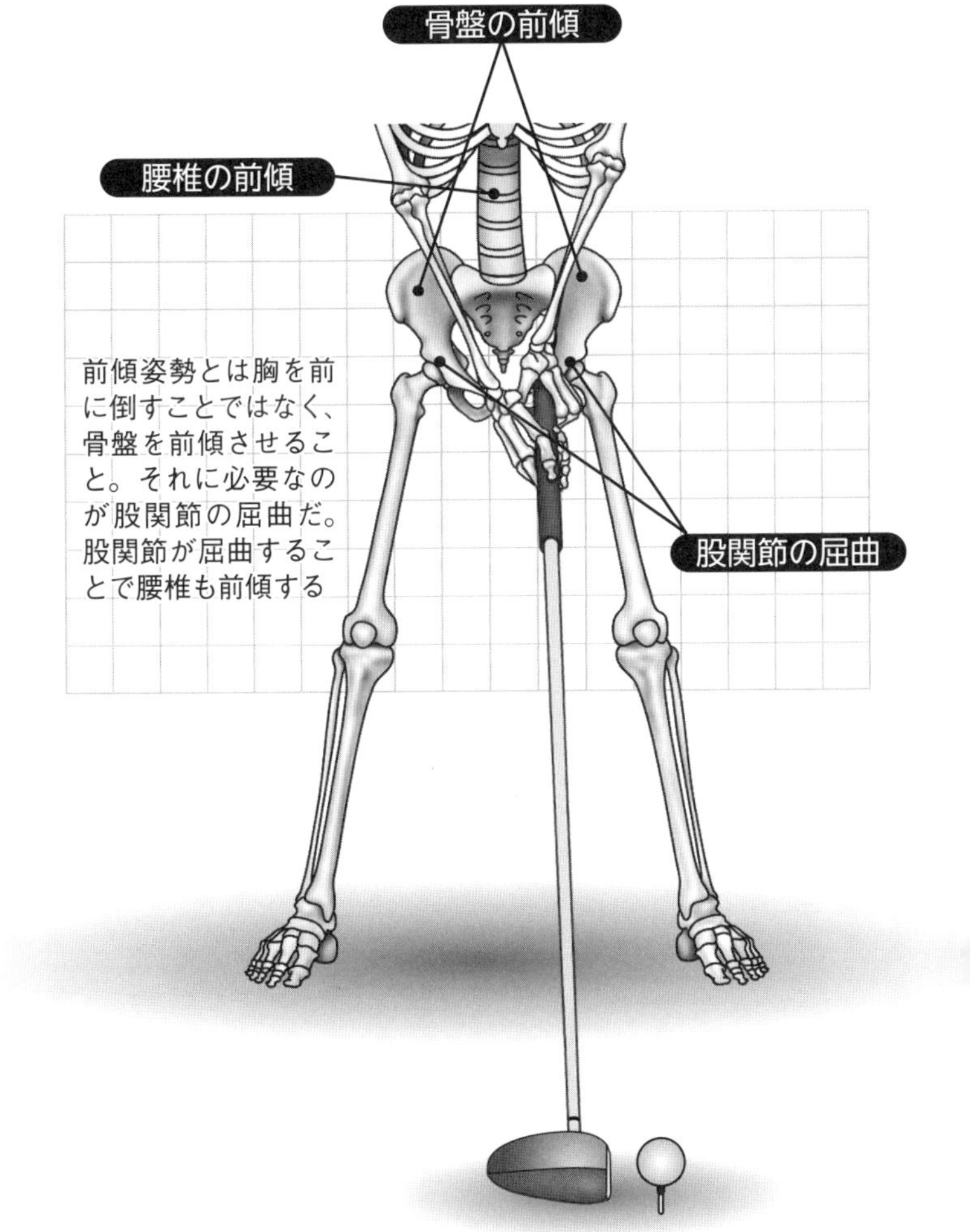


前傾姿勢とは胸を前に倒すことではなく、骨盤を前傾させること。それに必要なのが股関節の屈曲だ。股関節が屈曲することで腰椎も前傾する

# 股関節を屈曲させて骨盤を前傾位にする

アドレスで股関節の屈曲がないと、ヨコ揺れやタテブレの多いスイングになります。これでは当たらないので今度はヒザを曲げる。するとお腹が前に出てヒザが割れた（外に開いた）ガニ股の構えになります。実はこの悪循環にハマっているアマチュアの方が多い。このページで紹介しているように、必ず股関節を屈曲させて骨盤が前傾した形を作ってください。

## 屈曲がないと体が前後左右に流れる

股関節が屈曲していないとスイング中に体が左右に流れたり、上下動が入る

## 正しい構えだが最初はストレスを感じる

プロのように慣れていれば別だが、正しくないアドレスから正しいアドレスに変わると違和感がある。最初は疲れるが慣れることが必要だ

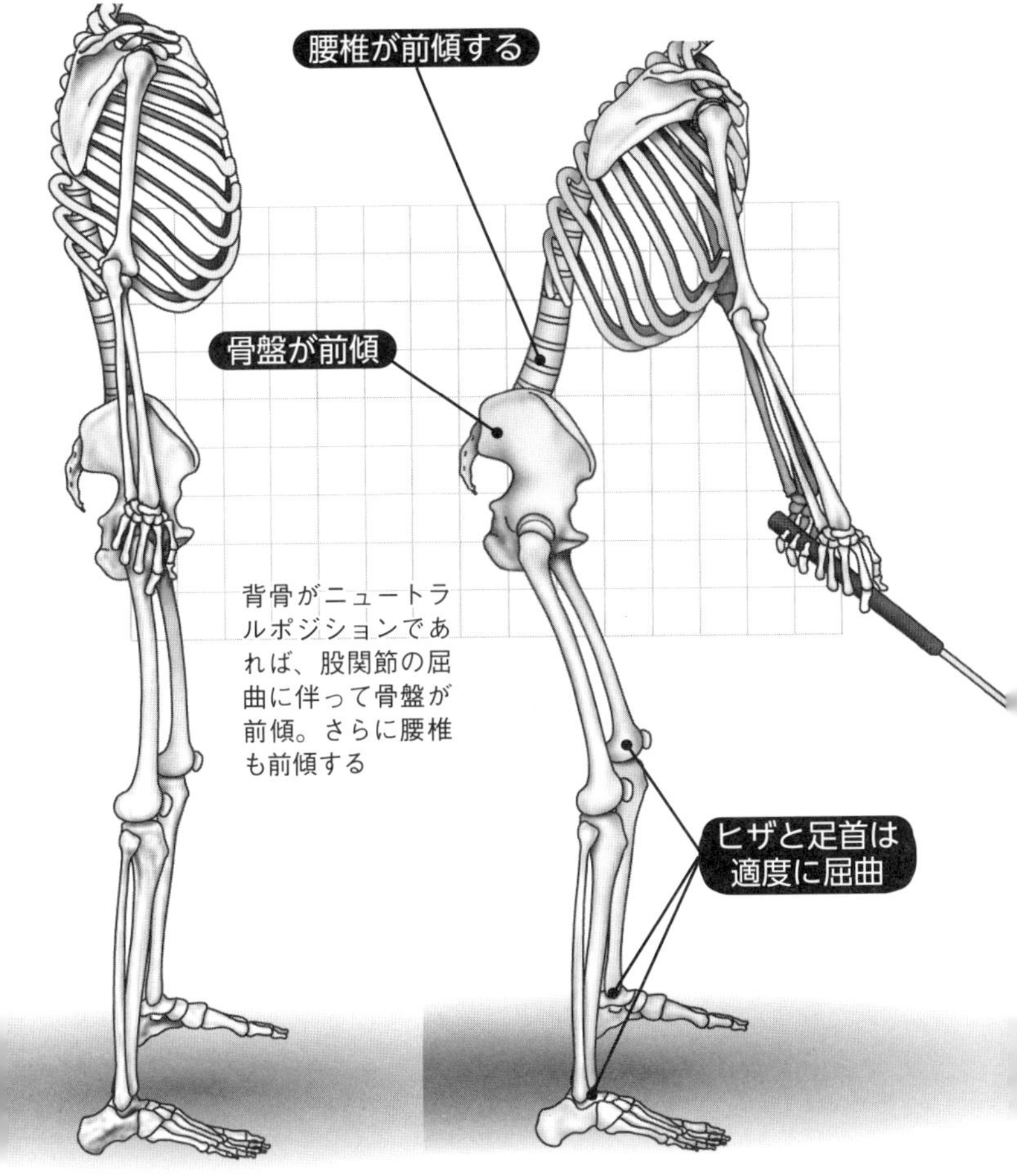
腰椎が前傾する
骨盤が前傾
ヒザと足首は適度に屈曲

背骨がニュートラルポジションであれば、股関節の屈曲に伴って骨盤が前傾。さらに腰椎も前傾する

# 背骨のニュートラルポジションを保って股関節を屈曲

股関節を屈曲させる場合、どの程度曲げればいいのかわからない方も多いと思いますが、厳密に定義づけるのは困難です。

というのも、骨盤のポジションは体型によって変わるから。クラブの長さは同じなのでなおさらです。

あえて言うなら、背骨のニュートラルポジションを保てる角度、ということになります。

## 意識して骨盤を前傾位にする

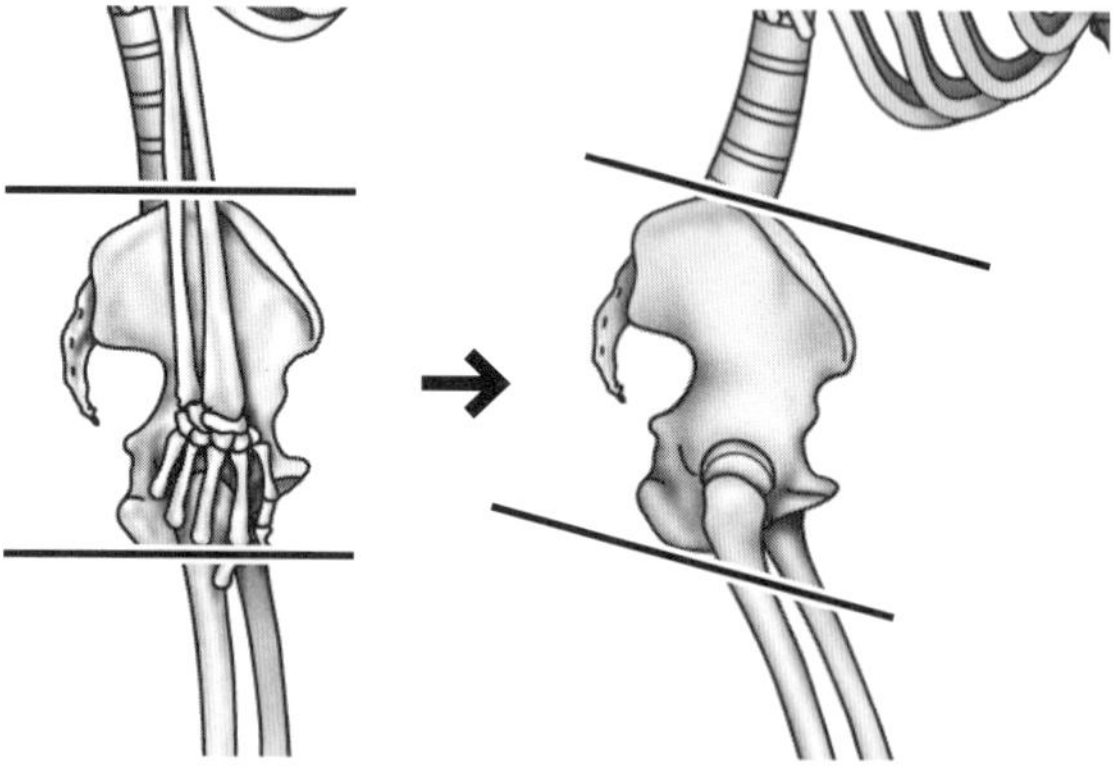

猫背の人が多い日本人は、努めて股関節を屈曲させ、骨盤を前傾位にする必要がある

## 骨盤を前傾させるのは胸を回すため

背骨のニュートラルポジションを保って骨盤が前傾してはじめて、前傾角度を保って胸を回せる

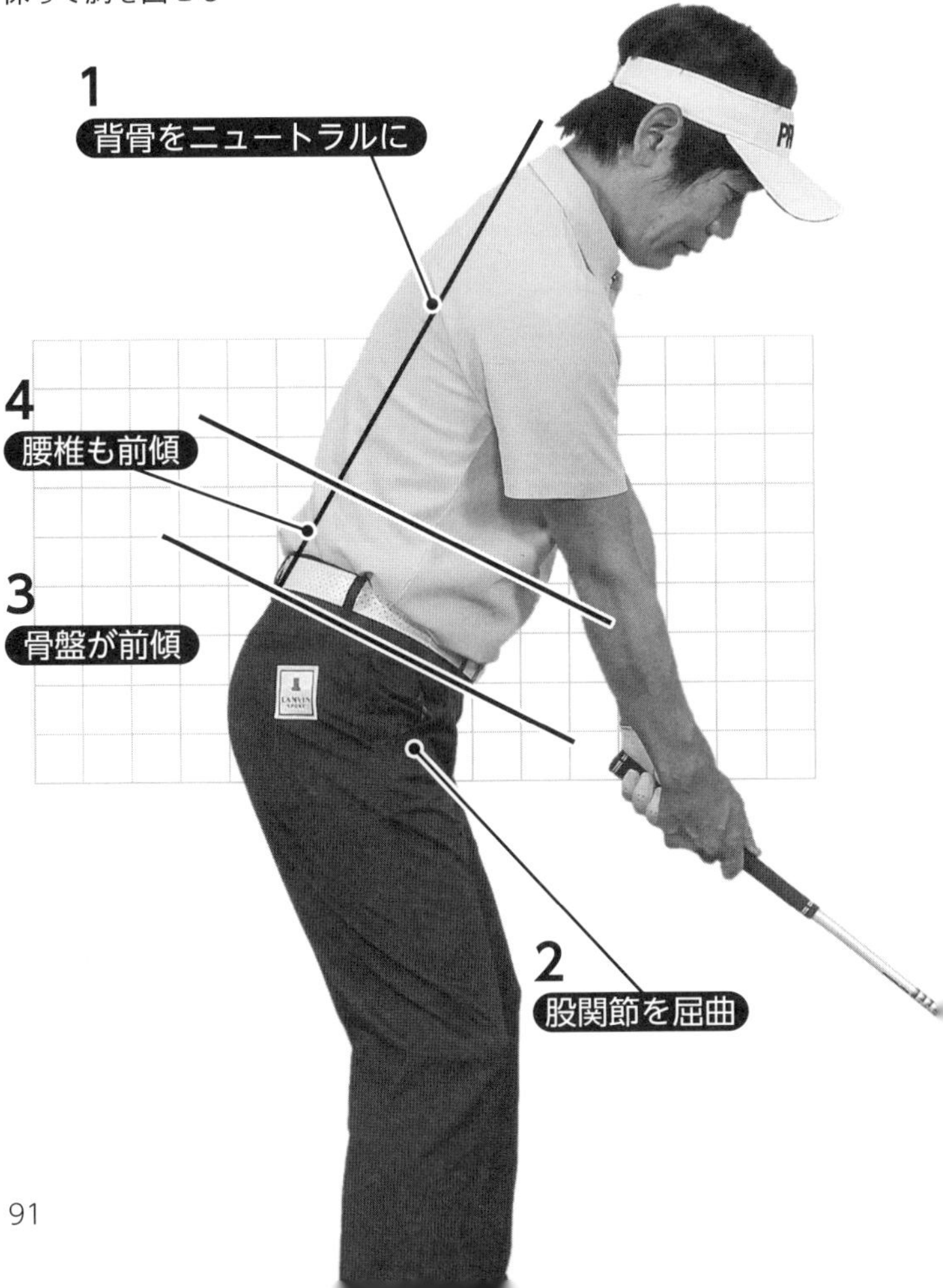

# 重いものを持ち上げるときのような体勢になる

よく言われるように、いいアドレスは真下にある重いものを持ち上げるときの体勢と同じです。持つときは左右の肩甲骨が適度に開いた状態にあります。そして股関節を屈曲させ、いわゆる〝腰の入った〟状態になります。下半身を踏ん張るところも同じです。

3

背骨のポジションはニュートラル

## 重いものを持ち上げて、アドレス姿勢を体に覚えさせる

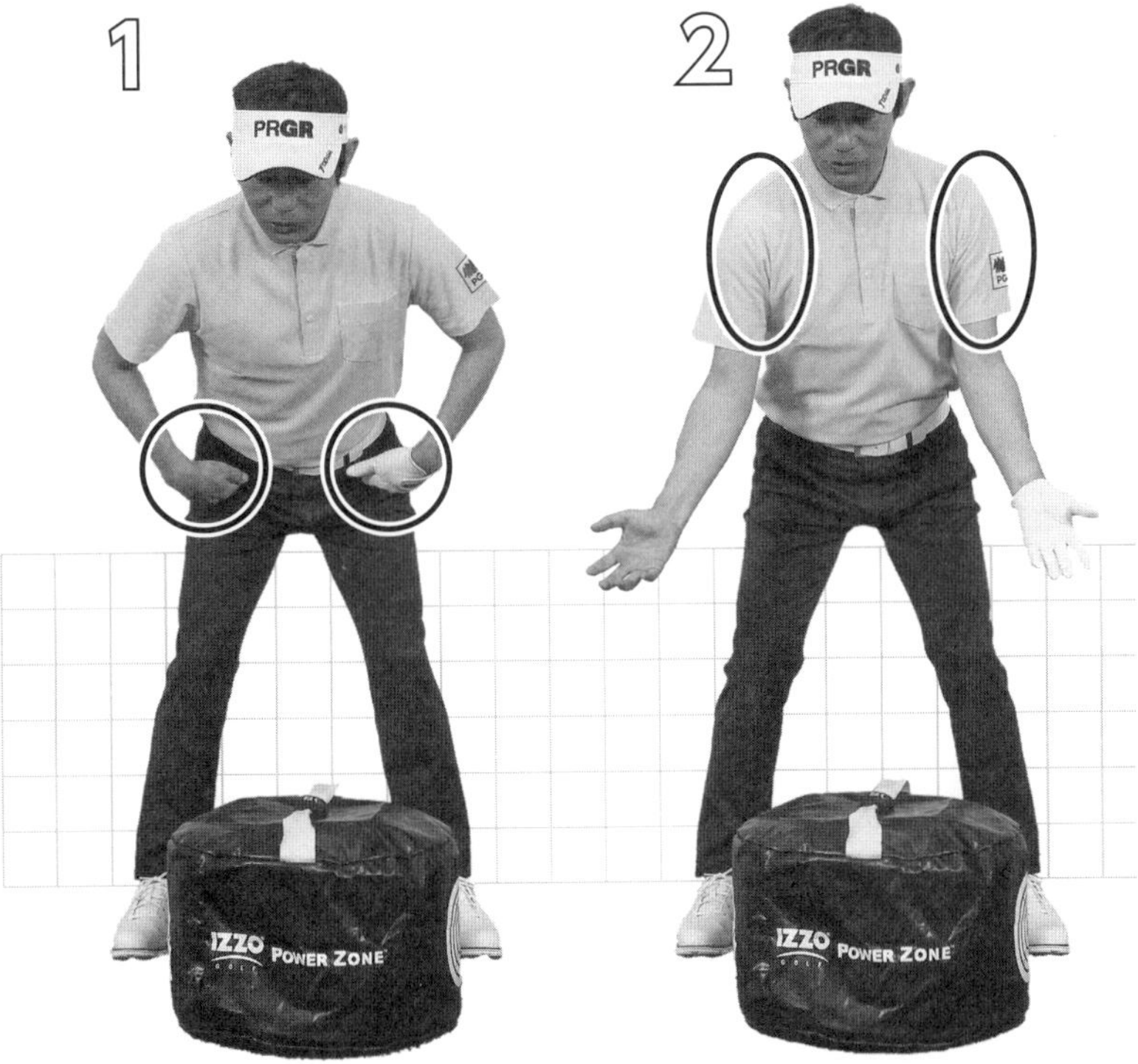


持つ前に股関節を屈曲

ショルダーパッキングをしてワキを締める

第４章

# 骨格から見たベストスイングとは

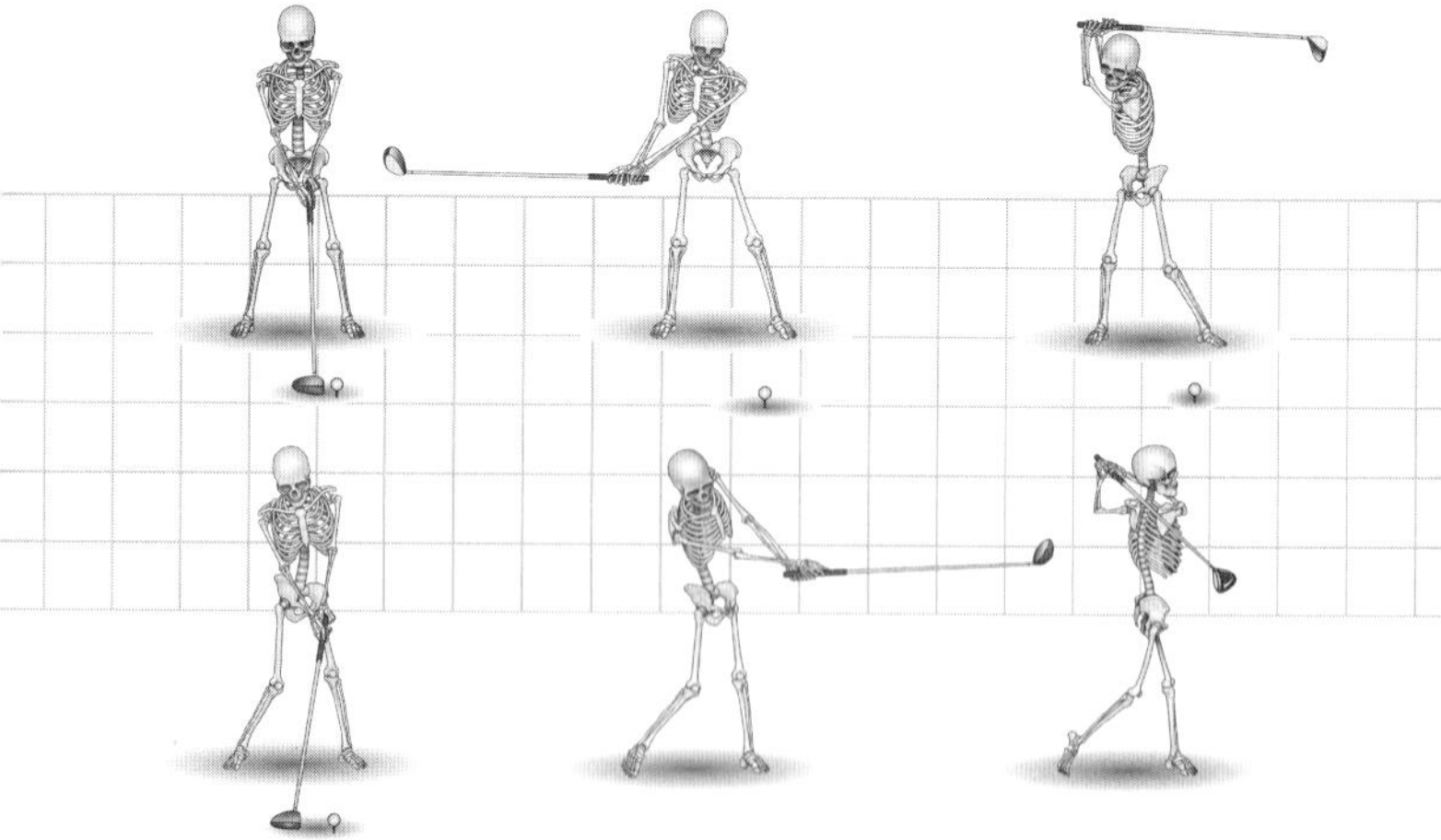

正しく骨をポジショニングすることで代償動作が減り、スイングは理にかなった動作に近づく。では、そのスイングとはどんなものなのか？　そしてどんなふうに体を使えばいいのか？　具体的に見ていこう。

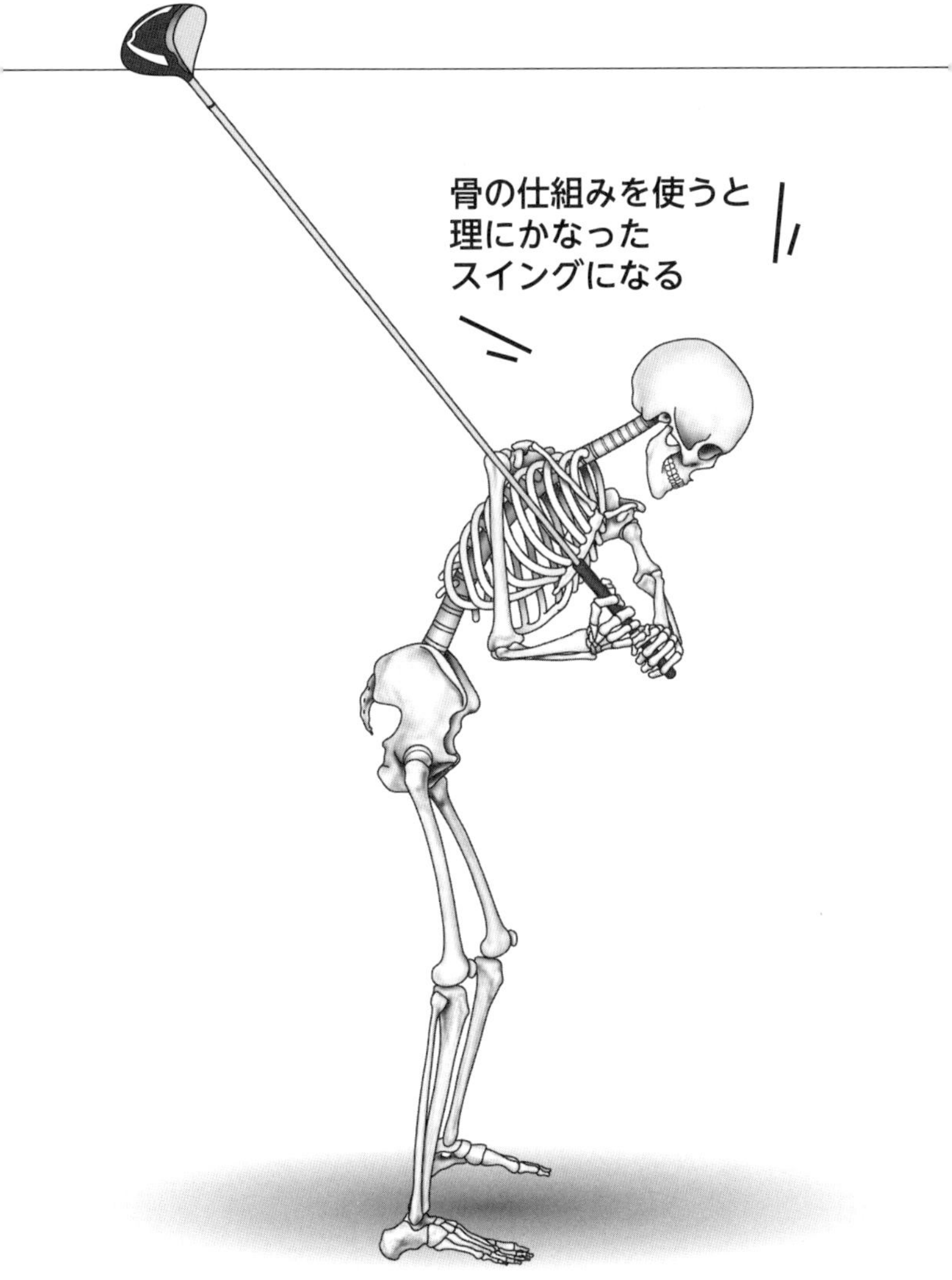


BONES AND GOLF

## 骨や関節を使えていないアマチュアの伸びしろは大きい

言うまでもなく、ゴルフでは静止しているボールを打ちますが、実はこれが、ほかのスポーツと違った特異性を生む要素になっています。

止まっているボールになるべく大きなパワーを与える、いわば命を吹き込むわけですから、体に要求される可動域はほかのスポーツよりも広い。すなわち、止まっている軸を中心に体を捻り、それを捻り戻してパワーを発生させることを求められます。

スポーツ万能で子どもの頃から何をやっても1等賞だったり、少年野球時代からずっと4番を打っていたプロ野球選手でも、クラブを持った瞬間に空振りしてしまうことが普通に起こるのはそのためです。

こうなるのは、運動能力を使う以前のところでいろいろなことが起きているからにほかなりません。そう考えると、ゴルフスイングとはかなり複雑な運動と言えるのです。

**それを律するのに必要なのが、骨や関節の仕組みを利用すること。**

器用に小手先でアジャストしながら打てるプロゴルファーも、１０００球打ったら骨格に頼った構えやスイングになります。ゴルフスイングの基本がそこにあるからです。

そういう意味では、今の時点で骨や関節を使えていないアマチュアゴルファーの伸びしろは、かなり大きいということになります。

# 骨格レベルで見るとスイングは大きなアクションではない

機能解剖学的に見ると、正しいゴルフスイングはとても理にかなっているそうです。簡単にいうと、動くべきところを効率よく使い、動かないところは動かさない。必要最低限の動きで最大限のパワーを出せるということです。

ただ、アマチュアの方の99％は使い方を知らない、あるいは間違えているためスイングが安定せず、再現性も高まりません。その程度で済めばいいほうで、中には体を傷めてしまう方もいます。

そんな方の場合、多くは本来動かないところを動かそうとしている。内側にしか曲がらないヒジを逆に動かそうとする人はいませんが、そのような使い方をしている。程度の差はありますが、いろいろな部位でこういったことが重なった結果、間違ったスイングになっているわけです。

骨格レベルでスイングを見ると、それほど大きなアクションではありません。プロはその場でクルッと回ってボールを打ちます。練習場で打つプロ同士の間隔は、アマチュアの方から見たら考えられないくらい狭いはずです。

**これができるのは股関節と胸椎を正しく使えているから。スイングの成功はこの2つの部位の頑張りにかかっていると言っても過言ではありません。**特に原因不明で伸び悩み続けているゴルファーは、両者の使い方を覚えることでスイングが劇的に改善される可能性があります。

骨や関節の動き方とその使い方は、多少の個人差はあってもみんな一緒。使い方がわかれば誰でもベストスイングができるのです。

# 正しい体の動きがわかるとレッスン用語の意味がよくわかる

みなさんがよく雑誌やレッスン書で目にするゴルフ（レッスン）用語は、すべて正しい体の動きにつながっています。

たとえば、〝ヘッド・ビハインド・ザ・ボール〟。直訳すると「ボールの後ろに頭」ですが、これはあくまで現象を言葉にしているにすぎません。胸椎や股関節の機能を使って正しくインパクトできると頭のポジションがボールの後ろにくる、ということを伝えています。

**つまり、〝ヘッド・ビハインド・ザ・ボール〟はあくまで結果であって目的ではない。骨や関節をその構造に沿って使えるようになると、誰もがオートマチックに〝ヘッド・ビハインド・ザ・ボール〟になるはずなのです。**

もちろん、〝ヘッド・ビハインド・ザ・ボール〟の形をターゲットにしてスイングを構築するのもひとつの手段かもしれません。しかし、そうなり得ない体の使い方をしている方が、なかなか正解にたどり着けないことは想像に難くないところです。

その点、正しい体の動きを理解して実践できれば、レッスン用語にチェック機能をもたせることができます。

逆に言えば、そうなってはじめて、レッスン用語が生きてくるということになります。

本来スイングとは骨や関節の仕組みに即した合理的な動作。正しく体を使えると、レッスン用語の多くがそれを表していることが手に取るようにわかります。

# 骨レベルでスイングのカギを握るのは股関節と胸椎の使い方

スイングでキーポイントになるのは股関節と胸椎の使い方です。

ここからはスイングの進行に従って、これらの部分をどのように使い、その結果どう動くのかが正解かを見ていきます。

個々の筋力や柔軟性によって各部の可動範囲に違いはありますが、骨や関節の使い方は唯一無二であり、万人共通です。

股関節と胸椎が重要

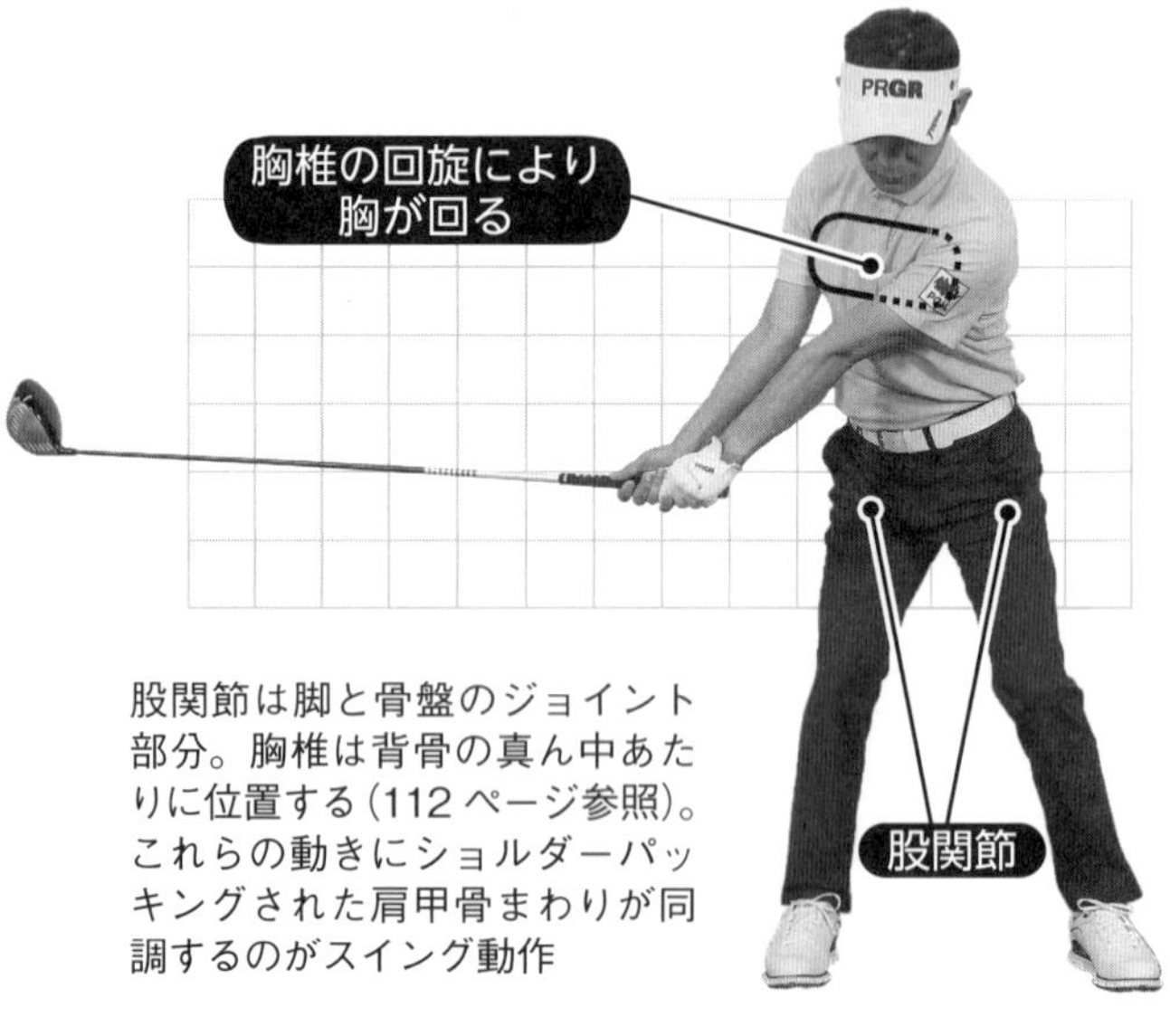


股関節は脚と骨盤のジョイント部分。胸椎は背骨の真ん中あたりに位置する(112ページ参照)。これらの動きにショルダーパッキングされた肩甲骨まわりが同調するのがスイング動作

## 股関節と胸椎でクラブを動かす

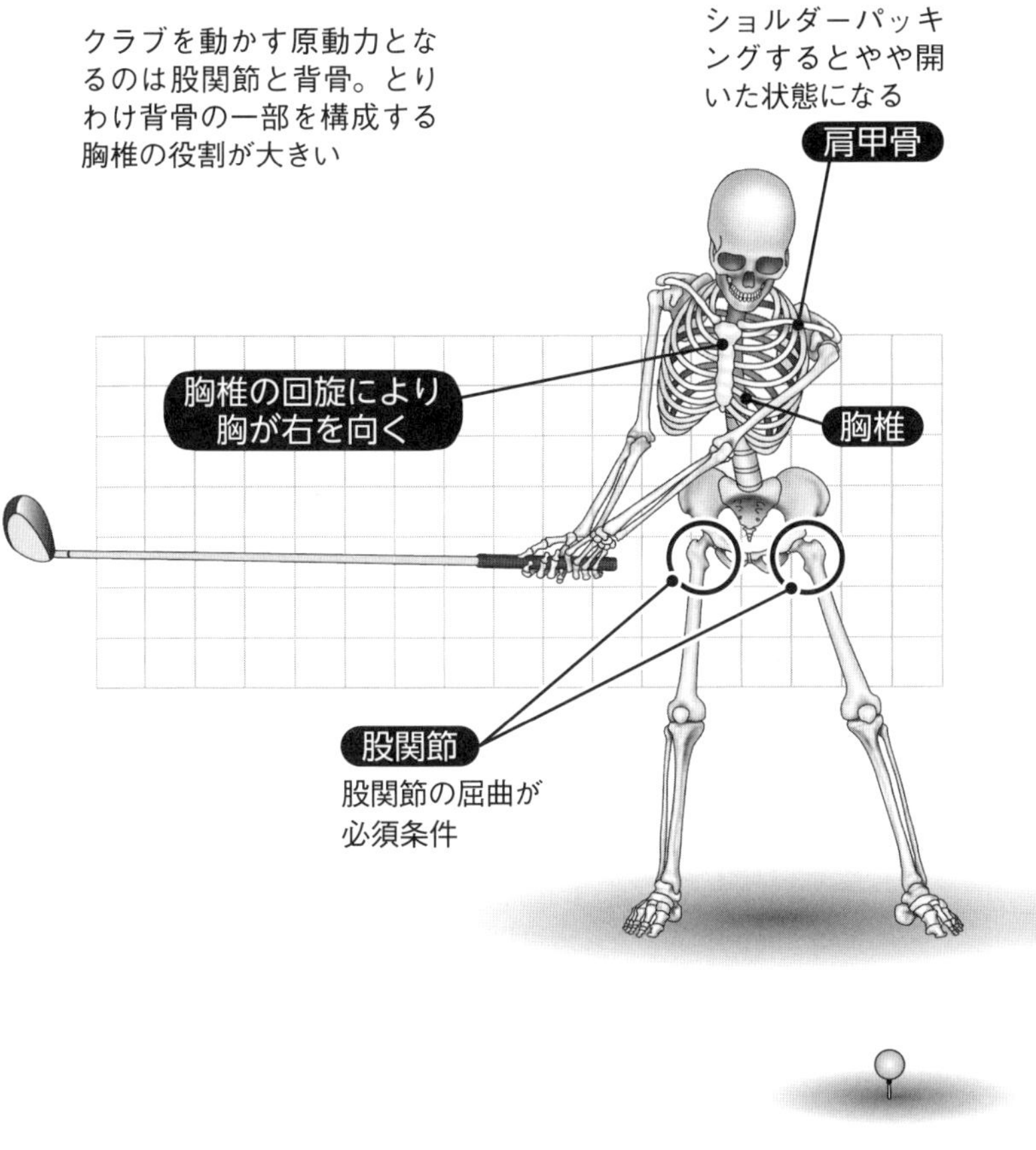
クラブを動かす原動力となるのは股関節と背骨。とりわけ背骨の一部を構成する胸椎の役割が大きい
ショルダーパッキングするとやや開いた状態になる
肩甲骨
胸椎の回旋により胸が右を向く
胸椎
股関節
股関節の屈曲が必須条件

# 右太モモ、もしくは右ヒザが前を向いたまま右股関節が折り込まれる

テークバックからトップにいたる過程では、上体がグラつかずに目標の右を向くことが求められます。それを前提に、まず股関節の使い方と動きを見てみましょう。

この段階で必要なのは、右太モモ、もしくは右ヒザが前を向いたまま右股関節が折り込まれること。右股関節は内側に回旋して屈曲が強まります。その結果、右のお尻がグッと後方に回ります。

## 股関節の使い方がヒザの向きに出る

PRGR
右太モモ、もしくは右ヒザは正面を向いたまま

股関節を正しく使えるとテークバックからトップで、右太モモ、もしくは右ヒザが正面を向いた状態に保たれる

## アドレス時の骨盤の前傾をキープする

右股関節が折り込まれるとは、股関節が屈曲するということ。それにはアドレスで正しく構えて骨盤を前傾させておくことが不可欠となる。ここで屈曲がなくなると体が伸びる

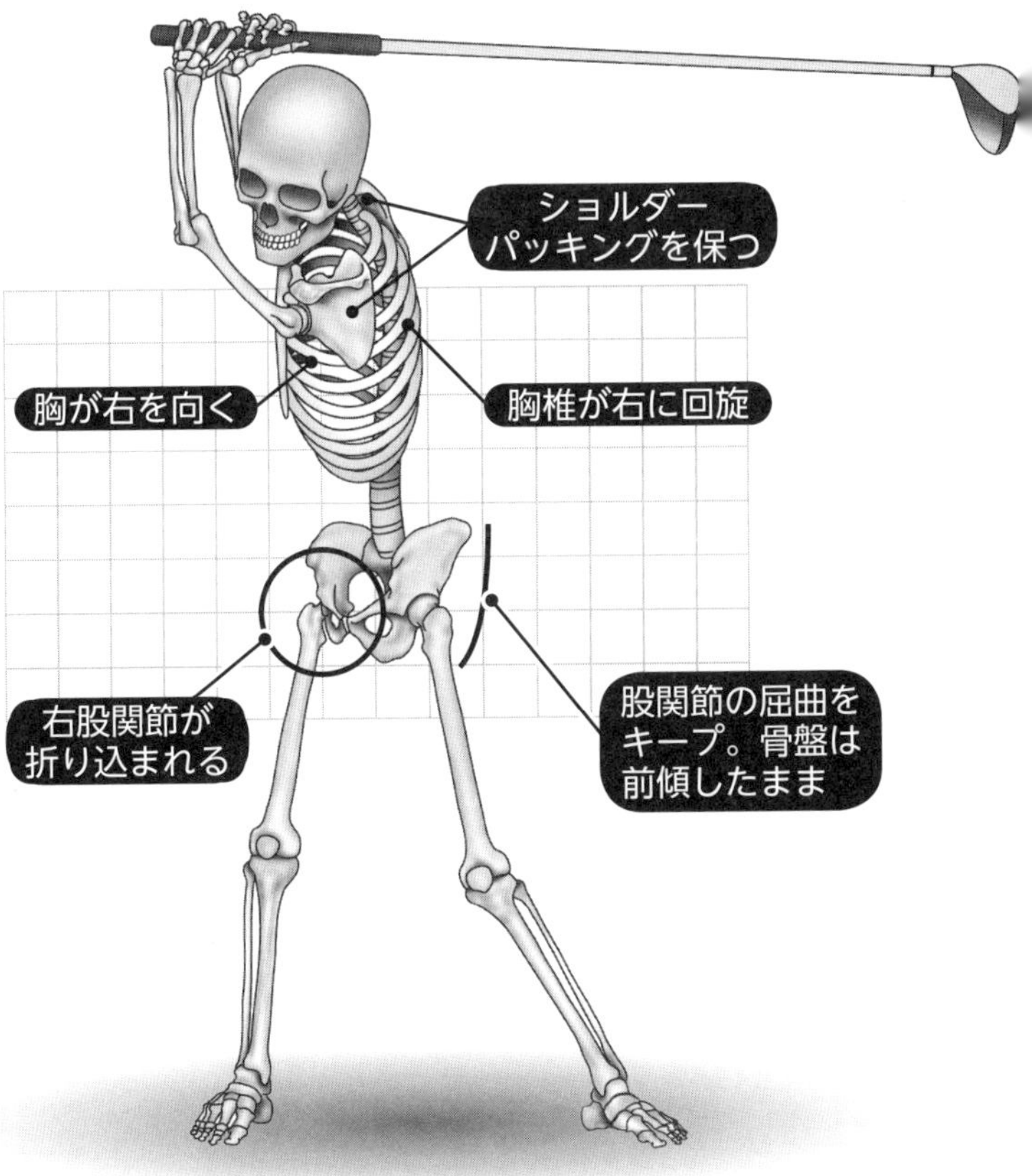
ショルダーパッキングを保つ
胸が右を向く
胸椎が右に回旋
右股関節が折り込まれる
股関節の屈曲をキープ。骨盤は前傾したまま

# アドレス姿勢ができて可動域があれば比較的容易に胸が右に回る

## バックスイング

### 右ヒザは正面を向き、股関節の屈曲を緩めない

背骨がニュートラルポジションにあれば比較的容易に胸が右に回る

注意するのは右ヒザを正面向きに保つことと、右股関節の屈曲を緩めないこと。ヒザが右を向いたり、股関節が伸びる人は可動域が狭いので、広げるエクササイズが必要（第５章参照）

# アドレス

## アドレス時点で股関節は屈曲している

第３章で作ったアドレス姿勢ができていれば、その時点で股関節が折り込まれて屈曲位にあり、骨盤が前傾している

# 可動域の広い股関節。屈曲位のキープがスイングの再現性を高める

## 足は股関節を支点にあらゆる方向に動く

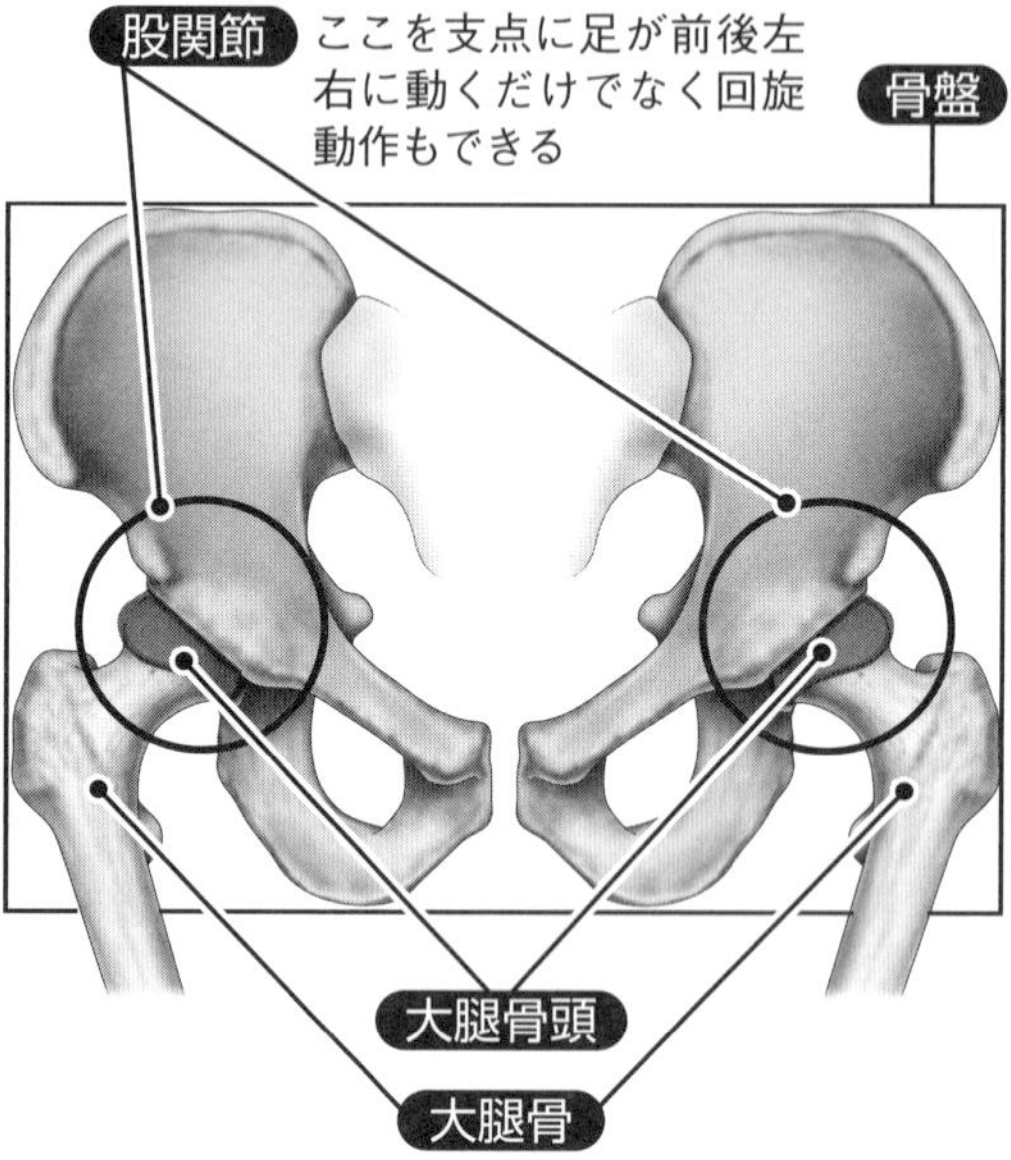
股関節
ここを支点に足が前後左右に動くだけでなく回旋動作もできる
骨盤
大腿骨頭
大腿骨

股関節とは骨盤と脚の付け根の部分で、骨盤側のくぼみに大腿骨の先端（大腿骨頭）がスポッとハマり、そのまわりについた筋肉や腱によって安定されている。そのため、脚は股関節を支点に前後左右どちらにも動き、左右に回旋することもできる。ある意味、可動域の広い部位なので、正確性と再現性を求められるスイングをする場合、折り込んで屈曲位をキープする必要がある

## 右股関節の折り込みを強めるイメージでバックスイング

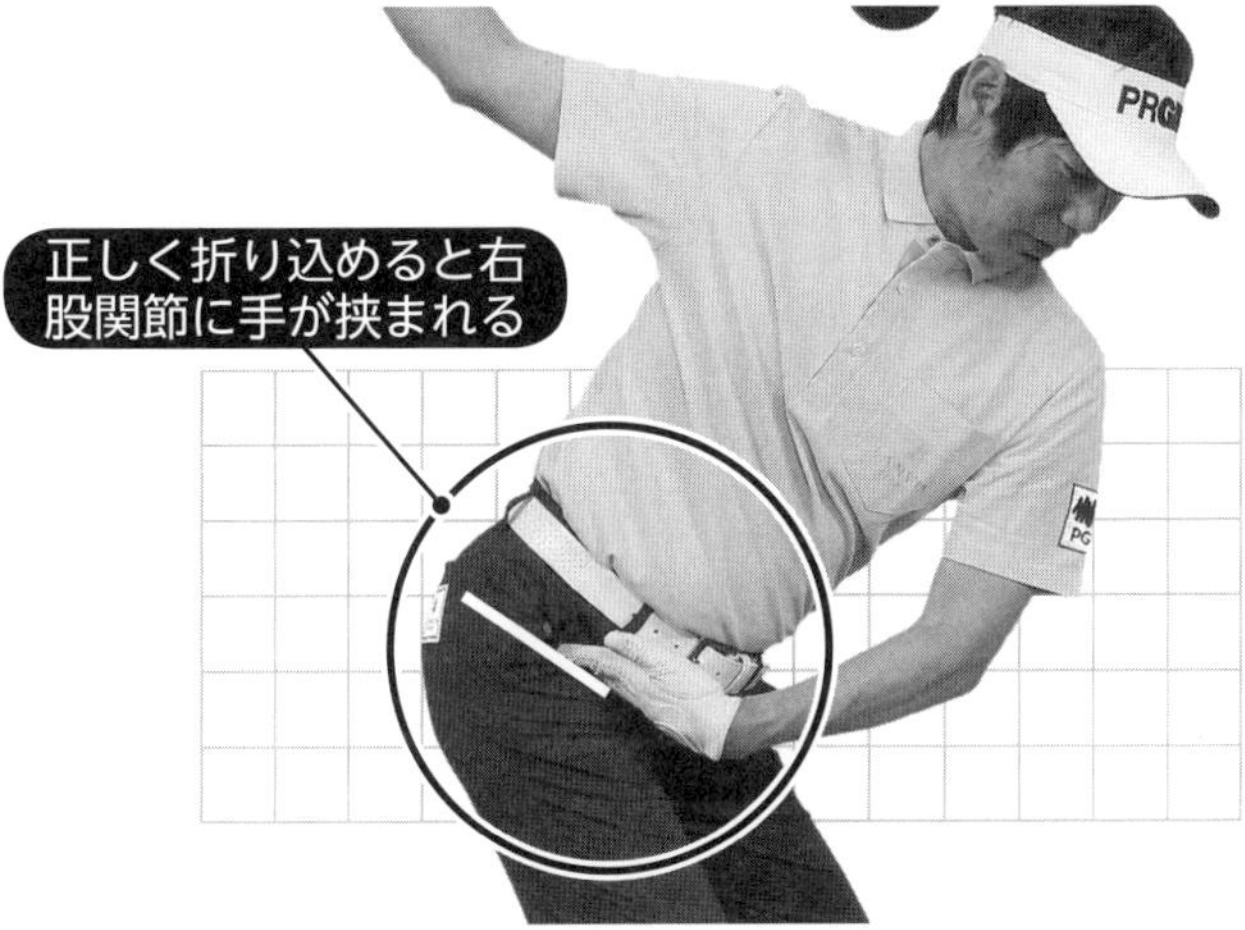
正しく折り込めると右
股関節に手が挟まれる

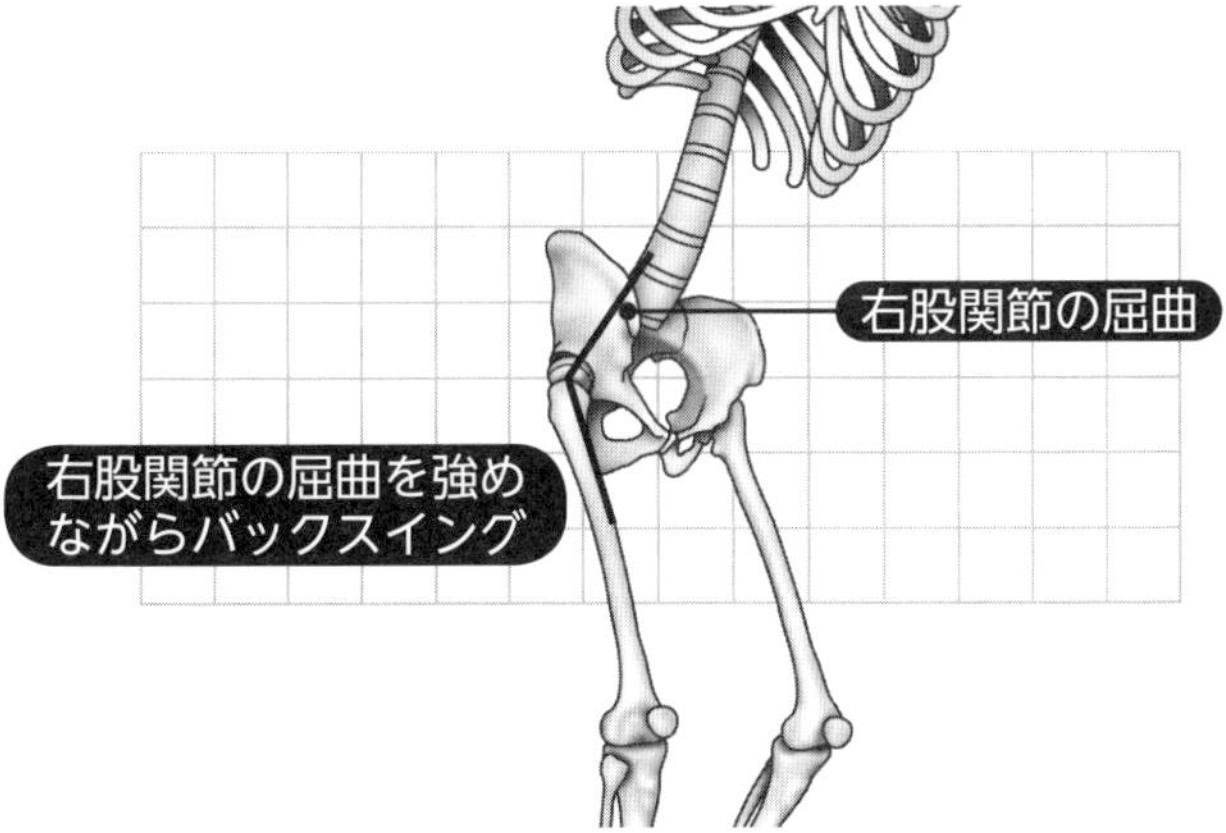
右股関節の屈曲
右股関節の屈曲を強め
ながらバックスイング

この過程で右股関節が伸びるとスイングの正確性が著しく損なわれる。屈曲した部分に手を当て、バックスイングからトップで指先を挟み込むように動ければ OK だ

# 右股関節を使って骨盤をターンさせる

バックスイングで腰が右に回るのは、右股関節を折り込むことによって骨盤が右にターンしはじめるからです。

背骨の腰椎部分（112ページ参照）は回旋する機能に乏しいですから、この部分がメインで回るのではなく結果的に腰が回る

右股関節を折り込むと
骨盤が右にターン

腰椎自体は回る機能を有していないため、腰椎を回す意識でスイングすると腰痛になるリスクがある

形になるのが正解。
腰椎を回そうとするほど腰痛になるリスクが高まります。

## バックスイングは関節と骨の合わせ技で成立

バックスイングでは右股関節が折り込まれることと、背骨の一部が回旋すること、この２つの動きのコラボレーションで体が右を向く

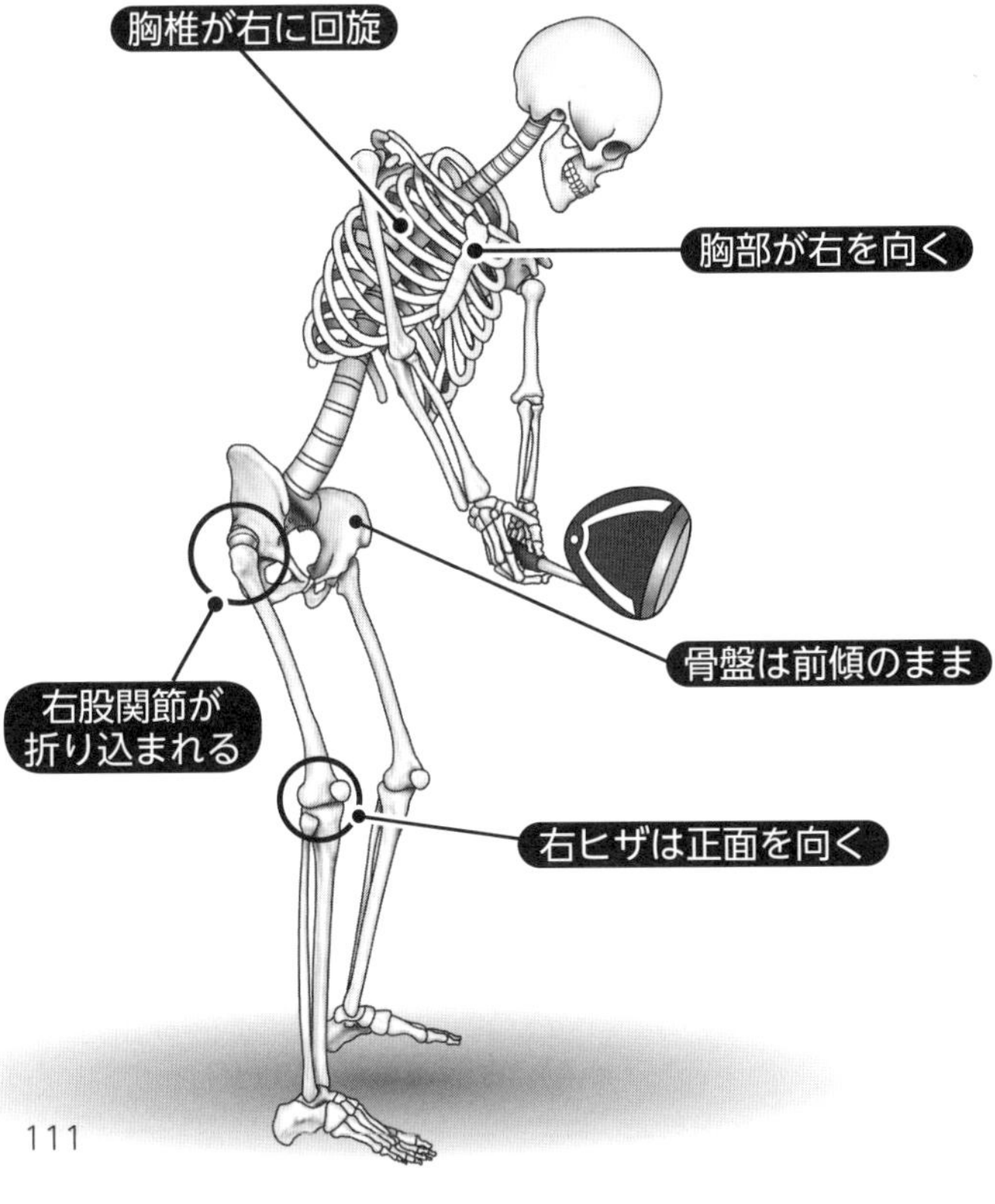

# 背骨で回旋するのはおもに頸椎と胸椎、腰は結果的に回る

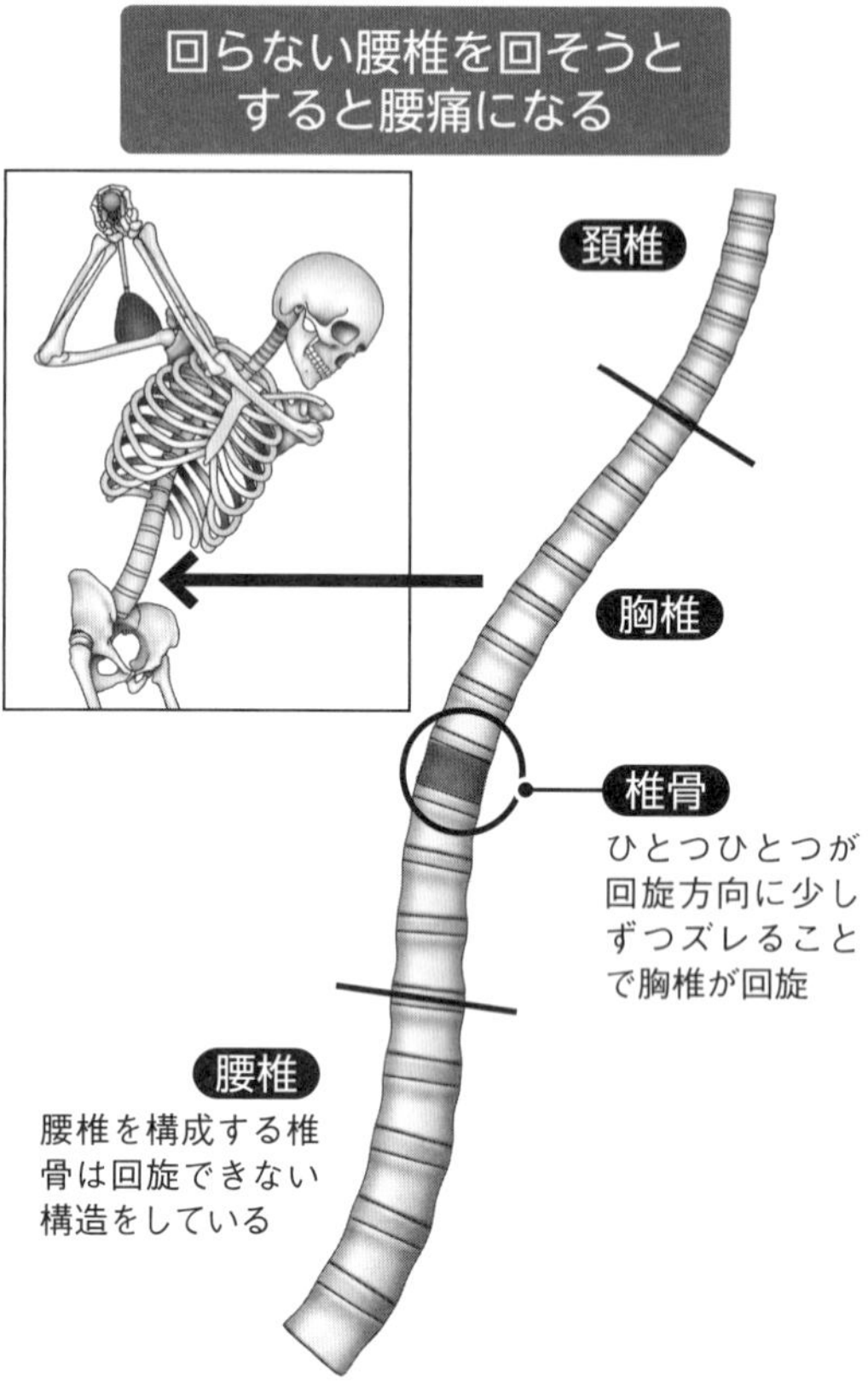
回らない腰椎を回そうとすると腰痛になる
頸椎
胸椎
椎骨
ひとつひとつが回旋方向に少しずつズレることで胸椎が回旋
腰椎
腰椎を構成する椎骨は回旋できない構造をしている

脊椎《せきつい》とは背骨のことで、頸椎、胸椎、腰椎、仙椎《せんつい》、尾《び》椎《つい》からなるが、ここではおもに頸椎、胸椎、腰椎を指す。いずれも椎骨という小さな骨が縦に並ぶことで構成されている。脊椎が回旋する際、ほとんどの役割を担うのは頸椎と胸椎。回旋はひとつひとつの椎骨が、回旋方向にちょっとずつズレることで成立するが、腰椎は椎骨の構造上この機能が使えない。これを知らずに回らない腰を回そうとすることで腰痛になるゴルファーが多い

## 「胸を回す」が正解

何かを抱えて右を向く。メインで回旋しているのは頚椎と胸椎。腰は両者の回旋の余波で動いている。回すイメージをもつなら腰ではなく、胸を回すようにする

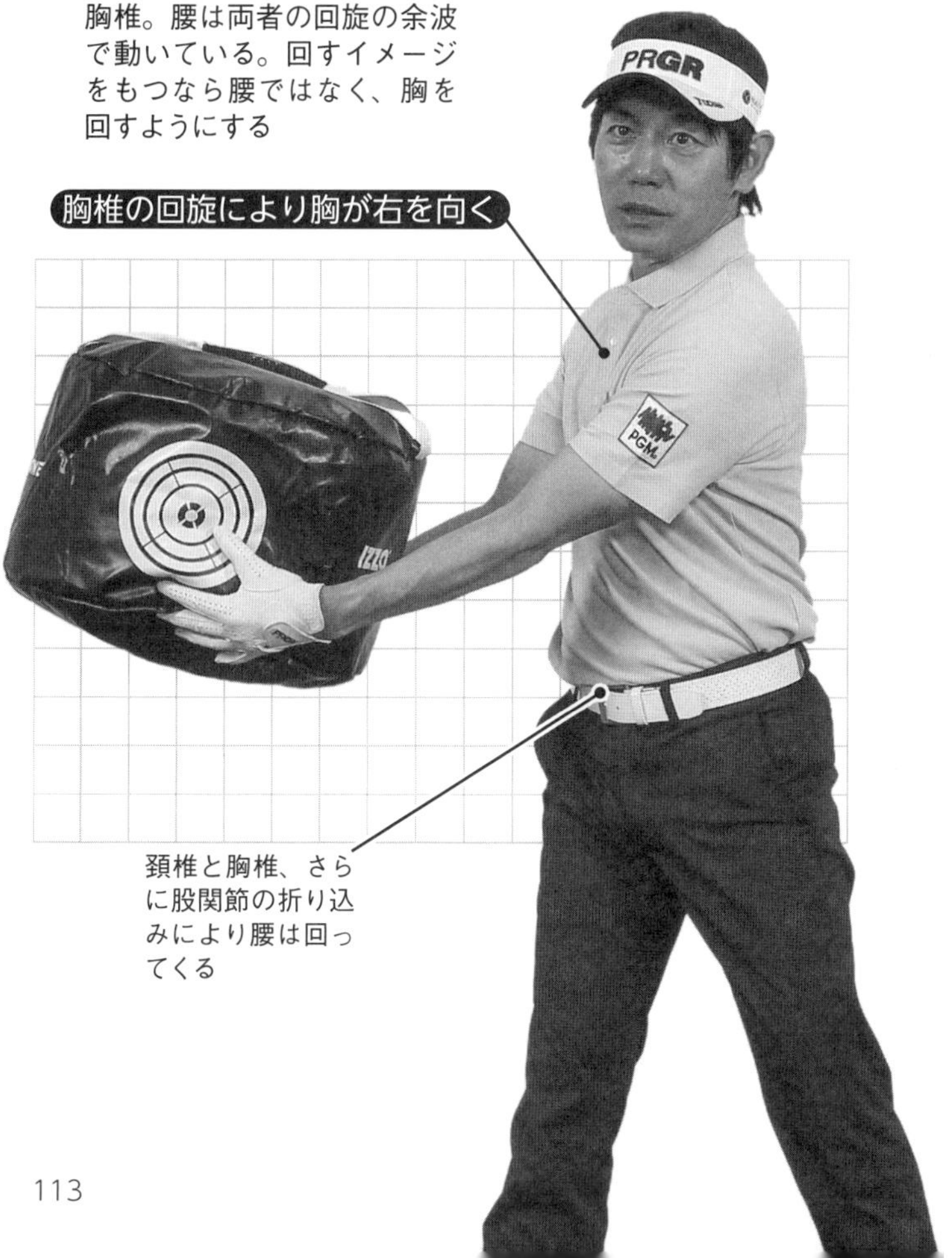
PRGR
PGM
胸椎の回旋により胸が右を向く
頚椎と胸椎、さらに股関節の折り込みにより腰は回ってくる

# 胸がターゲットの反対を向いても顔はボールのほうに向けておく

股関節が屈曲位にあり、かつ脊椎がニュートラルポジションになっていると、バックスイングで胸が右を向きます。胸椎の回旋機能が働いて右に回れるわけです。

ここで難しいのは、胸がターゲットの反対方向を向いたときに、

ショルダーパッキング
胸が回るので手でクラブを上げなくてもいい
右股関節の折り込み

トップでは股関節の折り込みと胸椎の回旋に伴って胸が右を向く。ショルダーパッキングができていれば手でクラブを上げる必要もない

顔をボール方向に向けておかなければならないこと。アドレスの姿勢が悪いとこれができず、手でクラブを上げる動作につながります。

**ショルダーパッキング**

＋

**股関節の折り込み**

＋

**胸椎の回旋**

＝

**トップ**

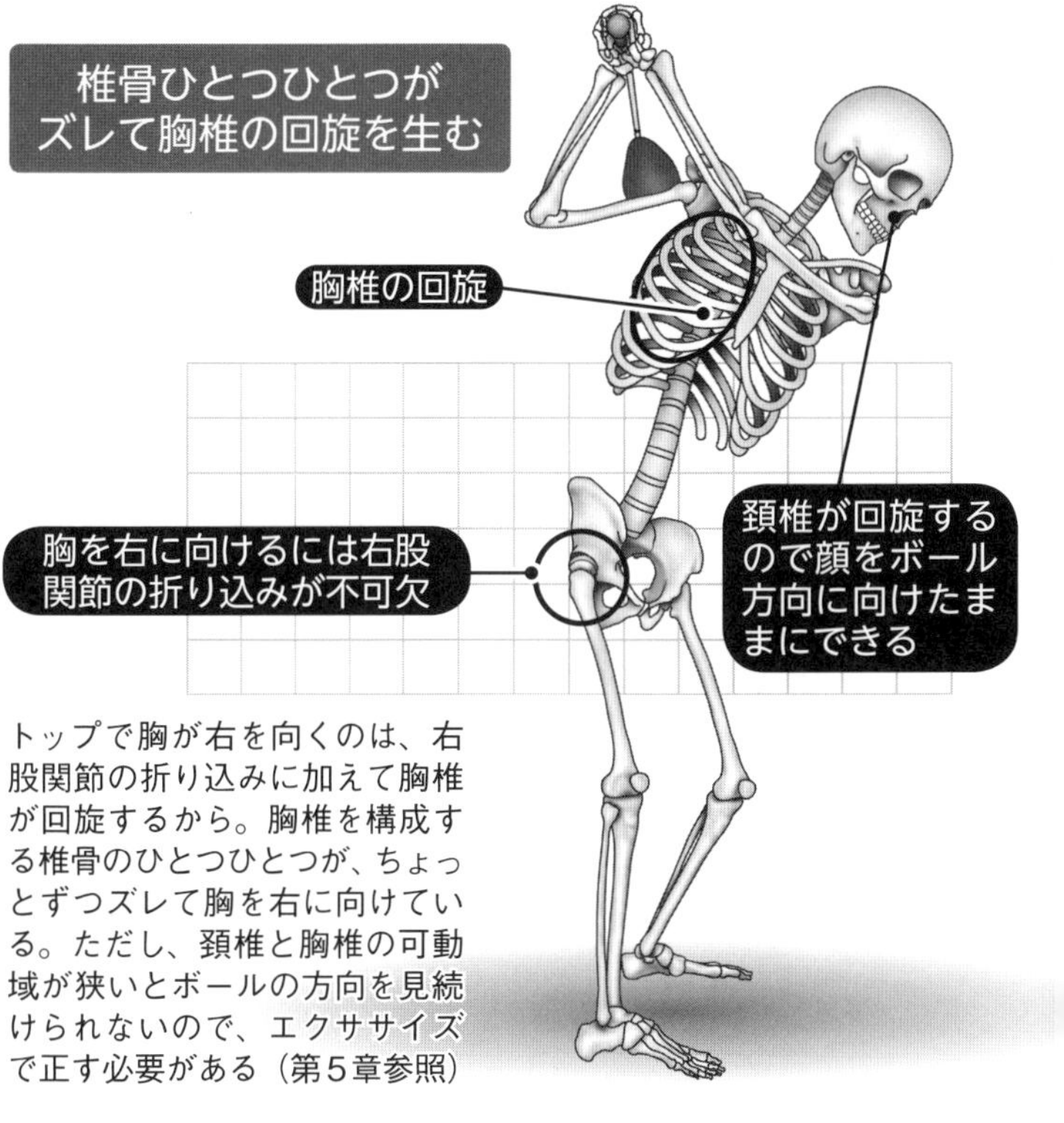
椎骨ひとつひとつがズレて胸椎の回旋を生む
胸椎の回旋
胸を右に向けるには右股関節の折り込みが不可欠
頚椎が回旋するので顔をボール方向に向けたままにできる

トップで胸が右を向くのは、右股関節の折り込みに加えて胸椎が回旋するから。胸椎を構成する椎骨のひとつひとつが、ちょっとずつズレて胸を右に向けている。ただし、頚椎と胸椎の可動域が狭いとボールの方向を見続けられないので、エクササイズで正す必要がある（第5章参照）

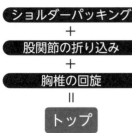

# 胸椎が右に回って頚椎が逆方向に動くイメージがあると顔がズレない

バックスイングで胸椎が右に回旋して胸が右を向くときに、頚椎が逆方向（左）を向くイメージがあると、顔をボールの方向に向けておくことができます。

これによりスイングに必要な体のひねりが生まれます。また、胸は右、首は左と、左右

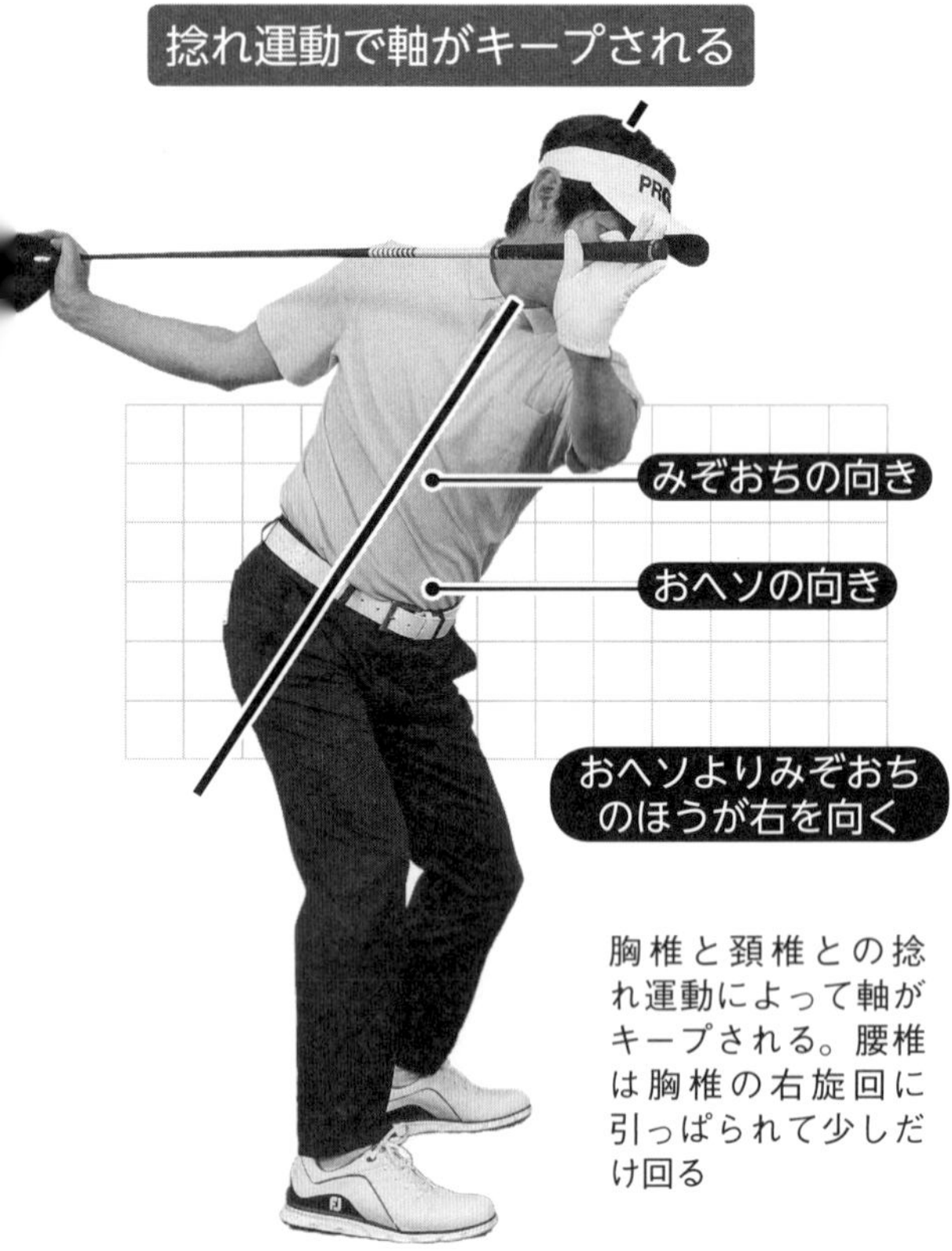
捻れ運動で軸がキープされる
みぞおちの向き
おヘソの向き
おヘソよりみぞおちのほうが右を向く

胸椎と頚椎との捻れ運動によって軸がキープされる。腰椎は胸椎の右旋回に引っぱられて少しだけ回る

に引っぱり合うことで軸をキープできます。
このとき、おヘソとみぞおちの向きに若干のギャップが生じます。

## 胸椎が右に回旋するとき頚椎は左に回る

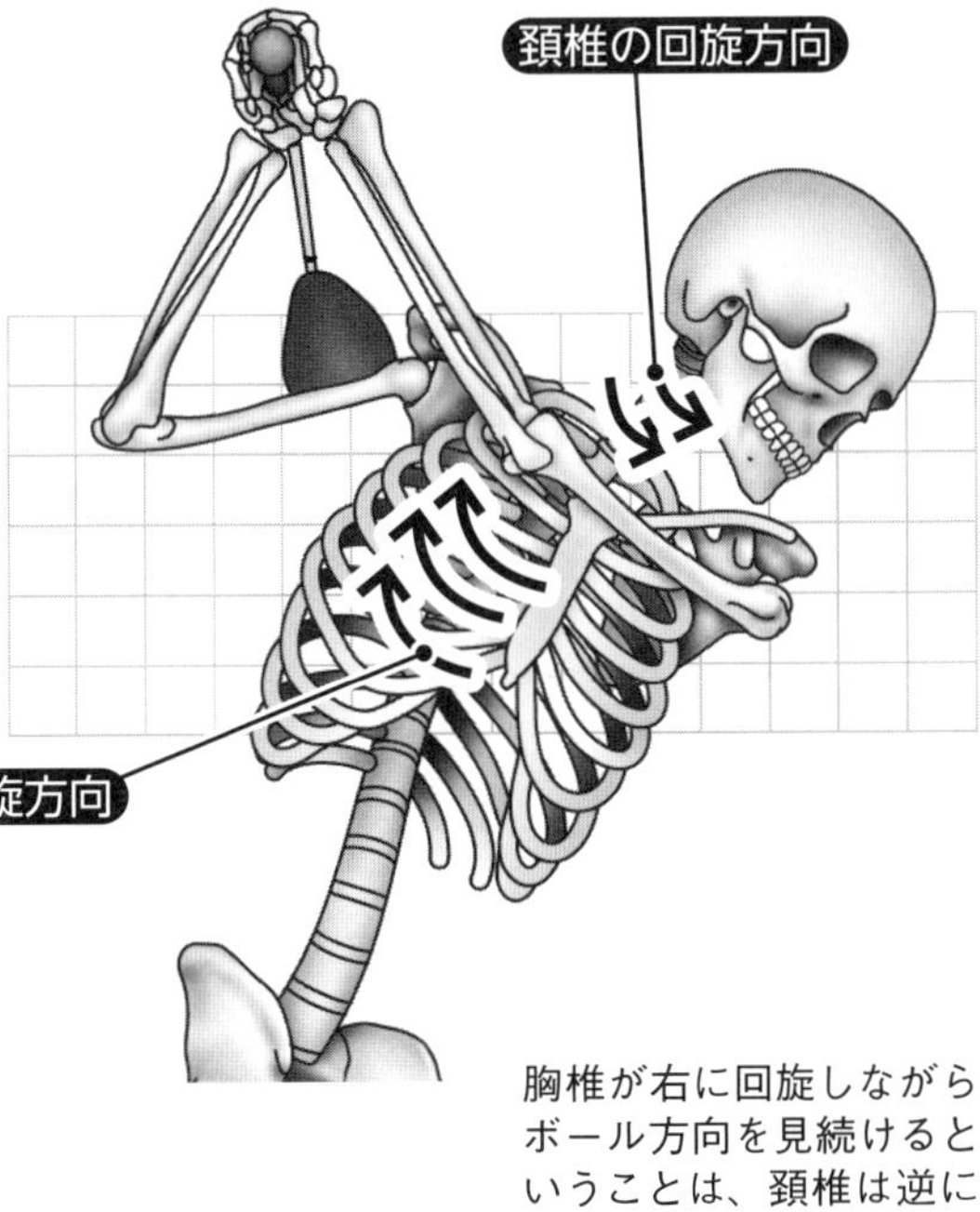


胸椎が右に回旋しながらボール方向を見続けるということは、頚椎は逆に動くということ

# 胸の回旋＋右股関節の折り込み＋αで肩が90度回ったトップになる

「トップでは肩が90度、腰が45度回る」と言われますが、正確に言うと回るのは肩でなく胸（胸椎）で、その角度はおおむね40度くらいです。

ここに右股関節を折り込むことによって生まれる骨盤のターンが加わる。こちらも40度

トップは「上げる」ものではなく「上がる」もの

PRGR
胸が 40 度ほど回る
右股関節の折り込みで上体が40 度ほど回る

関節と動く骨を適切に使えれば誰でも正しい位置にトップが上がる。これができるとトップが「上げる」ものではなく、「上がる」ものであることがわかる

程度でしょう。

　アドレスの位置から肩が90度近く回るのは、この2つの動きがコラボし、その影響でジョイント部分である腰も動いてくるからと考えられます。

　スイングでは横への動きは股関節を屈曲させるときに生じる程度で、ほぼ必要としません。

## 右股関節を折り込んで胸を右に向ける

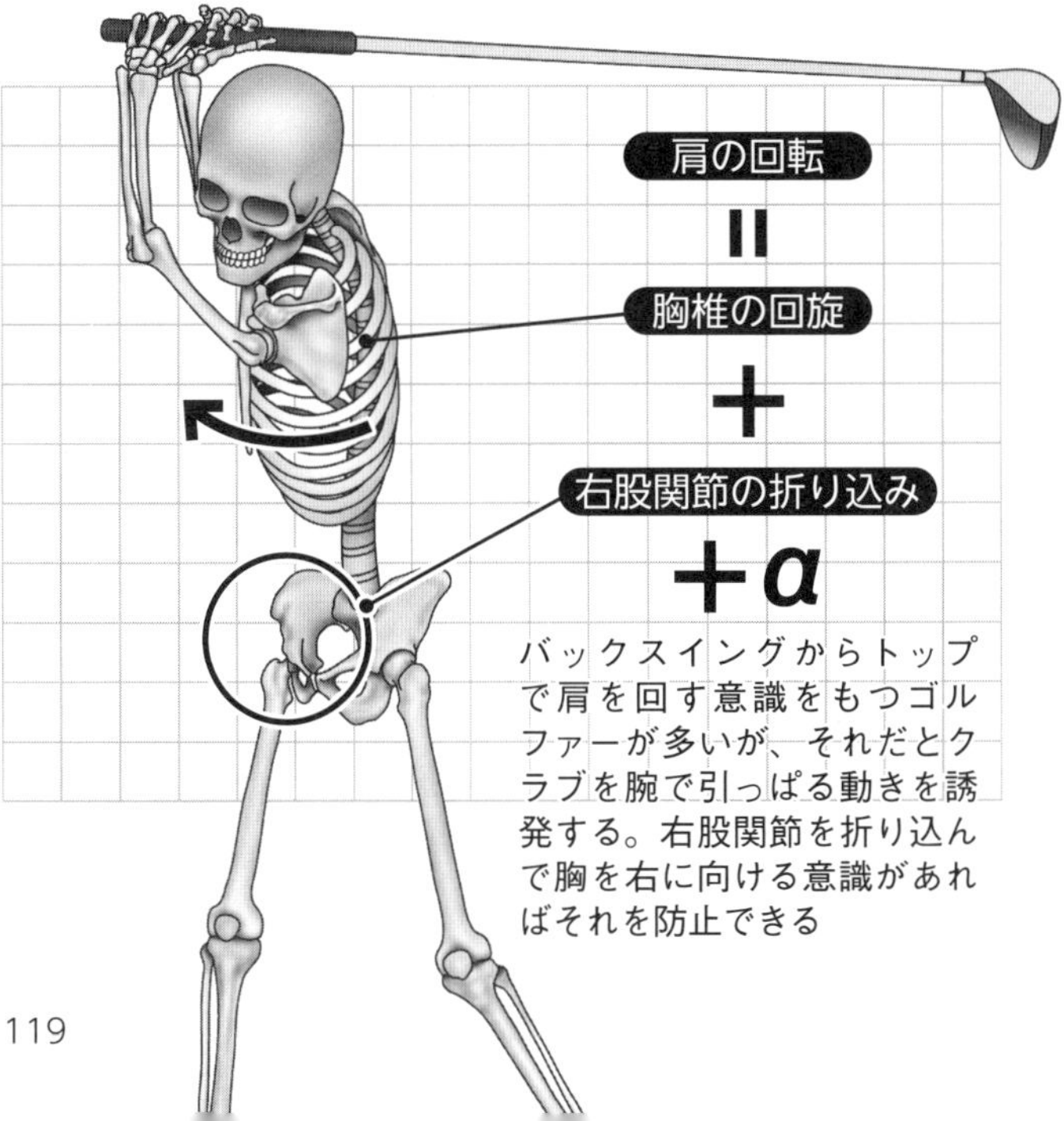


バックスイングからトップで肩を回す意識をもつゴルファーが多いが、それだとクラブを腕で引っぱる動きを誘発する。右股関節を折り込んで胸を右に向ける意識があればそれを防止できる

# 子どもが重いクラブを上げるときの関節と骨の使い方がヒント

アドレスでショルダーパッキングができて肩甲骨まわりが適度に固まっていれば、手や腕を使わなくてもスイングできます。

子どもにとってクラブはすごく重いモノですが、それでも振れるのは、無意識に肩甲骨を開き、股関節を折り

弱い筋力でクラブを上げるメカニズムを使う

重いモノを上げようとしたら腕や小手先では無理。筋力が弱い子どもが重いクラブを上げられるのは、股関節と骨を無意識に使えるから。体が動くメカニズムはプロも同じ

込んで胸椎を右に向けているからです。

　大人にとってクラブは軽いので腕だけで振れる。この違いが本来の動きを妨げているのです。

## ショルダーパッキングでワキを締めておく

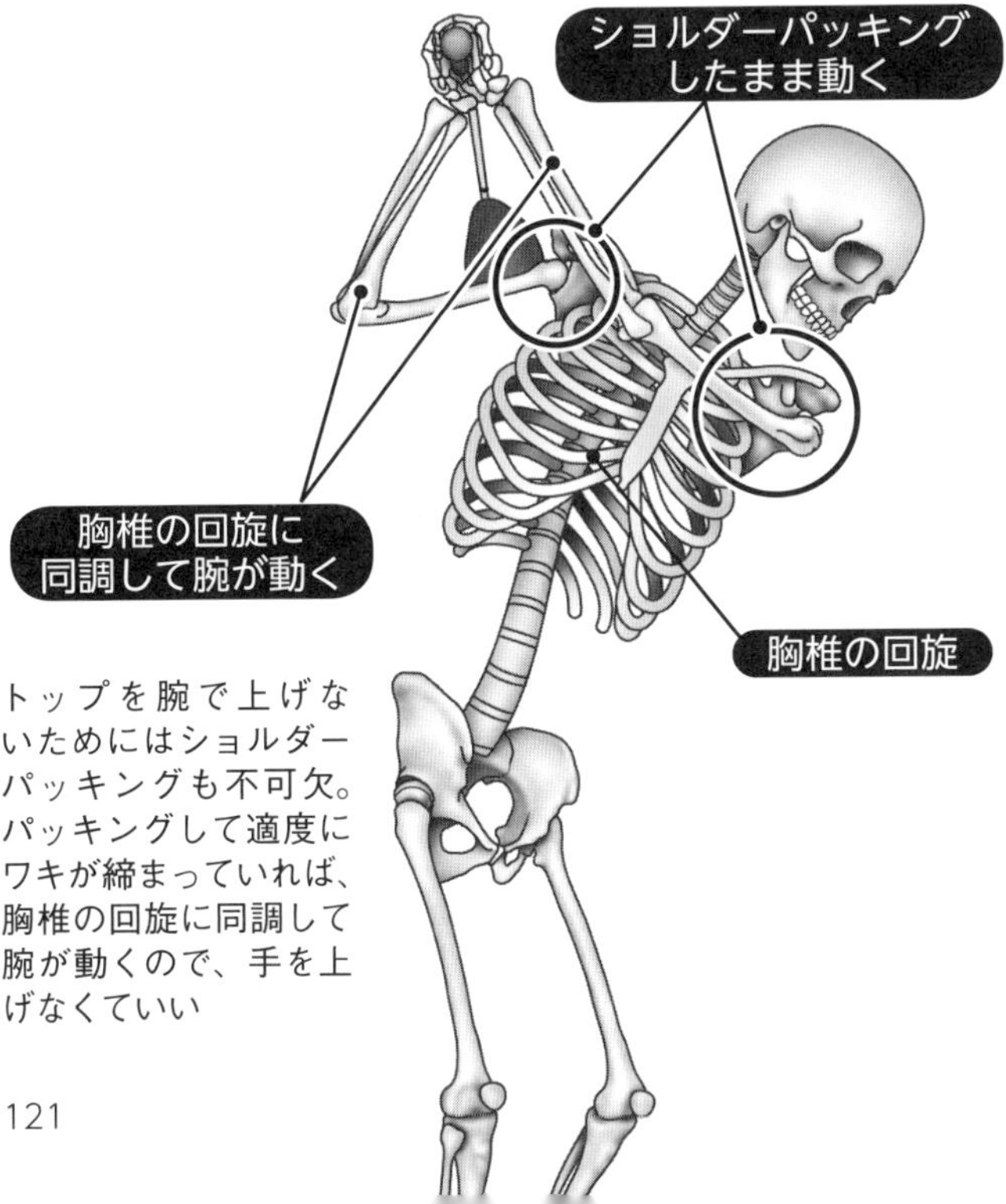


トップを腕で上げないためにはショルダーパッキングも不可欠。パッキングして適度にワキが締まっていれば、胸椎の回旋に同調して腕が動くので、手を上げなくていい

# 下半身リードとは左股関節を折り込んでダウンスイングすること

　ダウンスイングは下半身リードと言われます。確かにそうですが、回しづらい腰椎を回すイメージがあると腰が左にスエーしやすいので注意が必要です。

　腰が回っているのは事実ですが、そのように動くには、ダウンスイングで左股関節を折り込むこ

## 腰椎を回すイメージはもたない

下半身リードとは、左股関節を折り込むこと。回しづらい腰椎を回すイメージが、スエーや体重が右に残る動きを生む

とが不可欠になります。

腰を回すというプロも、実際には左股関節を折り込んでいます。その証拠に、股関節が伸びた状態で腰を回すのは不可能。

これをやると腰椎に負担がかかり、腰を傷める原因になります。

## ダウンスイングでは左股関節の折り込みが不可欠

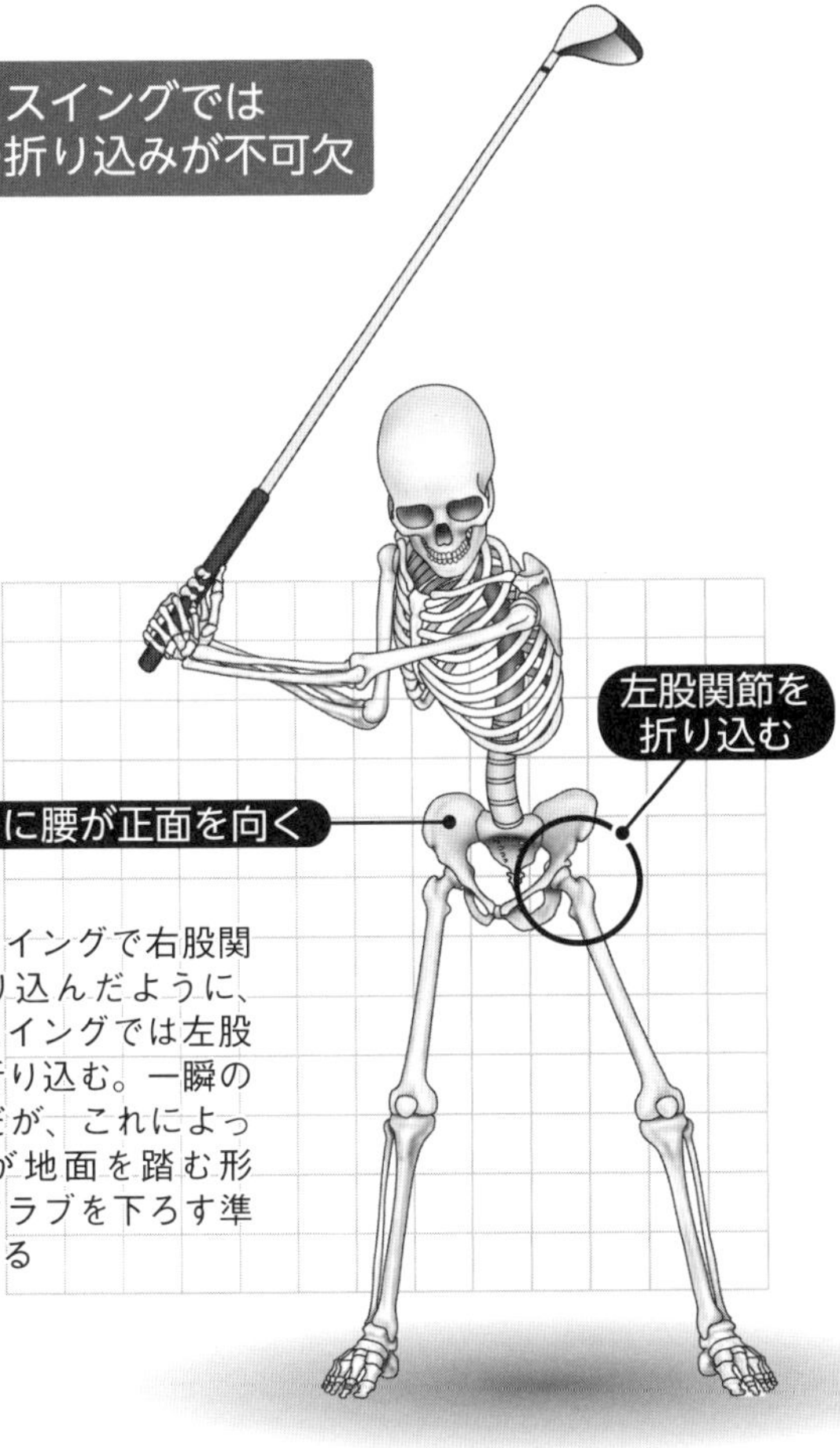


バックスイングで右股関節を折り込んだように、ダウンスイングでは左股関節を折り込む。一瞬の出来事だが、これによって左足が地面を踏む形なってクラブを下ろす準備ができる

# 上半身と下半身の捻転差を作るのがダウンスイングのテーマ

ダウンスイングにおけるポイントはひねりを大きくすることです。

バックスイングからトップでは胸椎を右に回旋して体をひねりましたが、ここでのひねりとは上半身と下半身の捻転差を指します。

捻転差を作るには、左股関節の屈曲を保つ

下半身リードは股関節で作る
左股関節を折り込むと下半身から動く

トップからダウンスイングに移るタイミングで左股関節を折り込むと、下半身が先に動く。これが一般的に言われている下半身リードこと。一般的には「左足を踏み込んで左股関節を入れる」、あるいは「左軸に乗る」といった言い方をされます。

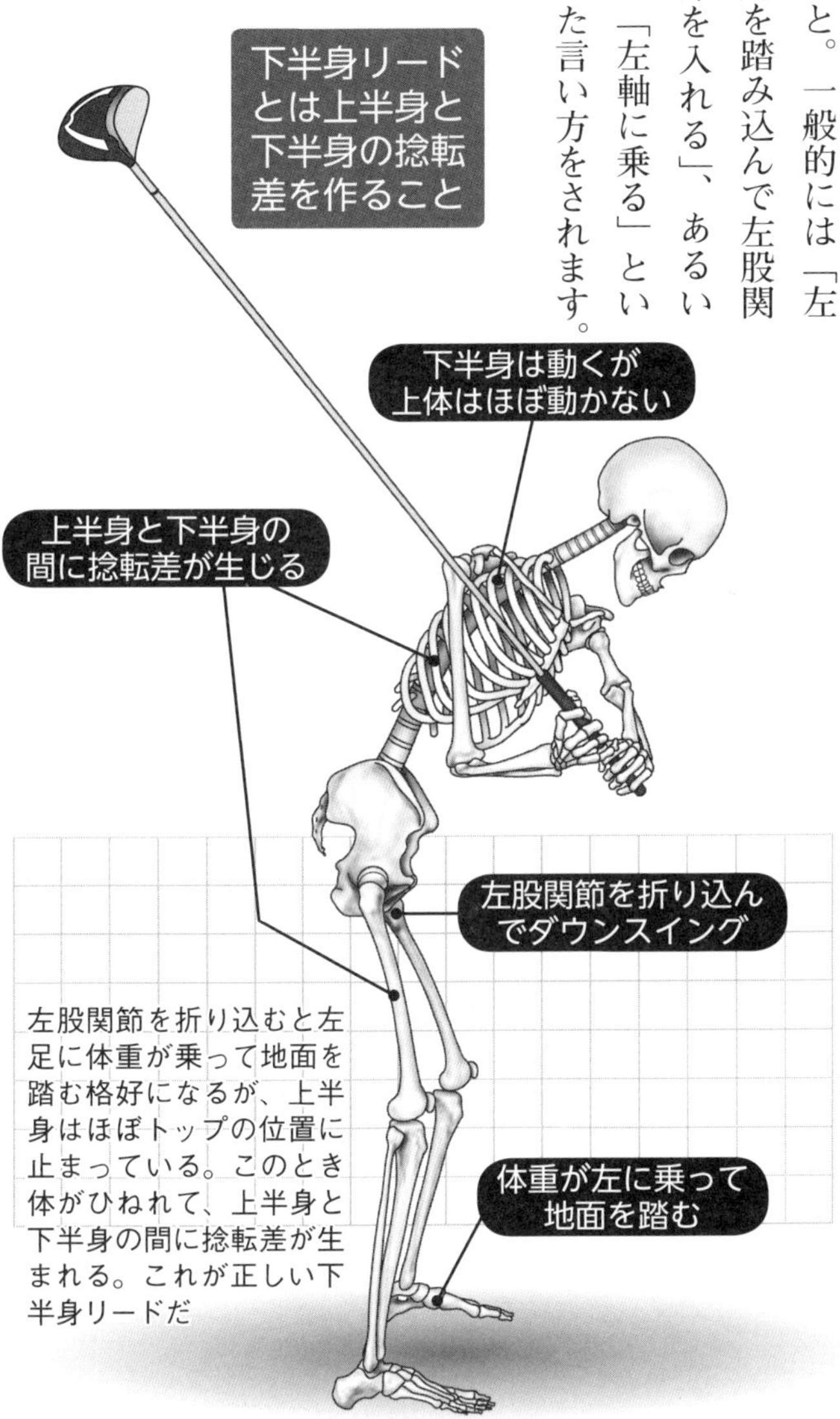
下半身リードとは上半身と下半身の捻転差を作ること
下半身は動くが上体はほぼ動かない
上半身と下半身の間に捻転差が生じる
左股関節を折り込んでダウンスイング
体重が左に乗って地面を踏む

左股関節を折り込むと左足に体重が乗って地面を踏む格好になるが、上半身はほぼトップの位置に止まっている。このとき体がひねれて、上半身と下半身の間に捻転差が生まれる。これが正しい下半身リードだ

# 左股関節の折り込みからスタート

## 胸よりも先に腰が正面を向きはじめる

胸が右を向ききった状態で左股関節を折り込むと、体重が左に乗って軸が左に移動する。胸より先に腰が正面を向きはじめる。このとき、上半身と下半身はバックスイングとは逆方向に引っぱり合っている

切り返し
上半身はほぼ
トップの位置
下半身が左に
引っぱられる
上半身は右に
引っぱられている
腰が左を
向き始める

## バックスイングで胸を右に向けるのがいいダウンスイングの必要条件

バックスイングで胸椎が右に回旋。トップで胸がしっかり右を向いていることがダウンスイングで捻転差を作る絶対条件。基本的には回っているものを戻すだけの作業なので難しくはない

トップ
胸が右を向いて上体がひねられている
この段階では右股関節が折り込まれたまま

## バックスイング時の胸椎の回旋と左股関節の折り込みが不可欠

「ボールをよく見る」「頭を固定する」と言われるが、上体が動いてしまうのに頭だけを残すのは無理。"ヘッド・ビハインド・ザ・ボール"は、バックスイング時の胸椎の回旋とダウンでの左股関節の折り込みがもたらす現象にすぎない

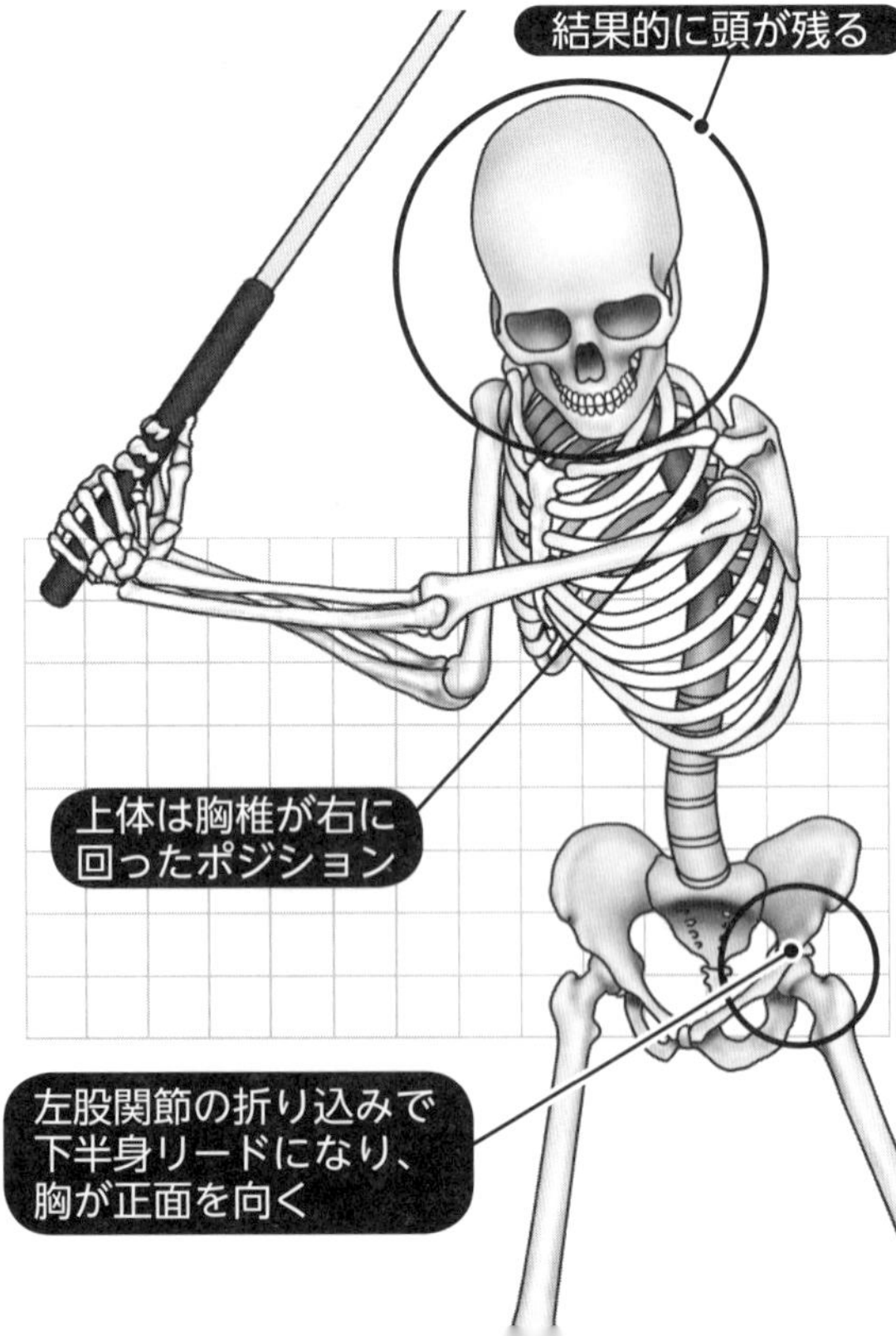
結果的に頭が残る
上体は胸椎が右に回ったポジション
左股関節の折り込みで下半身リードになり、胸が正面を向く

　正しいバックスイングから ダウンスイングに移ると、バックスイングのとき以上に上半身と下半身の間に引っぱり合いが起きます。

　こうなると、ダウンスイングで頭が右に残り、いわゆる〝ヘッド・ビハインド・ザ・ボール〟の形になります。もっぱら「ボールをよく見る」とされていますが、体が本来の形で機能すれば、頭は勝手にボールの後ろに残るということです。

## ヘッド・ビハインド・ザ・ボールは正しい下半身リードの結果

正しく下半身リードができると、上半身は遅れて左に回旋をはじめる。当然、頭も右に残っている。こうしてできるのが“ヘッド・ビハインド・ザ・ボール”だ

# ダウンスイングでも、みぞおちとおヘソの向きが変わる

## ダウンスイング

### みぞおちとおヘソの向きの差が一瞬広がる

ダウンスイングではみぞおちとおヘソの向きの違いが大きくなる。一瞬のことだが、左股関節が折り込まれて下半身リードになると先に腰が動くため。同じ方向を向かないように動くことがポイントになる

# バックスイング

## みぞおちがおヘソよりも右を向く

バックスイングでは、おヘソとみぞおちが同じ方向を向かない。すなわち、みぞおちがおヘソよりも右を向いた状態になる

捻転差はそれほど生じていない
みぞおちの向き
おヘソの向き

# 右股関節が屈曲から伸展に移り骨盤が左を向く

インパクトからフォローでは右股関節の動きが外回りに移り、若干の伸展《しんてん》を伴います。左股関節は内回りに移って屈曲から伸展。骨盤は左を向きはじめます。

ただし、これはショットによって変わります。アイアンでは左股関節に乗り切ってそこを軸に回りますが、ドライバーでは右足で地面を蹴る動きが入るからです。

胸がターゲットを向きはじめる

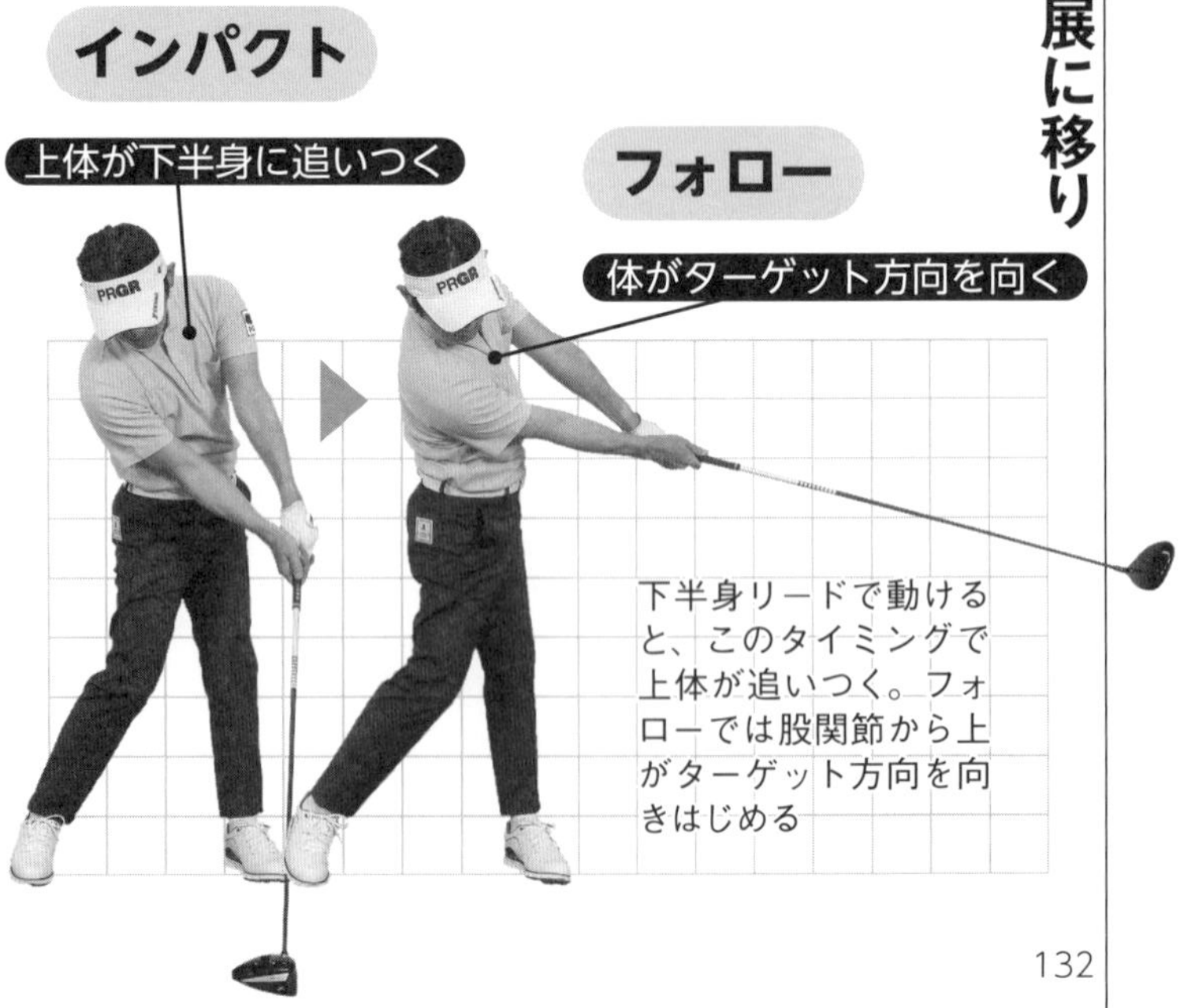
インパクト
上体が下半身に追いつく
フォロー
体がターゲット方向を向く
PRGR
下半身リードで動けると、このタイミングで上体が追いつく。フォローでは股関節から上がターゲット方向を向きはじめる

## 骨盤、胸の順にターゲット方向を向く

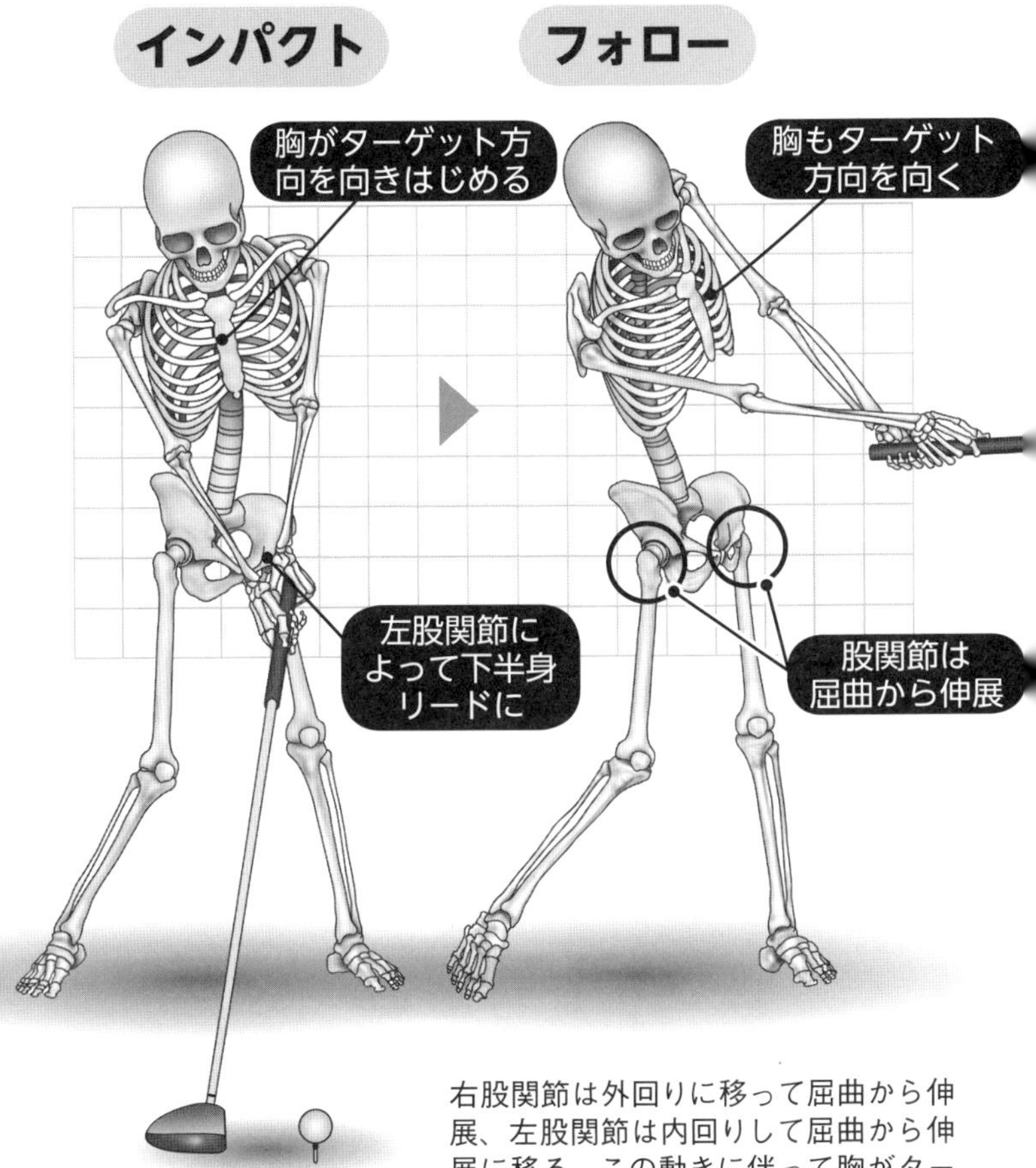
インパクト
フォロー
胸がターゲット方向を向きはじめる
左股関節によって下半身リードに
胸もターゲット方向を向く
股関節は屈曲から伸展

右股関節は外回りに移って屈曲から伸展、左股関節は内回りして屈曲から伸展に移る。この動きに伴って胸がターゲット方向を向きはじめたところでインパクト。腰はひと足早く正面からターゲット方向を向きはじめている

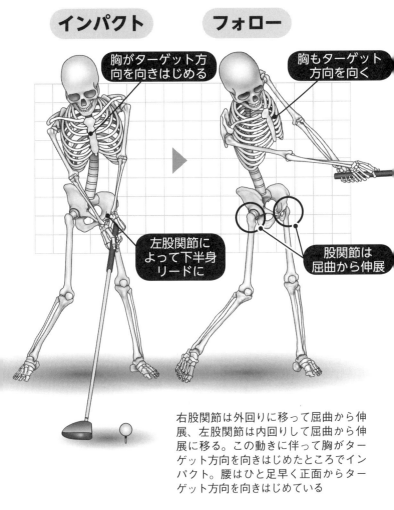

# 右股関節の伸展が大きなパワーを生む

体が上に伸びながらパワーを出すのがインパクト～フォローでの体の使い方です。

特に右股関節の伸展が重要で、これに伴って両ヒザも伸びる。足で地面を踏むことでパワーが上に伝わっていきます。

スイングは左右対称の動きと言われますが、骨レベルで見た場合、対称ではありません。この過程では左に回りながら伸びる動きが必要になります。

**飛距離をつかさどる動き**

インパクト～フォローで上に伸びる力が働くと地面を強く踏めて下からのパワーが上に伝わる。これが飛距離をつかさどる動きになる

第4章 骨格から見たベストスイングとは

## 右ヒザが伸びて地面を強く踏む

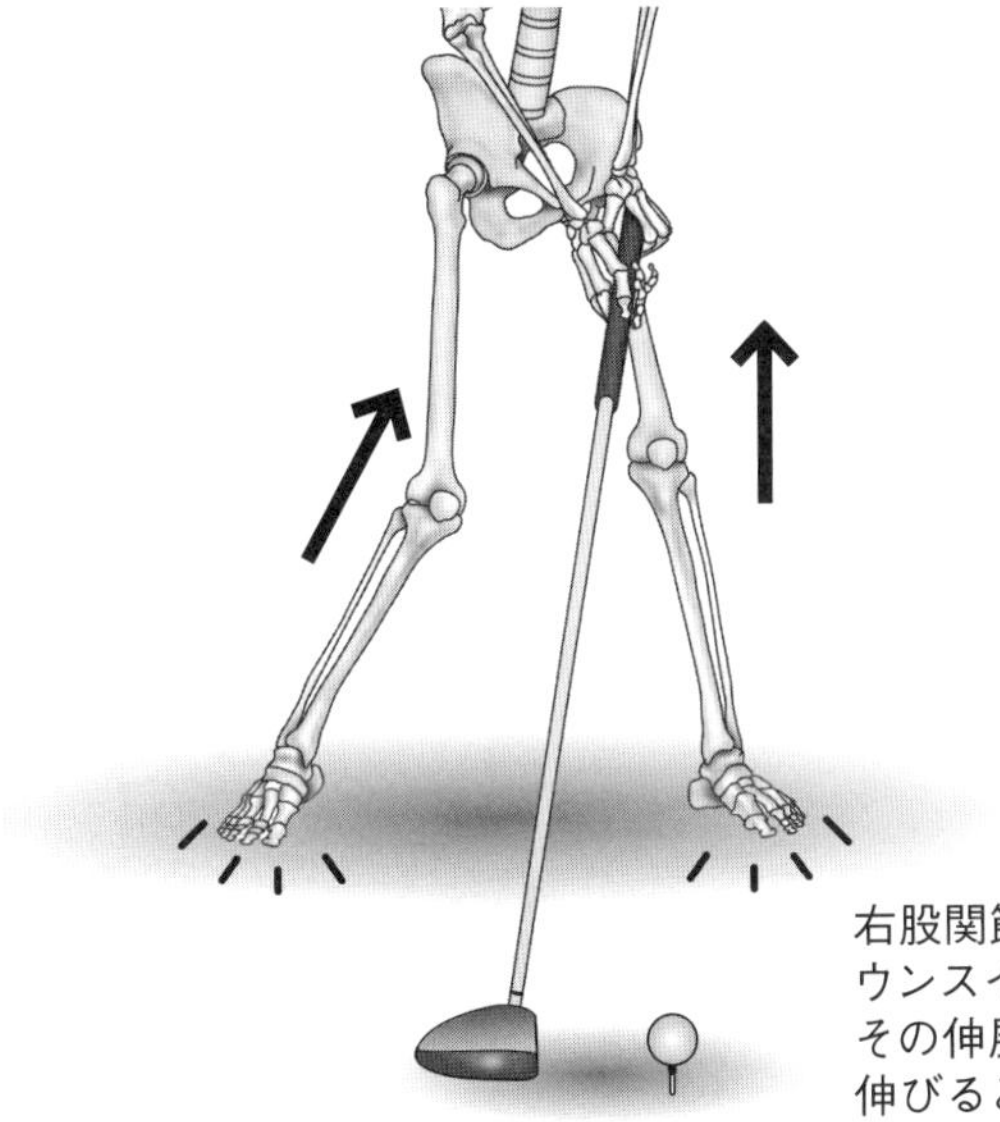

右股関節が伸展しながらダウンスイング〜インパクト。その伸展に伴って両ヒザが伸びることで地面を強く踏む力が生まれる

右ヒザが地面を蹴る感じで伸びていく

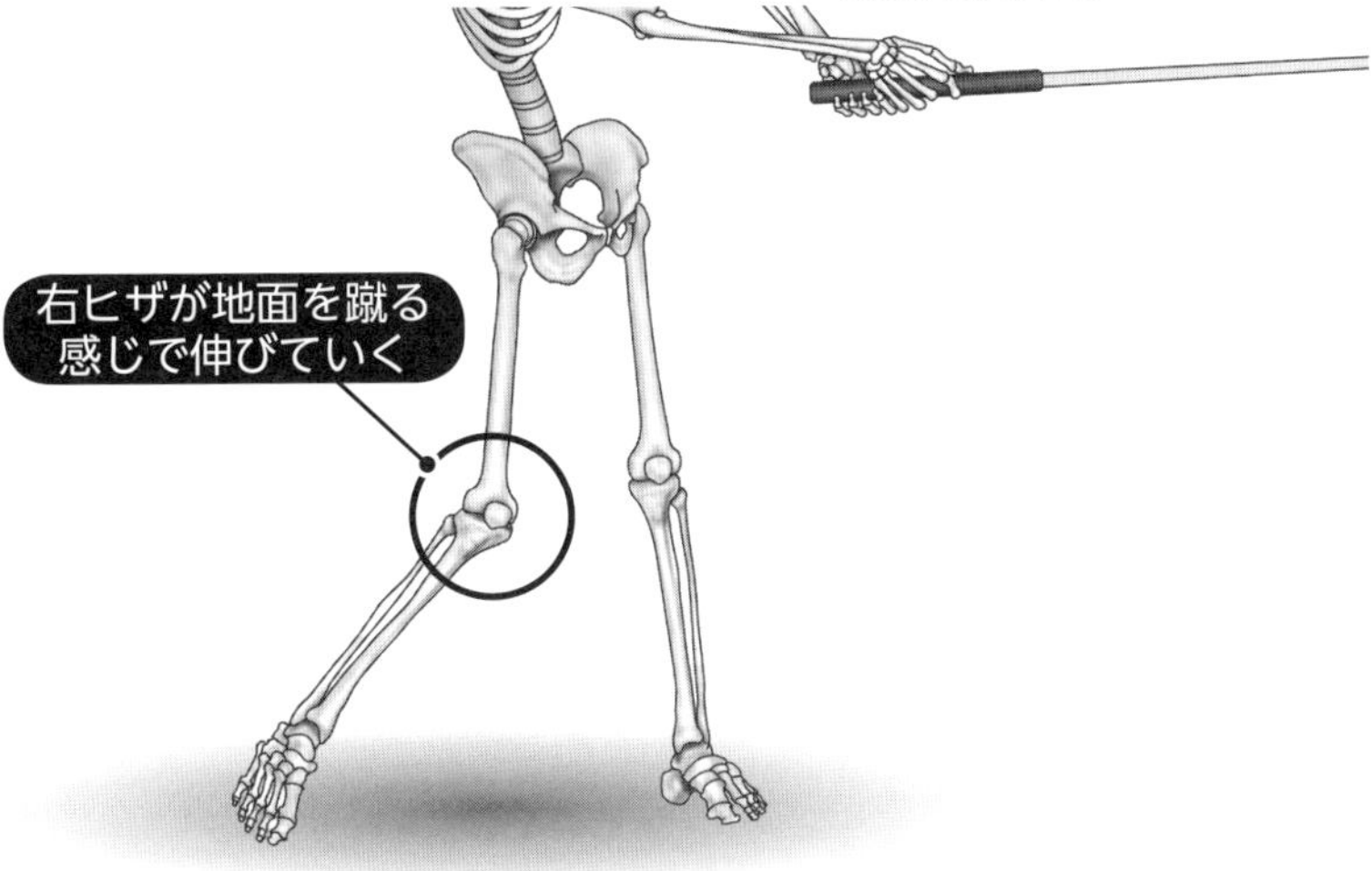

# 左股関節は屈曲キープ、右股関節は伸展

## フォロー

左股関節が屈曲からわずかに伸展

左股関節が伸びきらず前傾角度がキープされる
このあと左股関節が伸展に移る

ダウンスイングで折り込まれて屈曲した左股関節は、このプロセスで若干の伸展に転じる。伸展がわずかに止まることで、写真のように前傾角度を変えずにインパクト～フォローを迎えられる

## インパクト

### 右股関節は伸展する

前傾角度がキープされる
左股関節は伸ばさない
右ヒザが伸びてくる
ツマ先側に力が入り
カカトが浮いてくる

この過程で右股関節は伸展して右ヒザが伸び、右ツマ先だけが地面についた状態になる。ここで左股関節が伸展しきって左ヒザが伸びてしまうとスエーや伸び上がりになる

# フルスイングに近づくほどフィニッシュで左肩甲骨が胸椎に寄ってくる

フィニッシュはスイングの終着点。途中でブレーキがかからないよう体を正しく使えていればバランスよく静止できます。

スムーズに振り切れた場合、股関節は伸展してほぼ左足一本に体重が乗ります。胸椎も回り切るので胸は目標方向を向く。左肩が頭の後ろに行き、左肩甲骨が胸椎に寄ってきます。これはフルスイングに近いほど顕著になります。

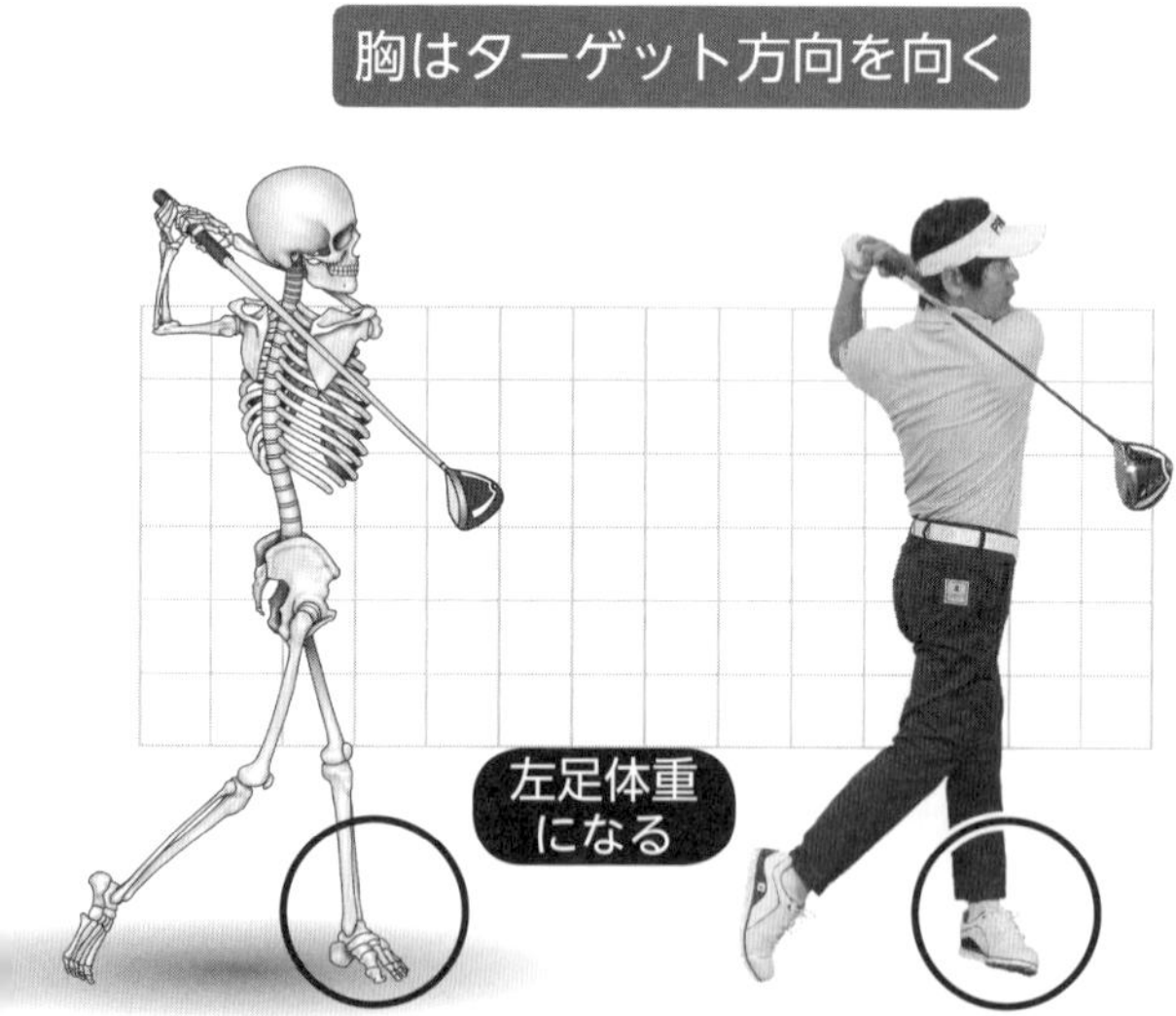


股関節が伸展した状態で左足に体重が乗るので左足一本で立てる。胸椎は回旋を終えて胸がターゲット方向を向く

## 左肩甲骨が胸椎側に寄ってくる

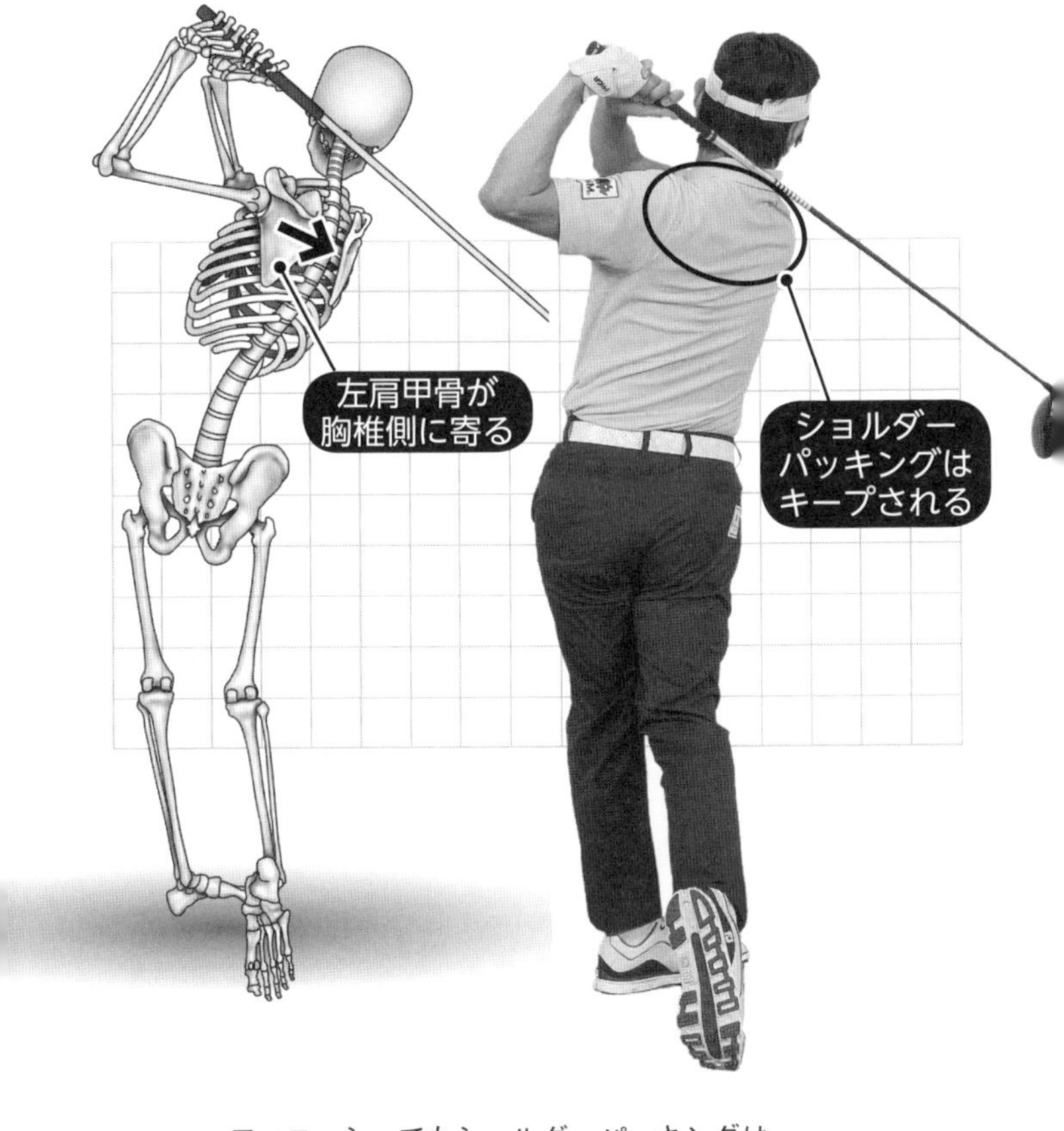
左肩甲骨が
胸椎側に寄る
ショルダー
パッキングは
キープされる

フィニッシュでもショルダーパッキングは保たれたまま。ドライバーショットやフルスイングに近づくほど左肩甲骨が胸椎側に寄ってくるが、肩甲骨の可動範囲が狭いとほぼ寄らない

# ストロンググリップではインパクトで前腕のロールが少ない

ストロンググリップの場合は左股関節が折り込まれた状態でインパクトを迎え、胸椎を回旋しながらフォローをとるので前腕がほぼロールしません。ブルックス・ケプカやダスティン・ジョンソンはこのスタイル。

理由はヘッドが大型化されターンしづらくなったからです。

前腕のロールがない

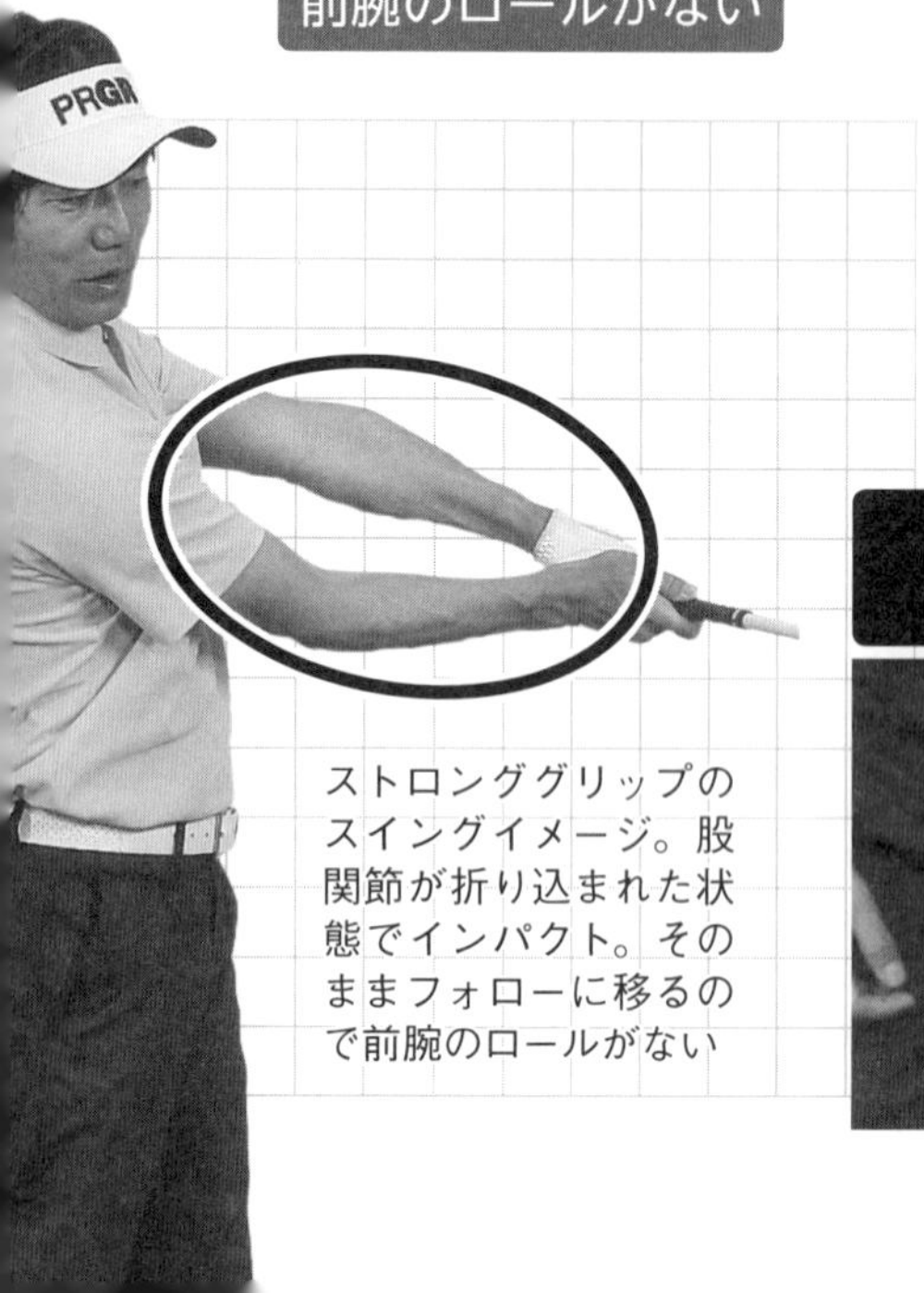


ストロンググリップのスイングイメージ。股関節が折り込まれた状態でインパクト。そのままフォローに移るので前腕のロールがない

ストロンググリップ

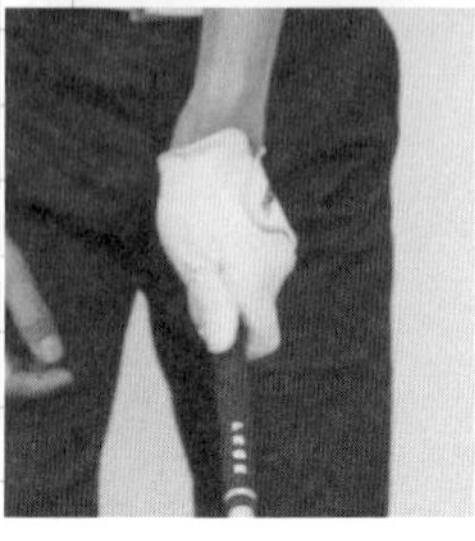

## 左股関節が回ってインパクト

ドライバーヘッドの大型化が、ストロンググリップが主流になった理由。左股関節が左後ろに回ってきてインパクトエリアに到達する

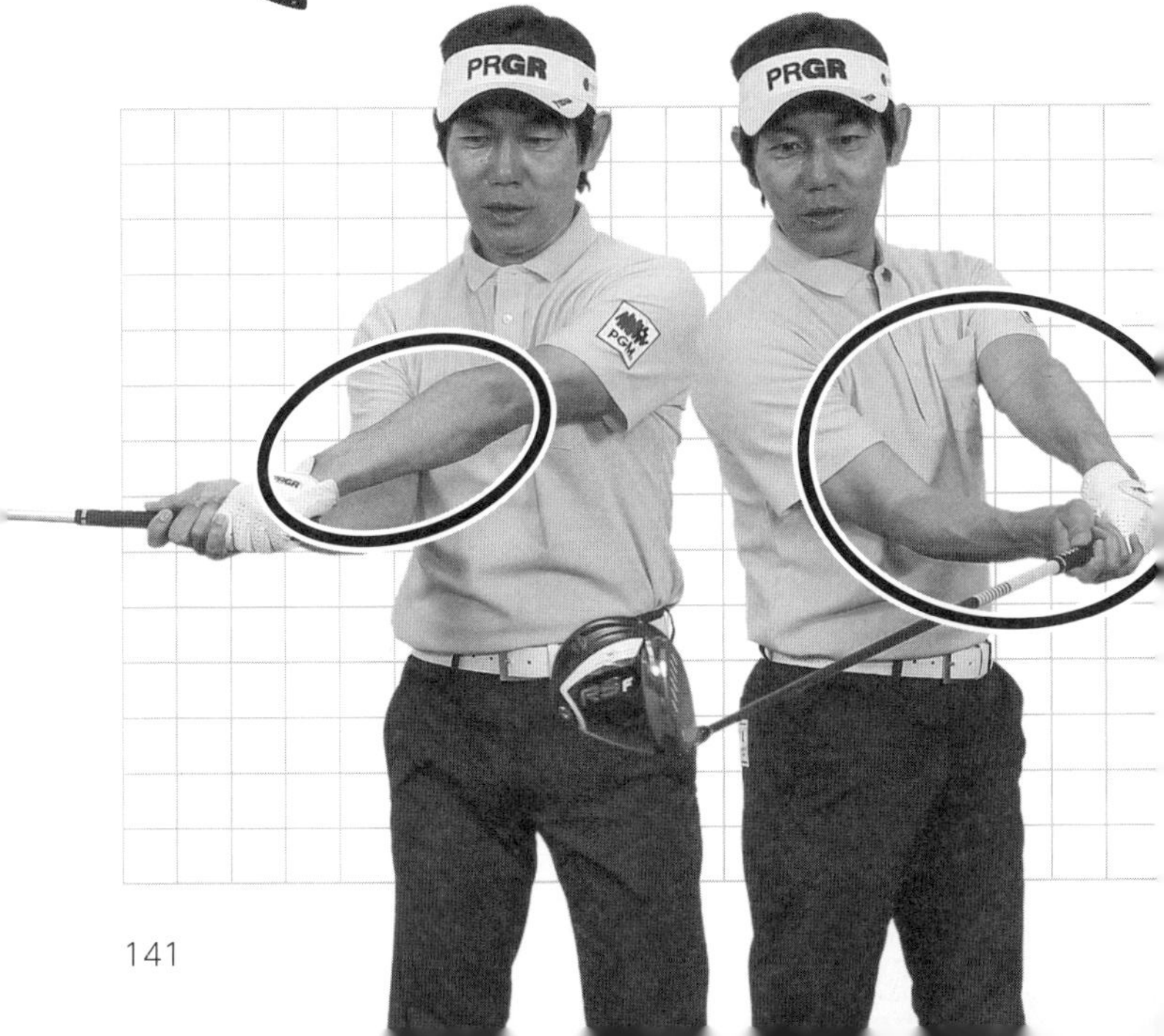

# ウィークグリップでは前腕の自然なロールが入る

ウィークグリップではストロンググリップより、ダウンスイングからインパクトでグリップエンドがちょっと早く真ん中に戻ってきます。そのまま体を回すとフェースターンが追いつかないので、前腕のロールが入ります。

しかし、これは意図的に行うものではなく自然に行われるもの。グリップがアドレスの位置に、アドレスと同じ形で戻るために必要なアクションです。

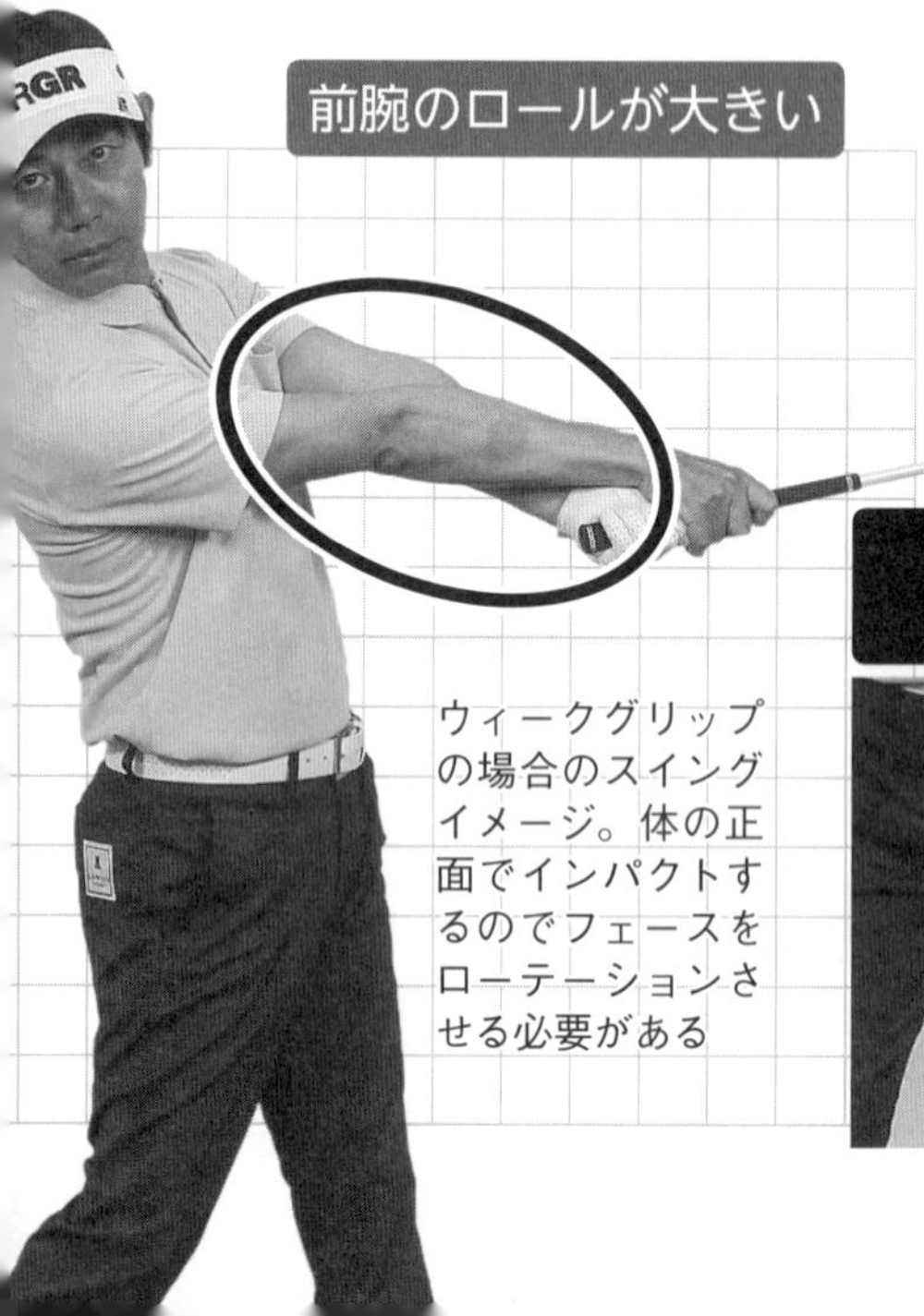


ウィークグリップの場合のスイングイメージ。体の正面でインパクトするのでフェースをローテーションさせる必要がある

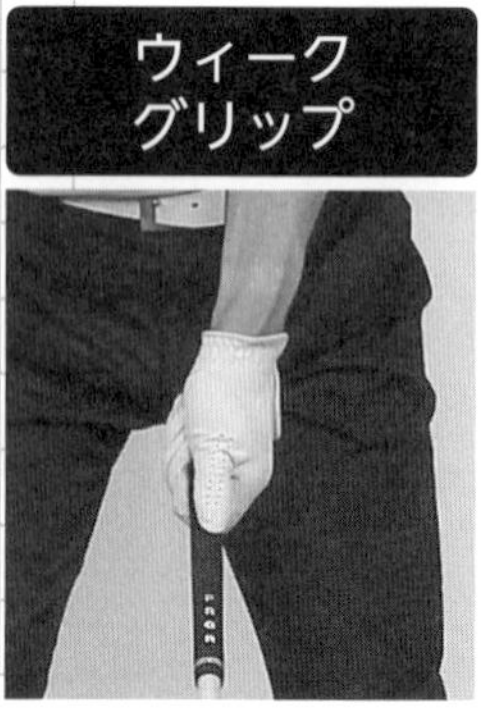

## 意図的なロールではない

ストロンググリップに比べると、体に対するインパクトポイントが早くなるため前腕をロールさせて打つが、意図的に行っている動きではない

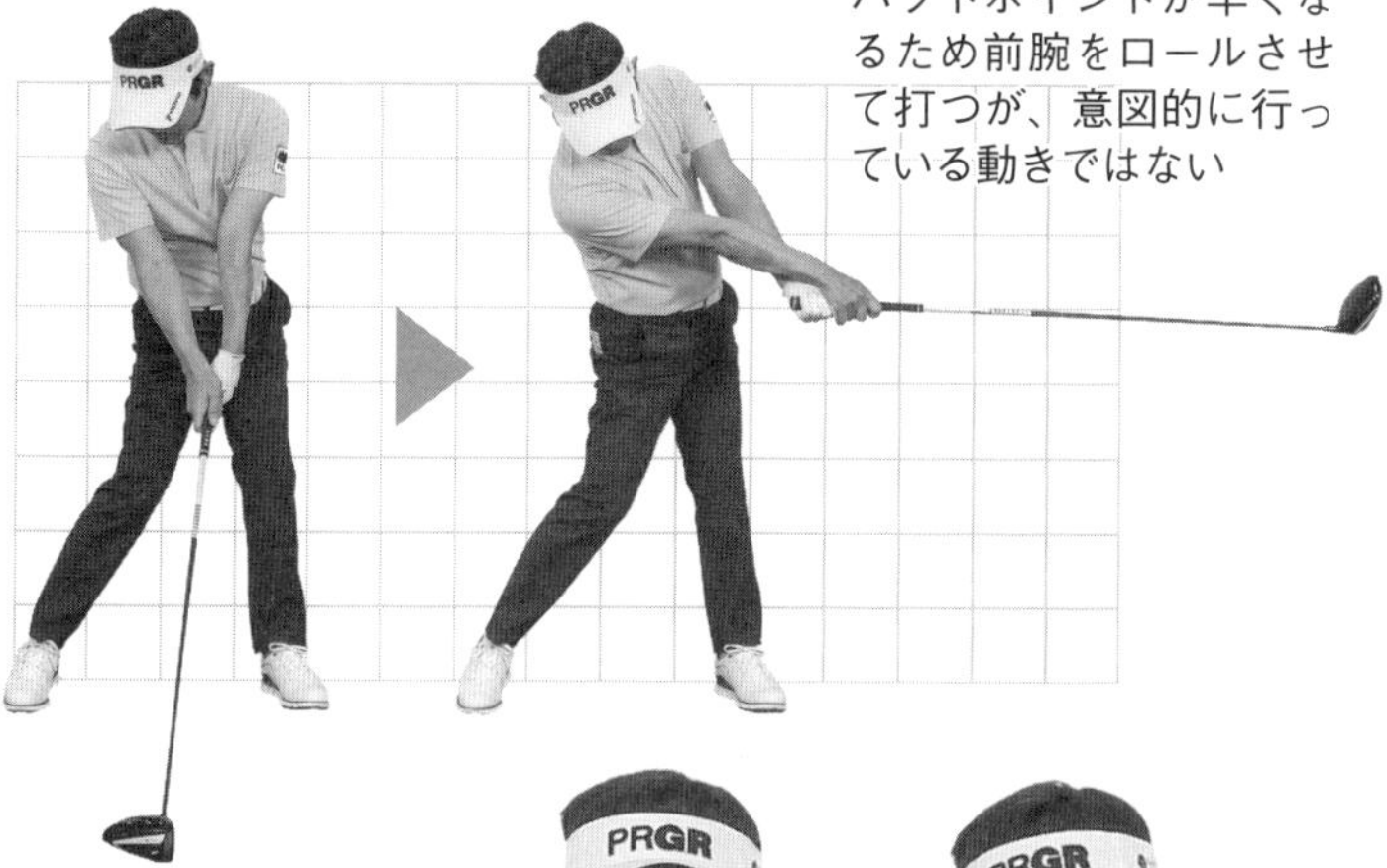


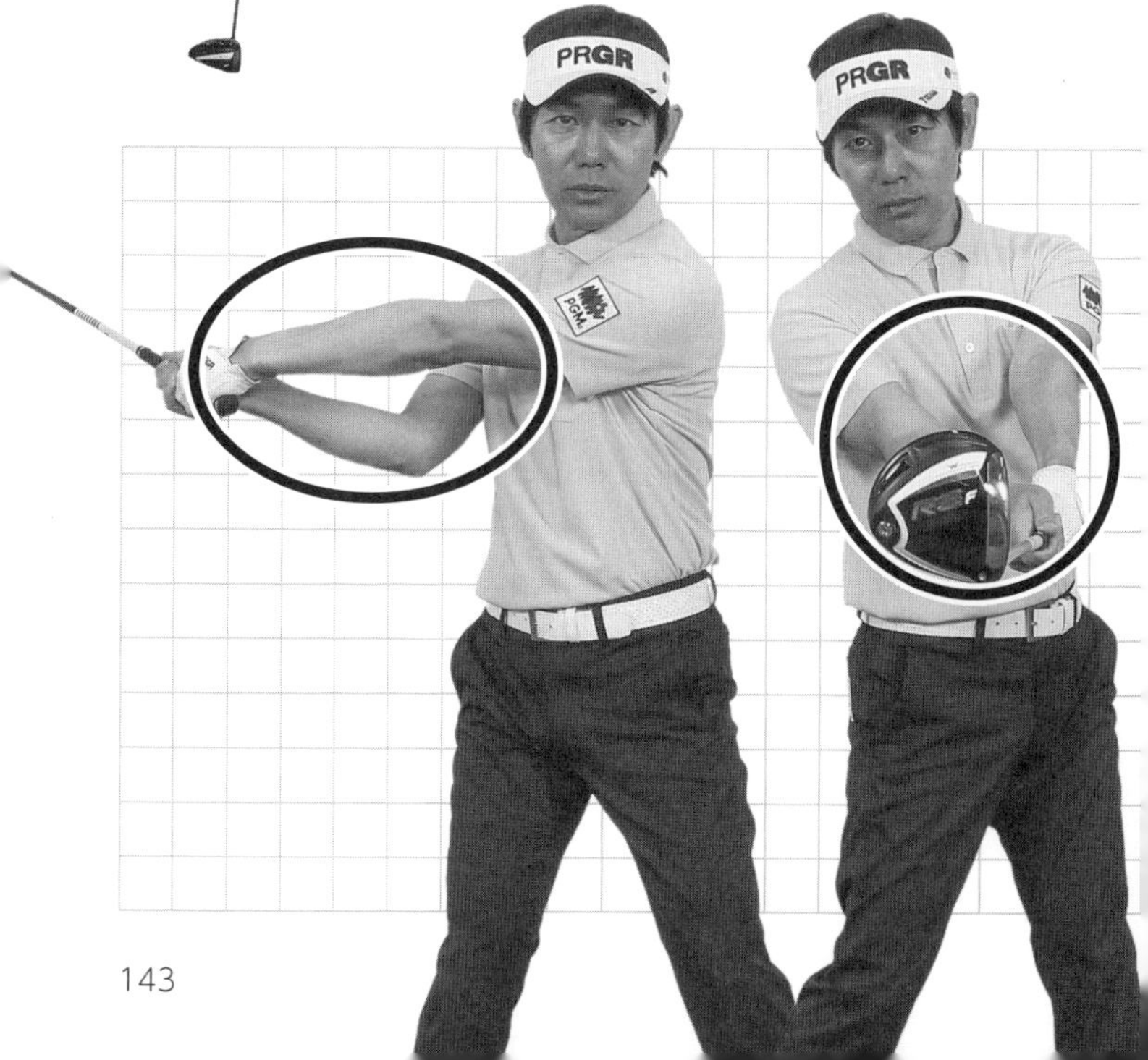

## ドライバーは上半身と下半身の捻れ アプローチは胸椎の回旋がポイント

ここまでの話を集約すると、ドライバーは捻れ、アプローチは胸椎をきれいに回すことが大事です。前者は説明してきた通りですが、距離が近いアプローチは手で動かしがちだからです。

アプローチこそショルダーパッキングでワキを締め、背骨をニュートラルにした姿勢で胸椎をしっかり回旋する。右手首の角度をキープできれば万全です。

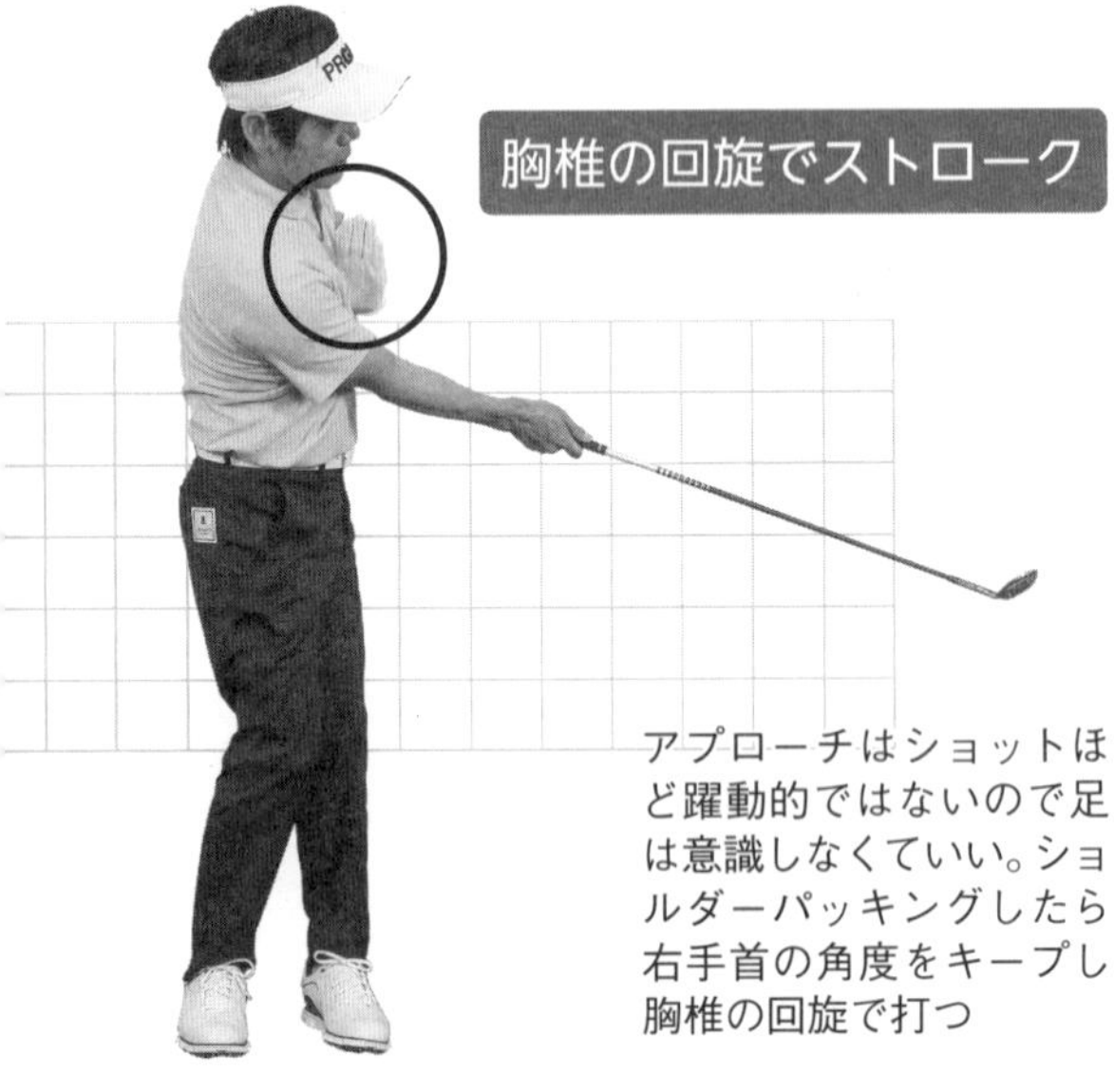


アプローチはショットほど躍動的ではないので足は意識しなくていい。ショルダーパッキングしたら右手首の角度をキープし胸椎の回旋で打つ

## オープンに立って手を使うとヘッドアップしやすい

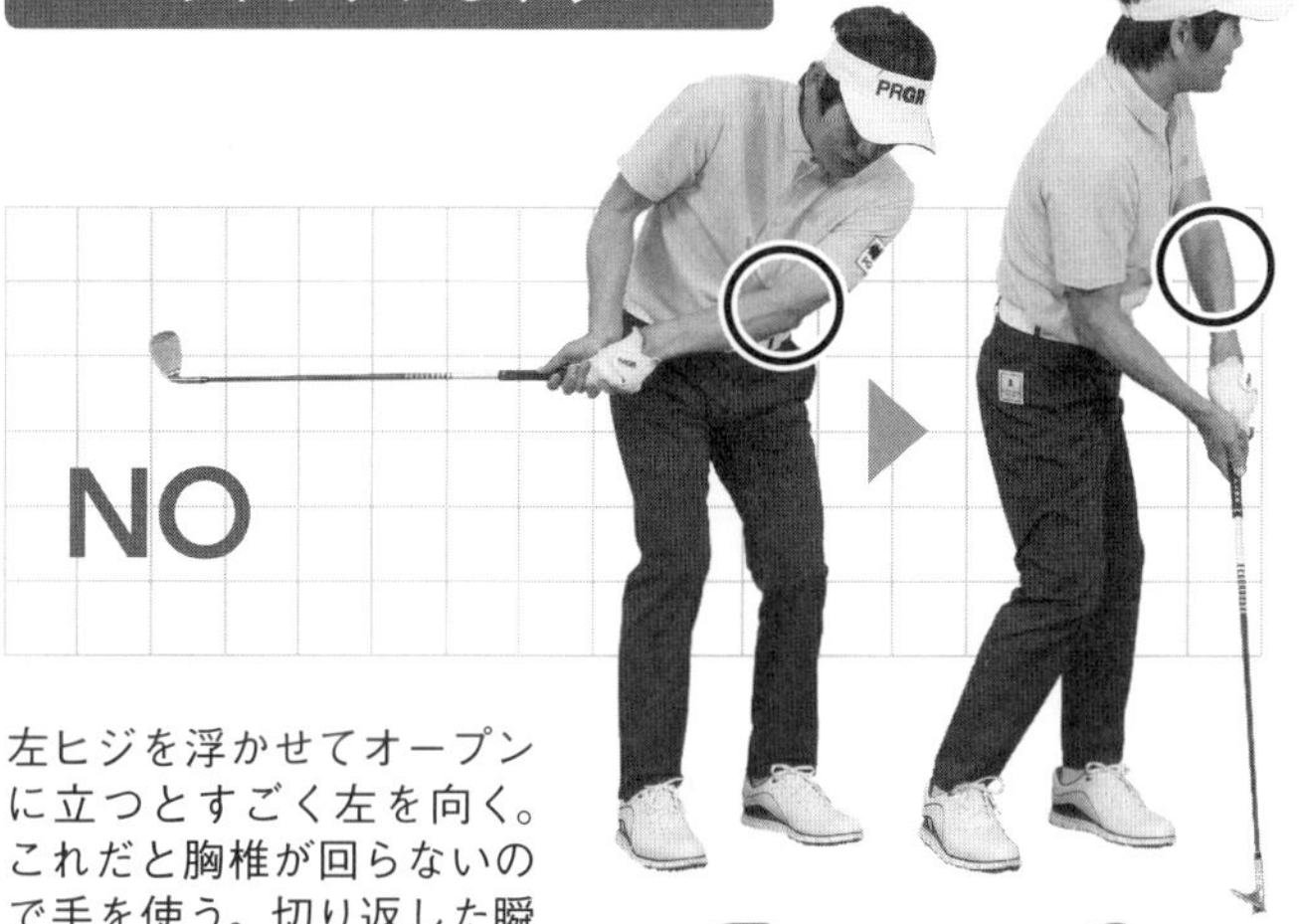
NO

左ヒジを浮かせてオープンに立つとすごく左を向く。これだと胸椎が回らないので手を使う。切り返した瞬間に体が左に回ってヘッドアップになる

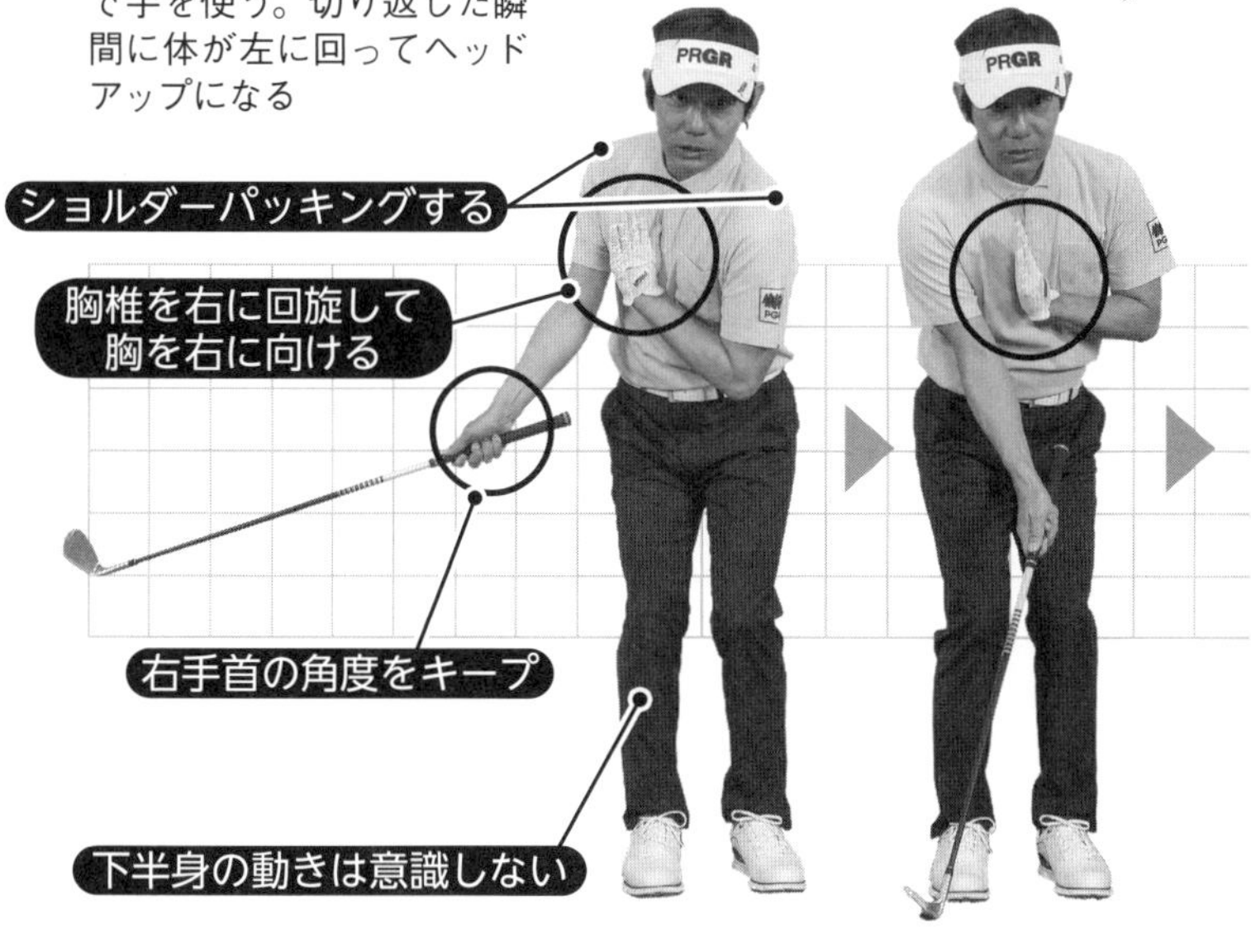
ショルダーパッキングする
胸椎を右に回旋して胸を右に向ける
右手首の角度をキープ
下半身の動きは意識しない

第５章

# 骨格スイングに近づくためのエクササイズ

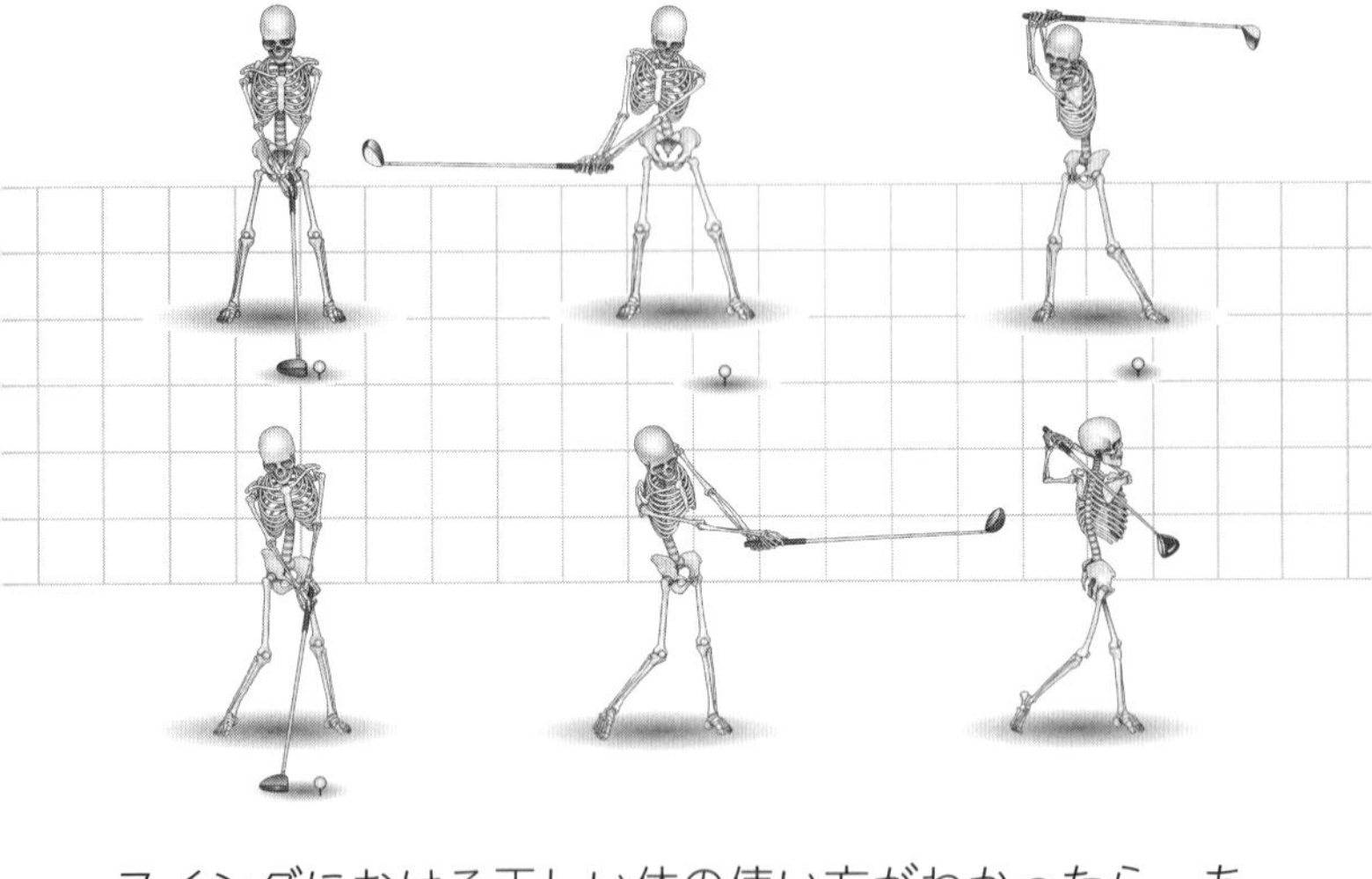

スイングにおける正しい体の使い方がわかったら、あとはそれができる体を取り戻し、コンディションを整えるだけ。しゃかりきにボールを打つ必要はなし。エクササイズで眠った体を蘇らせ、理想的なスイングを手に入れよう。

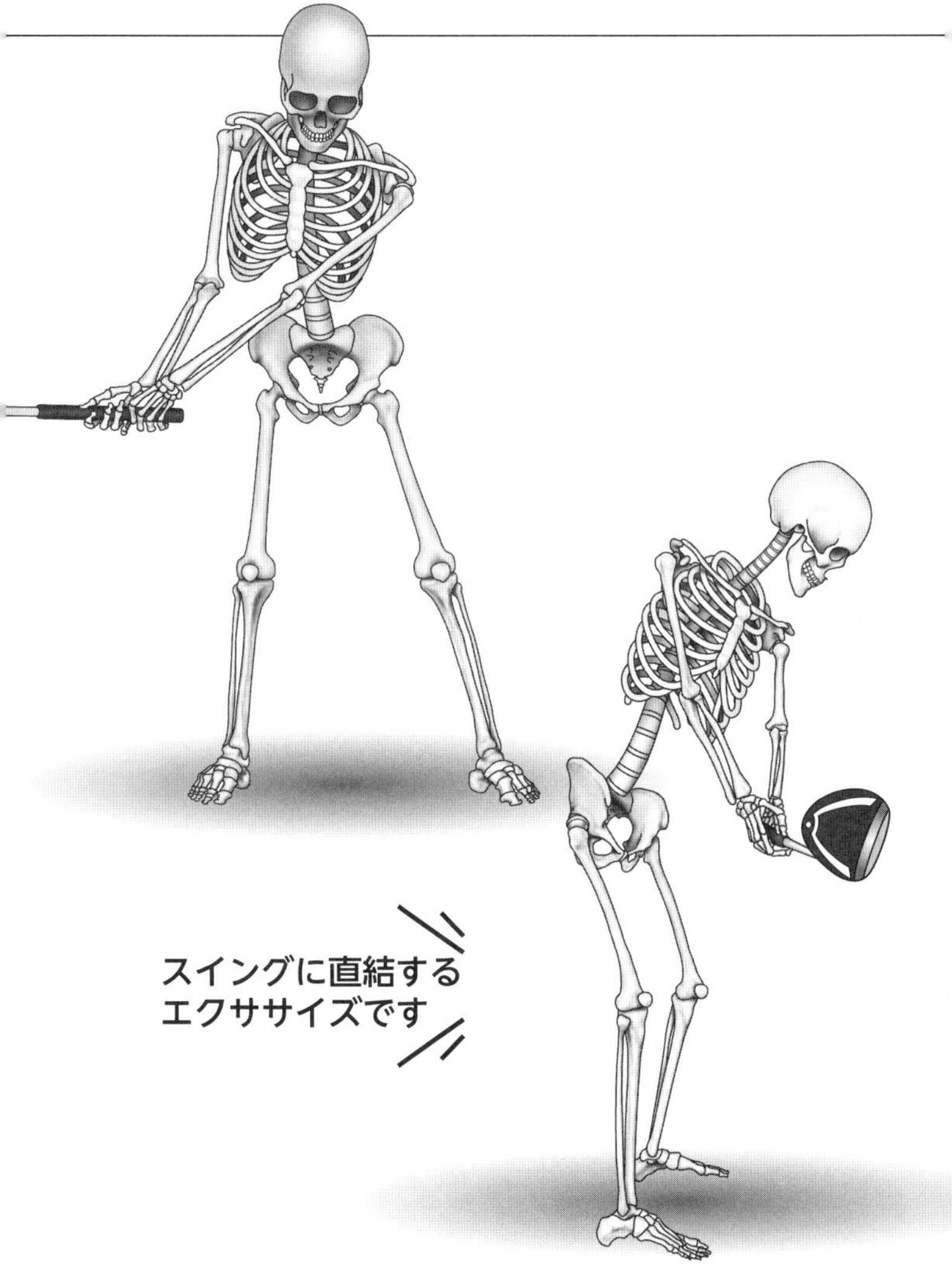
スイングに直結する
エクササイズです

BONES AND GOLF

# ガチガチの体はNGだが柔らかければいいわけではない

スイングにエラーをもたらすのはおもに代償動作ですが、代償動作が生まれる原因は大きく分けて2つ。ひとつは骨格のバランスが悪いこと。もうひとつは関節の可動域が狭いことです。

筋力や柔軟性の不足を考えがちですが、スイングに限定して言えば、これらが足りない人はまずいません。筋力や柔軟性は姿勢を維持する分だけあれば十分です。

逆に骨格バランスや関節の可動域が狭い人が筋力をつけても、余計に動けなくなる可能性がありますし、柔軟性が高すぎて筋力がないのも問題です。

たとえば、ゴルフは肩甲骨まわりが動けばいいと考えている方が多いようですが、

第3章でお話ししたように、スイングの正確性や再現性をアップするには、肩甲骨まわりをある程度固めて（ショルダーパッキング）使う必要があります。

そうなると動けばいいだけではありません。ガチガチに固まっているのはNGですが、ひたすら柔らかくすればいいというわけでもないのです。

それを踏まえ、この章では骨格バランスをよくすることと、スイングに必要な関節の可動域を確保するのを目的としたエクササイズを紹介しています。筋力アップのトレーニングではないので、そこを意識して行ってください。

この本を読んでいただいている多くの人にとっては、ボールを打つよりも効果があると思われるメニューです。

## 1 仰向けに寝て肩の高さで両腕を伸ばす

背骨はニュートラルポジション。手のひらは上向き。頚椎に負荷がかからないよう後頭部と肩を床につけて楽な体勢をとる

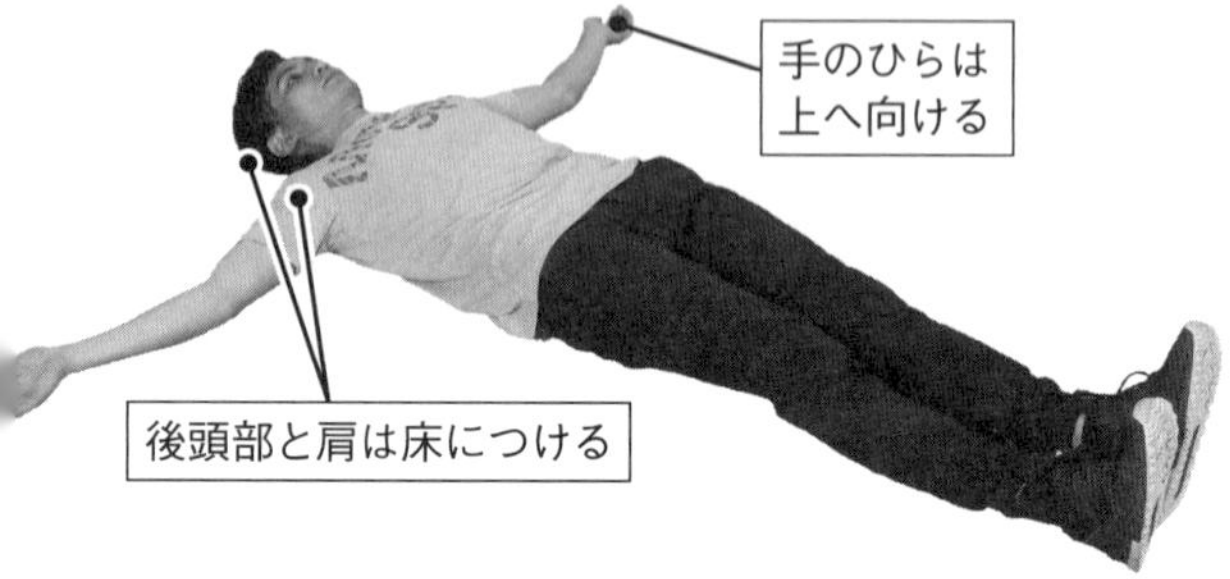
手のひらは
上へ向ける
後頭部と肩は床につける

## 2 足は“ちょい上げ”からスタート

左右いずれかの足を少し上げる

ヒザを伸ばして
片足を上げる

## 3 上げた足を反対側に倒す

ヒザを伸ばしたまま上げた足を反対サイドにゆっくり倒す。肩が浮きやすいので肩甲骨をつけておくように

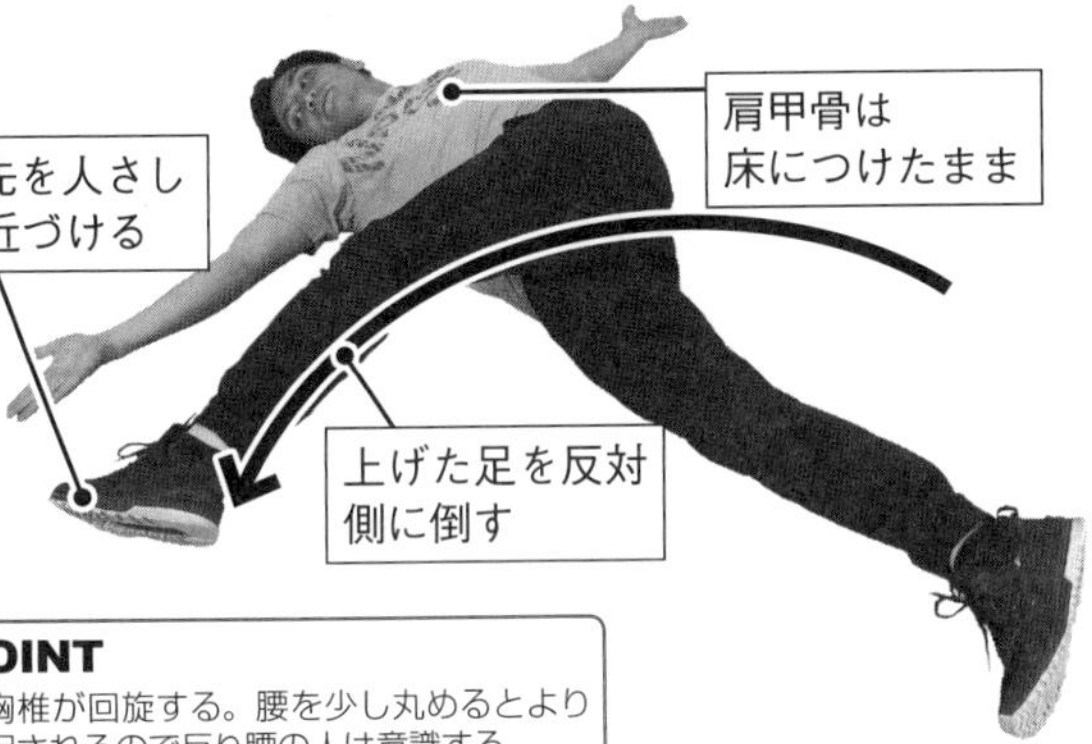
肩甲骨は
床につけたまま
ツマ先を人さし
指に近づける
上げた足を反対
側に倒す

**POINT**

- 胸椎が回旋する。腰を少し丸めるとより促されるので反り腰の人は意識する
- 胸椎を回旋しながら股関節の屈曲（折り込み）と内旋ができる
- 股関節の屈曲部にはある程度力を入れる
- 視線を人さし指に向けることで頚椎の回旋も入る

## 4 反対の足を上げて同様に行う

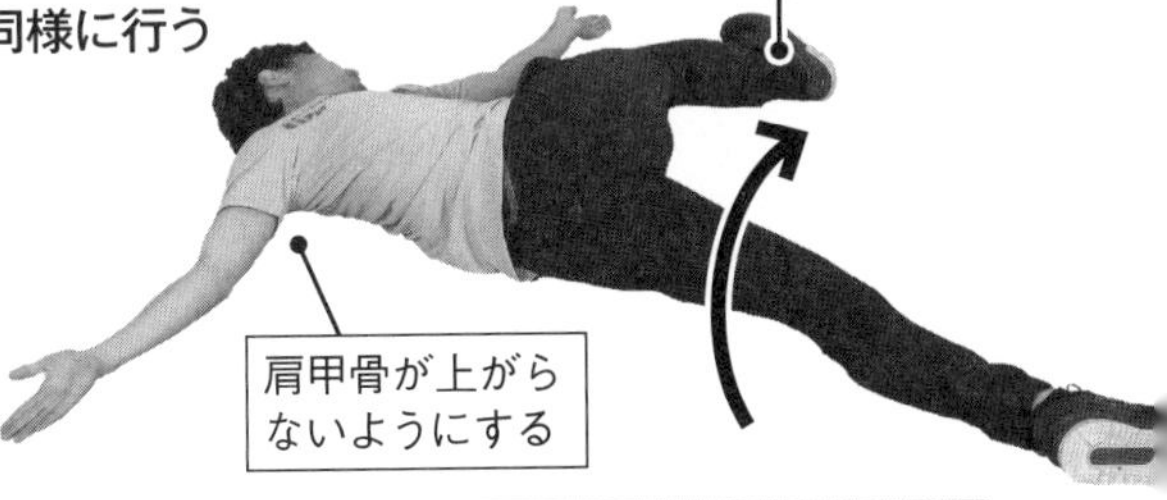
反対側の足も同様に行う
肩甲骨が上がら
ないようにする

**注意点**

☑ 手のひらは上に向ける
☑ 肩は極力浮かせない
☑ 手を遠くに伸ばす
☑ ツマ先はなるべく人さし指に近づける
☑ 視線は人さし指に向ける

**この状態で３秒キープ→左右５セット**

# バックスイングで胸椎が回旋、ダウンスイングでひねりが作られる

## バックスイング

右股関節が折り込まれて内側に回り、胸椎が右に回る。股関節の折り込み部分に適度に力が入るようになる

胸椎の回旋を意識する
右股関節の折り込みを意識
腰の向きに比べると胸が大きく右を向いている
PRGR

## ダウンスイング

胸椎が回旋して右を向くことで、ダウンスイングで下半身との間に捻転差ができる。ダウンスイング～フォローでは右股関節が伸展しながら胸椎が左に回旋するようになる

胸椎を意識する
右股関節は
伸展していく

## 1 枕を使って横臥《おうが》。ヒザを90度に曲げる

頭が下がらない高さの枕を使い、写真のように横たわる。90度に曲げたほうのヒザ頭を反対の手で軽く押さえる。曲げたヒザと同じ側の腕は伸ばし、指先を床につける

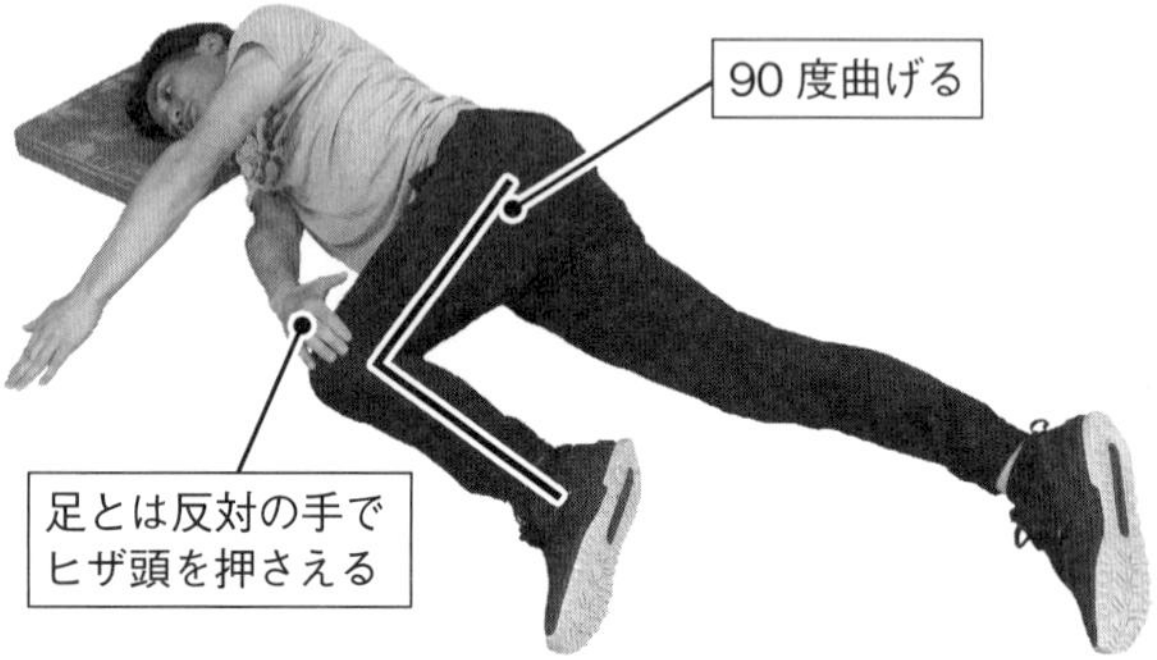
90度曲げる
足とは反対の手で
ヒザ頭を押さえる

## 2 腕を伸ばしたまま手を頭の上へ

股関節の屈曲を意識し、ヒザと手が離れないようにして、伸ばした手を頭上に上げていく。視線を手に向けたまま行う

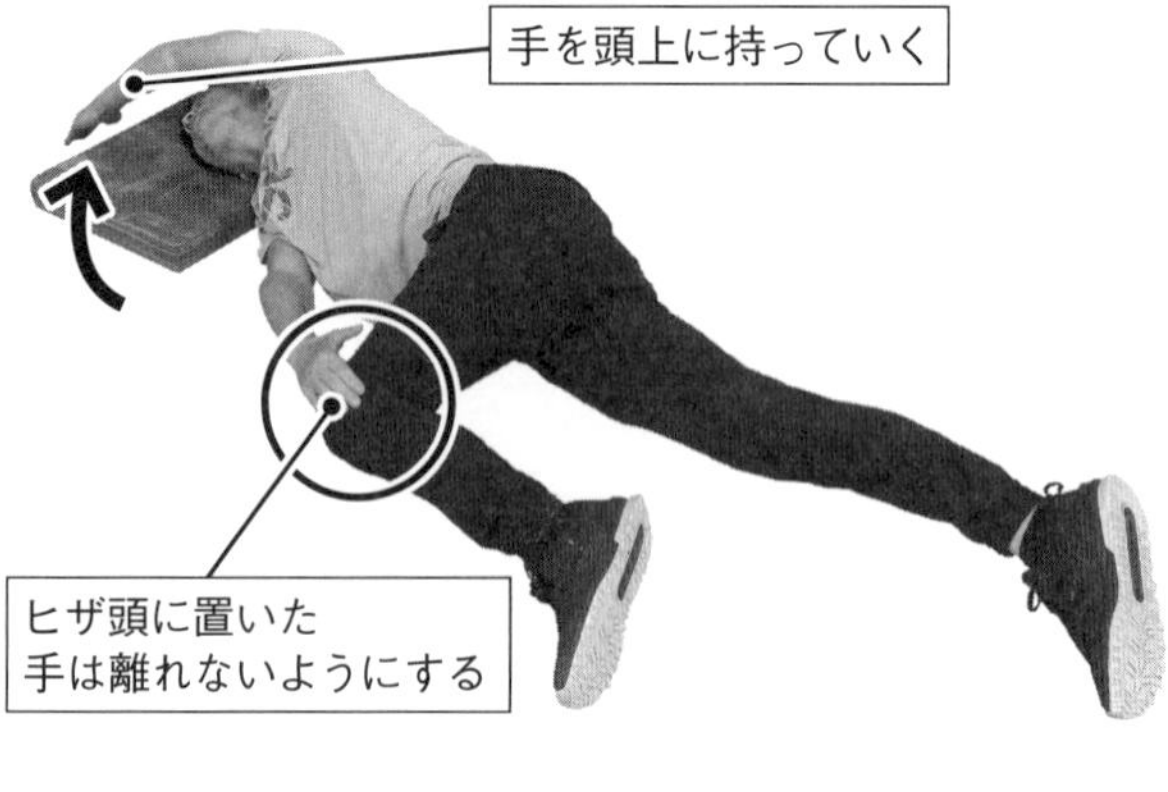
手を頭上に持っていく
ヒザ頭に置いた
手は離れないようにする

## 3 胸椎の回旋と肩まわりの筋肉をストレッチ

手は頭上から
反対側の床へ
持っていく
さらに腕を上から
回して胸を開く。
肩が引っ張られ
て胸の筋肉がスト
レッチされる
胸を開く

**POINT**
- 背骨はニュートラル。腕が上がるとともに伸びる
- 上半身の回旋動作を複合的に行う
- 猫背を直して腕回りの動きをスムーズにする

## 4 反対の足を上げて同様に行う

反対側も同様に行う

**注意点**

☑ 背骨をニュートラルに
☑ 伸ばした腕を曲げず、手をなるべく遠くに運ぶ
☑ 曲げた足の股関節の屈曲をキープ
☑ 曲げた側の足が上がらないようにする
☑ 肩を床につけておくような意識

**左右とも 10回→ 2セット目安**

# 反り腰が緩和されて胸椎が回旋、体の伸び上がりがなくなる

## バックスイング

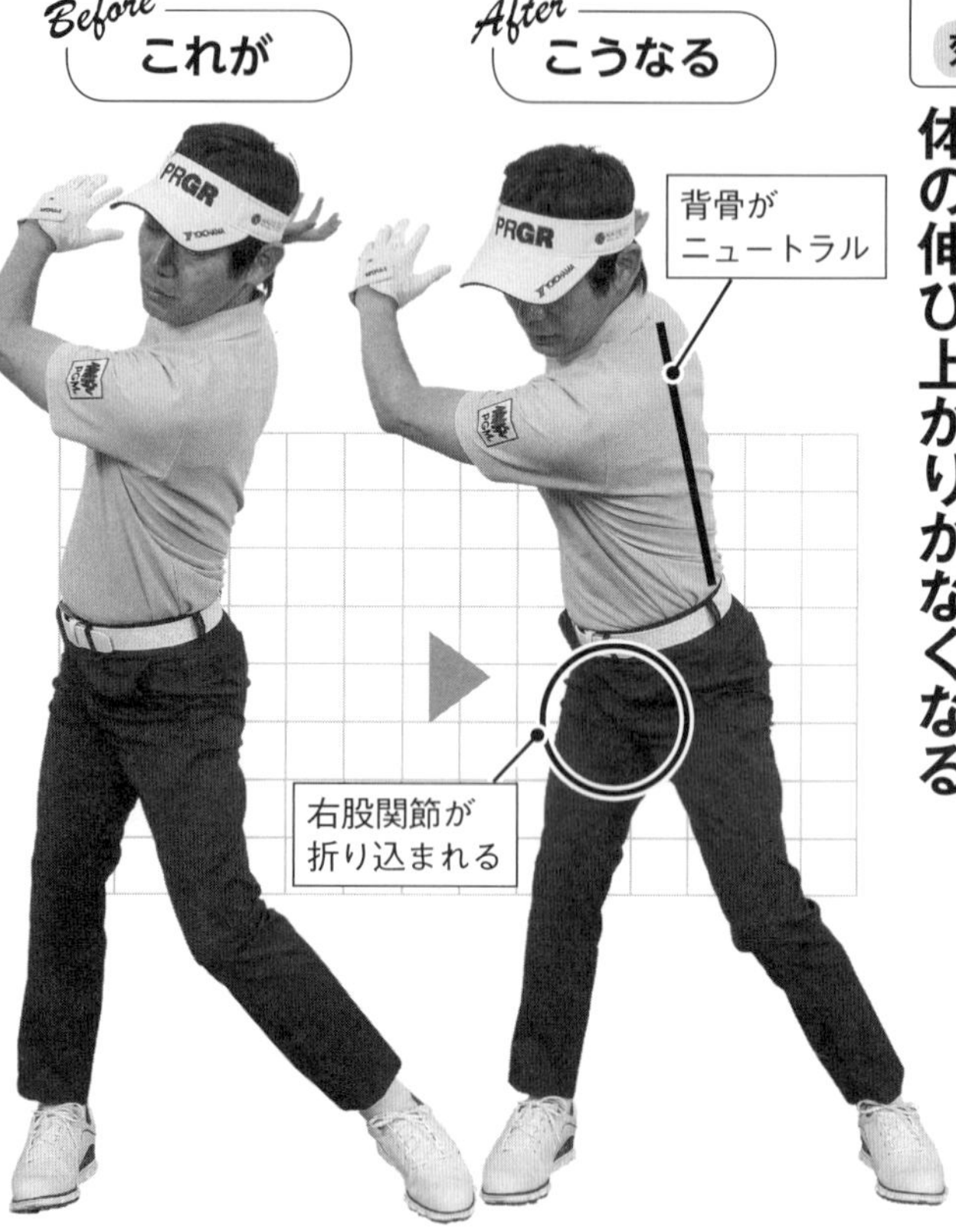
Before
これが
After
こうなる
背骨が
ニュートラル
右股関節が
折り込まれる

アドレスで腰が反っていると背骨がニュートラルポジションにならない。ショルダーパッキングもなく胸椎が回旋しないので手でクラブを上げ体が起きる

エクササイズによって反り腰が改善されると背骨がニュートラルポジションになる。股関節が折り込みやすくなって胸椎の回旋が促される

## フォロー

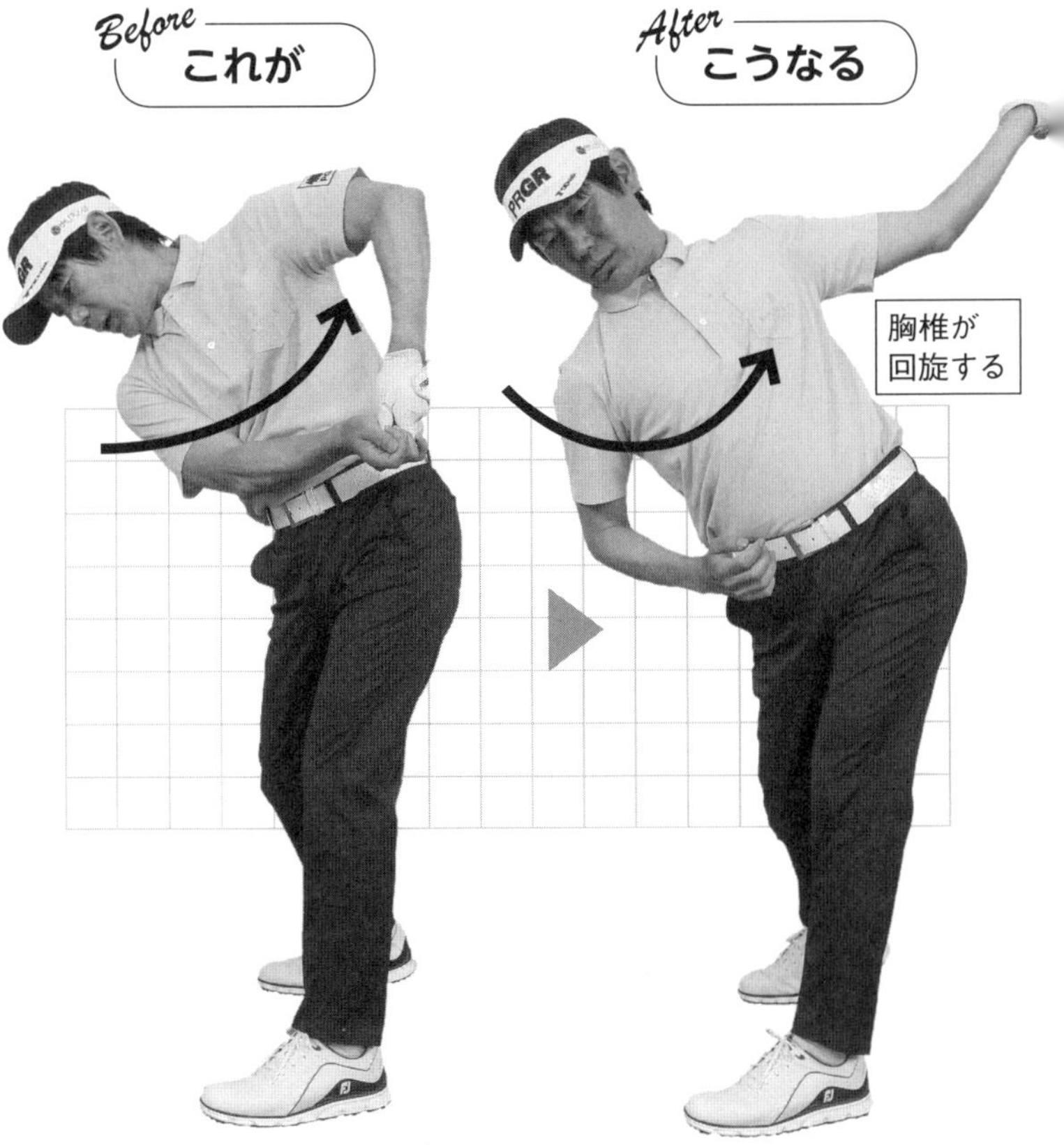
Before
これが
After
こうなる
胸椎が
回旋する

胸椎の回旋がなく手でクラブを下ろしてしまう

バックスイングで胸椎が回旋すると、上体の回転を使ってクラブを下ろせる。手が先に来ないので体が大きく回る

## 1 四つん這いの姿勢からスタート

手とヒザを床につき、肩幅程度に広げて四つん這いになる。ヒジは伸ばす

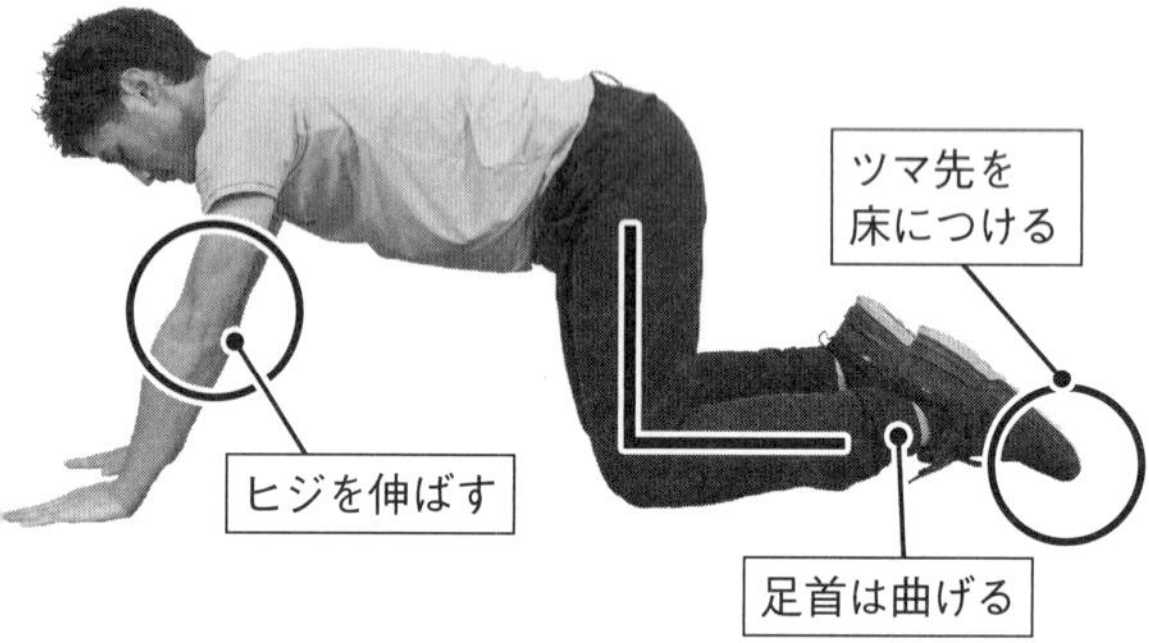
ツマ先を
床につける
ヒジを伸ばす
足首は曲げる

## 2 胸椎を伸ばし、腰椎を適度に丸める

視線を下に向け、手は床につけてヒジを伸ばしたまま正座をするように両ヒザを屈曲。胸を張りつつ腰を丸める

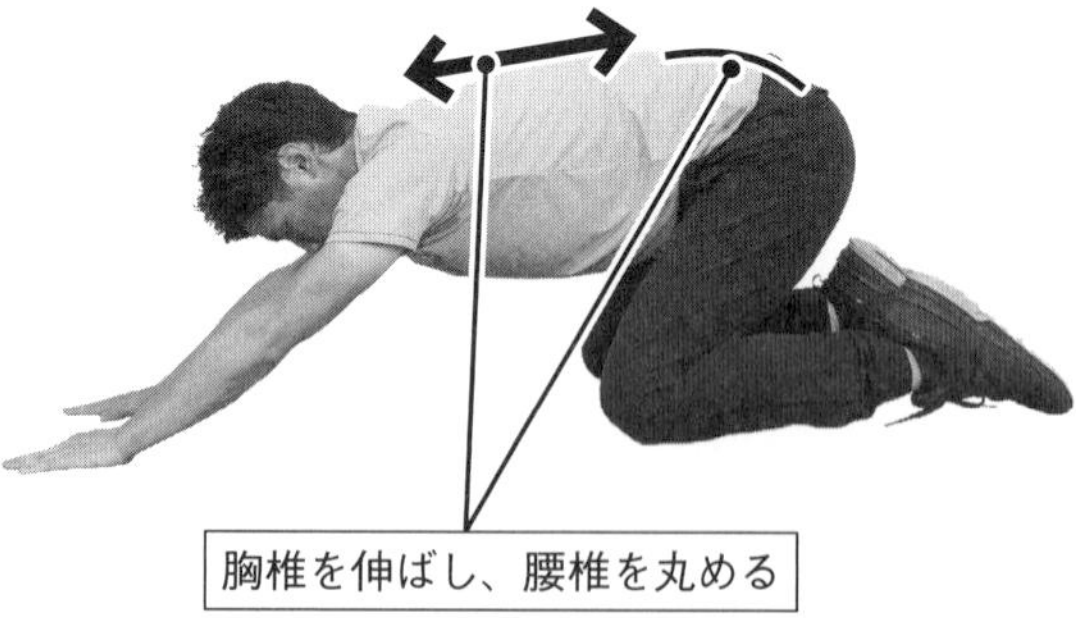
胸椎を伸ばし、腰椎を丸める

## 3 両手バンザイで肩関節が屈曲

腕を伸ばしたままさらに股関節の屈曲を深める。肩甲骨は外に開きながら上方回旋。胸を床に近づけるほど胸椎が伸びて背伸び姿勢になる

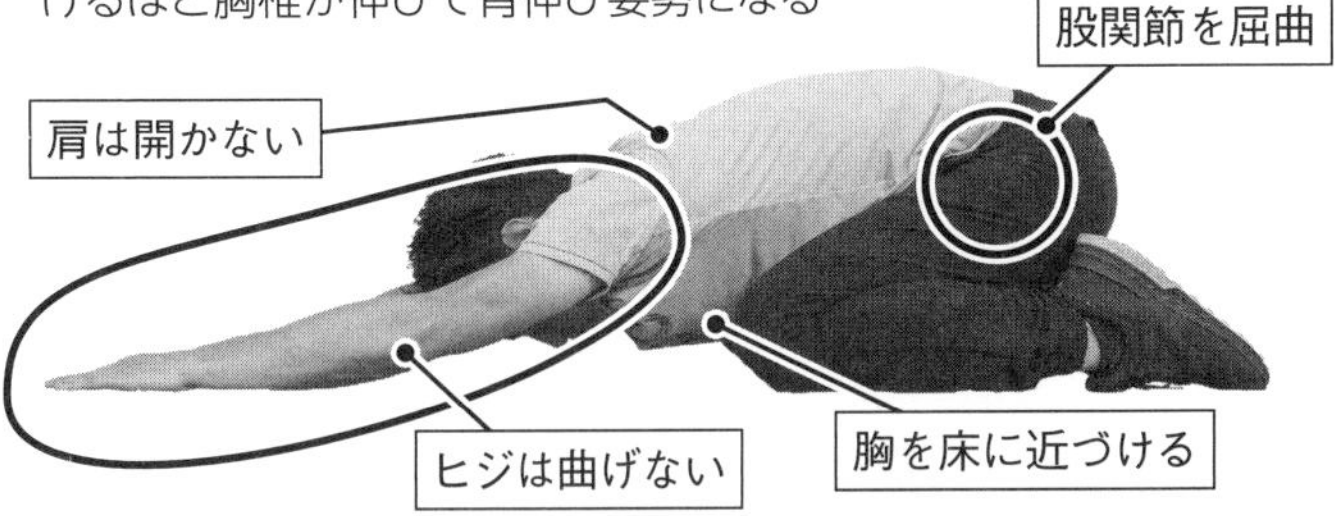
股関節を屈曲
肩は開かない
ヒジは曲げない
胸を床に近づける

**胸が最も床に近づいた状態で3秒キープしたらリセットして繰り返す→10回を目安**

**POINT**
- 股関節が硬い人はお尻を後ろへ引くようにする
- 腰椎が屈曲、胸の部分と腰の部分で緩いS字カーブができる
- 反り腰の人は背骨の正しい湾曲を作るのに有効

胸椎が丸まったり腰椎が伸びてはダメ。頭を上げないように注意

**注意点**

☑ ヒジが曲がらないように
☑ 肩が開かないように
☑ 胸椎を丸めない
☑ 腰椎を伸ばさない

# 猫背や反り腰がなくなり、背骨のわん曲が本来の形に近づく

## After こうなる

脊柱はニュートラルポジションにある

エクササイズを続けると背骨が本来の形で緩やかにわん曲《きょく》。理想とするニュートラルポジションでのアドレスになる

*Before* これが

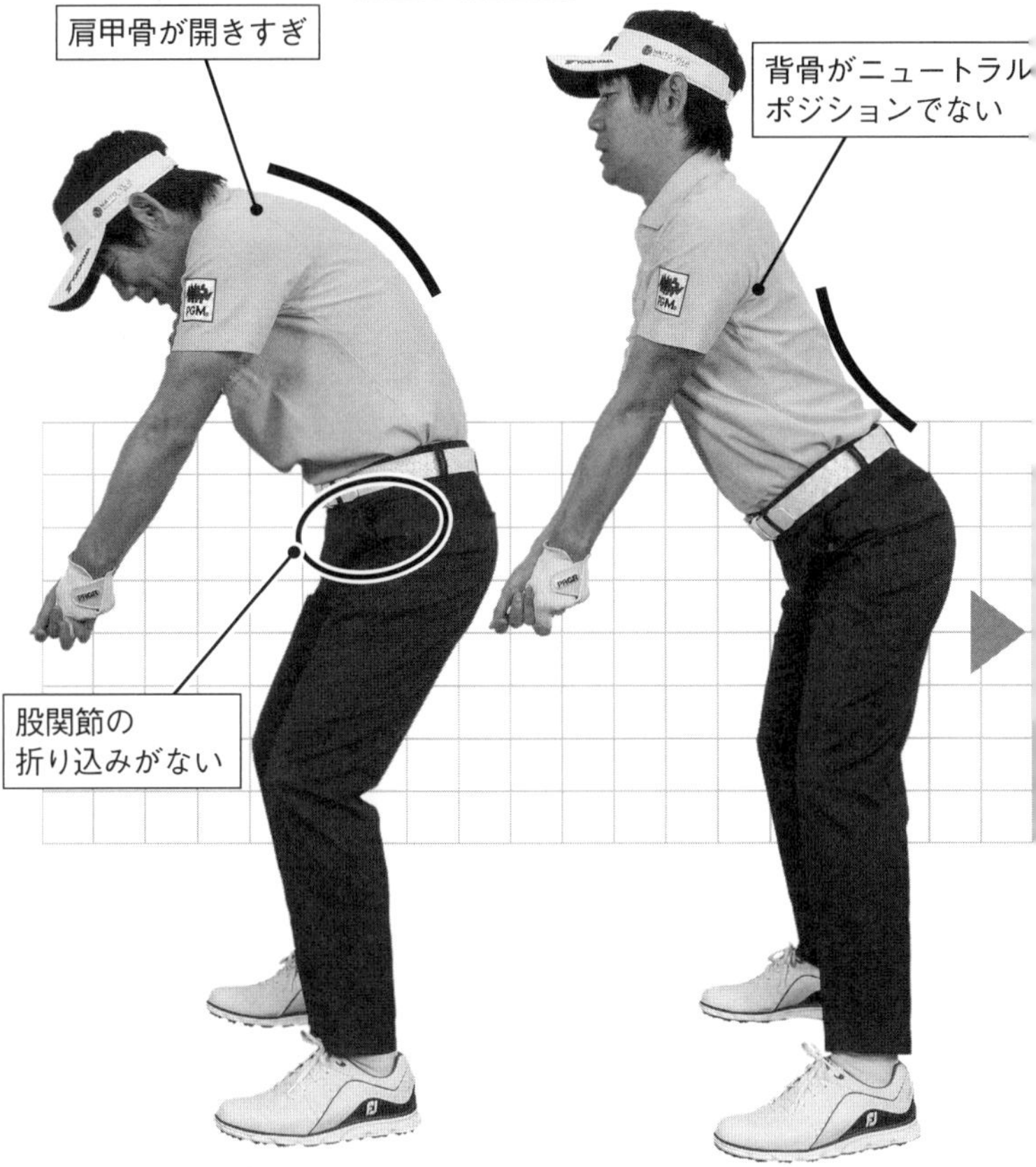
肩甲骨が開きすぎ
股関節の
折り込みがない
背骨がニュートラル
ポジションでない

猫背。胸椎が丸まっているのに加え、肩甲骨が左右に開きすぎている。ワキが締まらず股関節も折り込めないので胸椎の回旋ができない

反り腰。胸椎が伸びないことで、腰を無理に反ってしまい、本来のわん曲ができないため、ニュートラルポジションでアドレスできない

# 股関節まわりと肩まわりの筋肉のストレッチ

## 1 片ヒザ立ちで腕を真っすぐ上げる

片ヒザ立ちの体勢をとり、ヒザを立てていない側の腕を体の横で真っすぐ上げる。背骨はニュートラルポジションで、お尻をギュッと締めるように力を入れる。立てたヒザは真っすぐ前を向ける

体の横で手を
真っすぐ上げる
ヒザは前に
向ける
お尻を少し前に
出す意識を持つ

**腕を長く伸ばし3秒キープ**

## 2 下半身を動かさず上体を横に倒す

上げた腕を曲げないように上半身を側屈させる。ヒザや股関節が動かないように注意。腕を伸ばしたままにすることで胸椎が伸びる

上半身を
側屈させる
ヒザ、股関節は
動かさない

**側屈させて3秒キープ**

**POINT**

- 股関節を伸展させる
- 背骨と骨盤、脚の付け根をつなぐ腸腰筋を伸ばす
- 手を上に伸ばすと胸椎が伸びる
- 背骨のブロック（椎骨）に隙間を作って回旋をスムーズにする

**注意点**

☑ 腰を反らさない
☑ 上げた腕を曲げない

## 3　手を頭の後ろに回す

立てたヒザに反対側の手を乗せたら、片方の手を後頭部に当てる

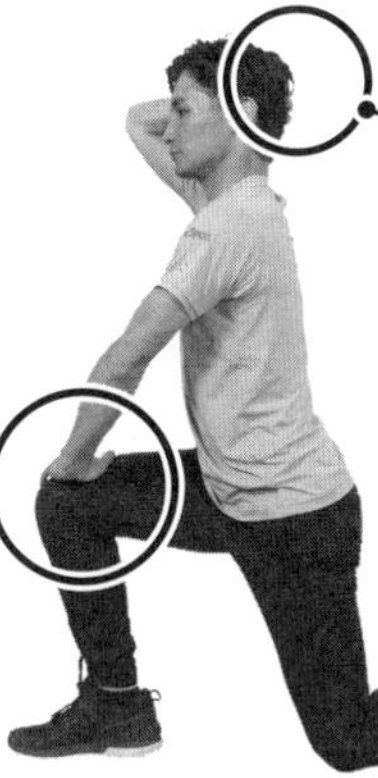
立てたヒザと
同じ側の手を
後頭部に当てる
立てたヒザとは
反対側の手を
乗せる


## 4　後頭部に当てた手の方向に上体をひねる

下半身が動かないようにして、後頭部に当てた手の方向にゆっくり上体をひねる。ヒザが外を向かないように注意し、お尻をギュッと締めるように力を入れる

**回旋させて**
**３秒キープ→**
**左右２セット**

下半身は
動かない
ようにする
ヒザが外を


**POINT**
- 左右の肩甲骨が寄る形を作る
- 腸腰筋を横に伸ばす
- 上体を回旋させる
- 勢いはつけずにじっくり伸ばす

**注意点**

☑ 背中が丸まる人は手を伸ばして行う
☑ ヒザが外側に向かないように

# 股関節を折り込みながら胸椎の回旋でバックスイング、伸展させながらパワフルにダウンスイング

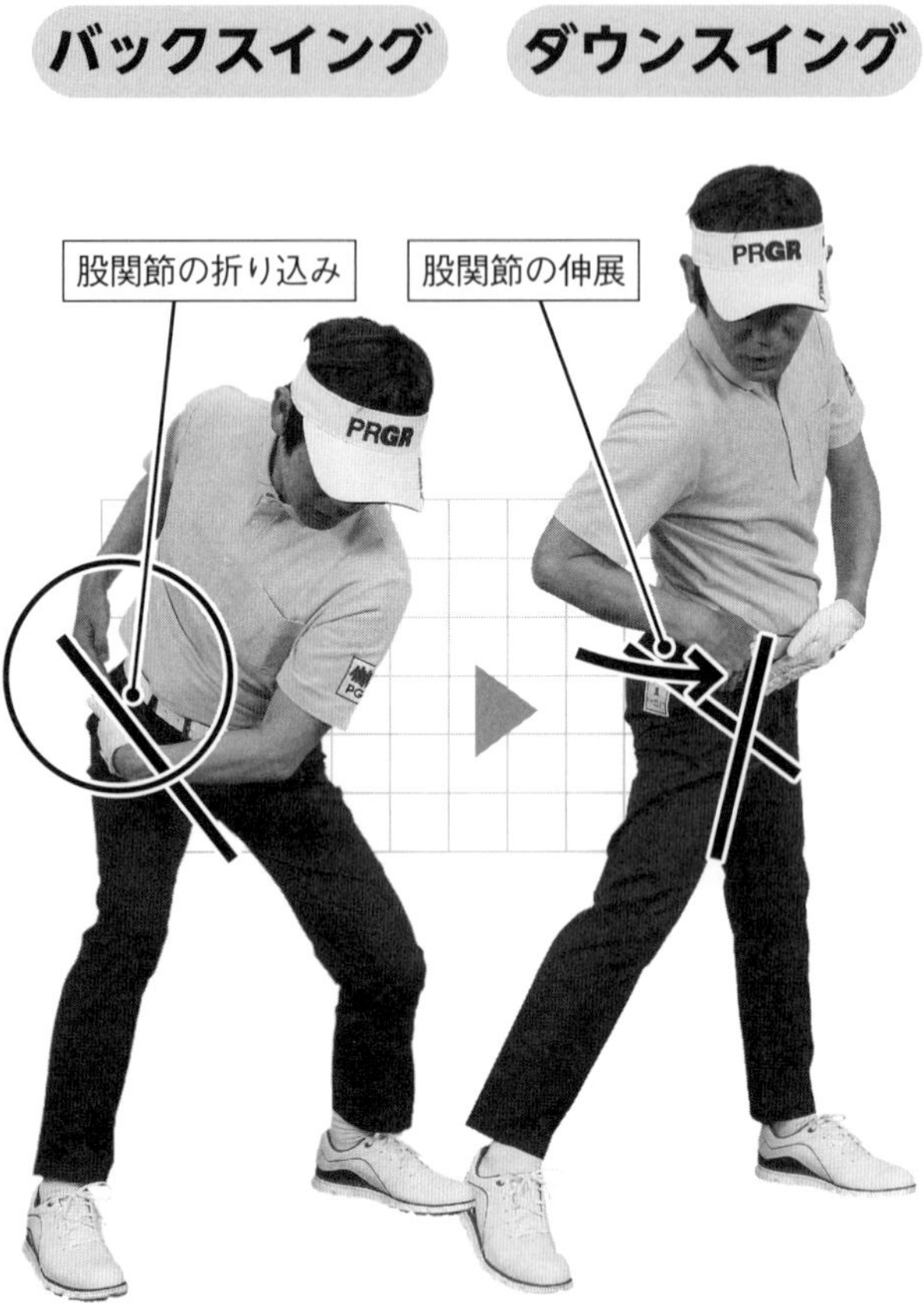


股関節を折り込むことで股関節が安定し、バックスイングで胸椎を右に回旋できる。ダウンスイングでは折り込んだ股関節を一気に伸展させながら胸椎を戻すことでパワーが生まれる

## フォロー

*Before* これが

*After* こうなる

腰が伸びる
前傾が維持できる
胸椎が左に回旋する
右股関節の伸展

バックスイングで股関節が折り込まれていないとスイング中に股関節の屈曲がなくなって腰が伸びる。そのため右股関節の伸展が使えない。エクササイズをやるとその伸展を行いやすくなる

## 1 股関節を屈曲させる

写真のように床に座って足を広げ、左右いずれかの足を曲げて自分側に引き寄せる。両手は床につける

足を曲げて
体に引き寄せる

## 2 腕を伸ばして上体を倒す

引き寄せた足と逆側の腕を伸ばしたら、手を遠くにズラしながら上体をゆっくり前に倒していく。目線は伸ばした手の指先

腕を極力遠くに伸ばす

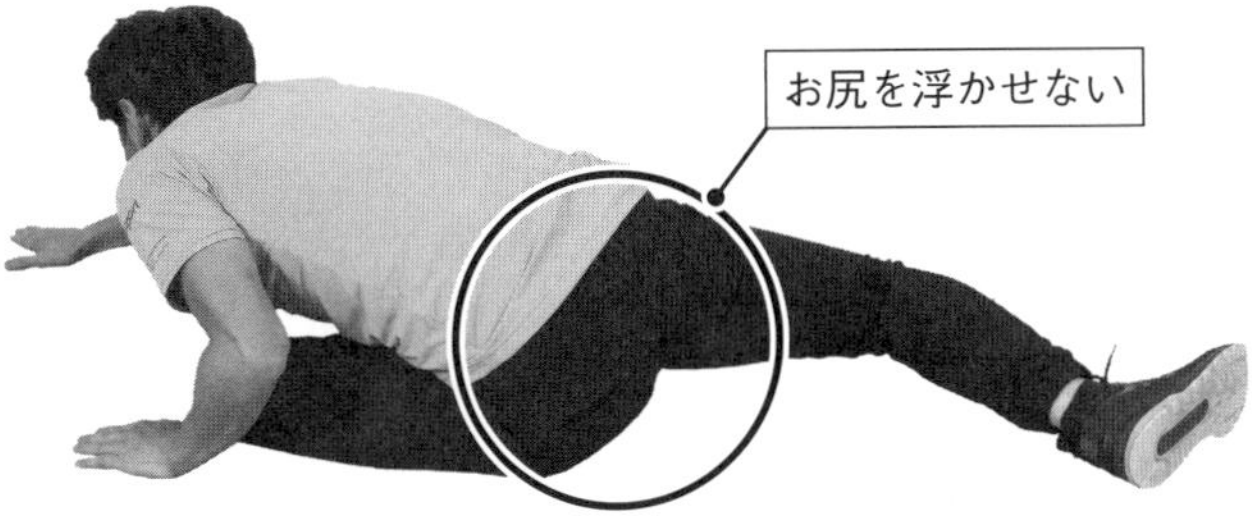
お尻を浮かせない

腕を伸ばして前に倒れたときに、お尻が浮かないように気をつける

## 3 足を入れ替えて反対側も行う

伸ばした手の指先を見る

**無理のないところまで伸ばしたら３秒キープしてリセット 10 回→２セット**

**POINT**

- 股関節を屈曲させる
- 骨盤の高さを同じにしてお尻、モモ、背中の筋肉の伸びを感じる
- お尻と背中からワキが伸びるのを感じる
- 伸ばした足側のお尻を前にもっていくイメージ

**注意点**

☑ 腕は極力遠くに伸ばす
☑ 指先を見る
☑ お尻を浮かせない
☑ 伸ばした手のヒジを外に曲げない

# 深いトップを作ろうと伸び上がる人が胸椎の回旋でトップが作れるようになる

## エクササイズを取り入れた場合

After こうなる

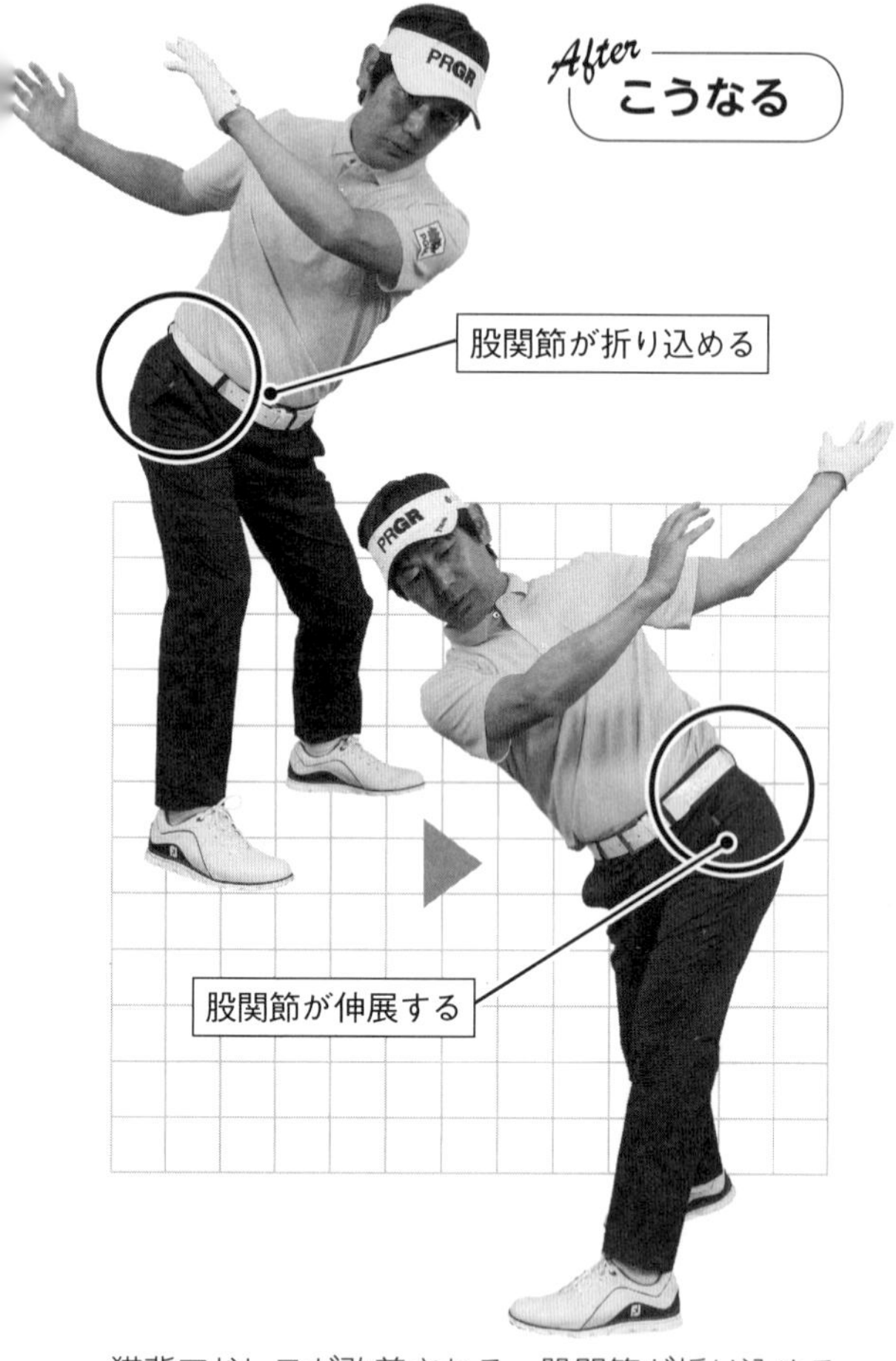
股関節が折り込める
股関節が伸展する

猫背アドレスが改善される。股関節が折り込めるようになり、バックスイングで内回りが可能に。ダウンスイングからフォローでは股関節の伸展を使いお尻の筋肉を伸ばしながら動ける

## エクササイズをしなかった場合

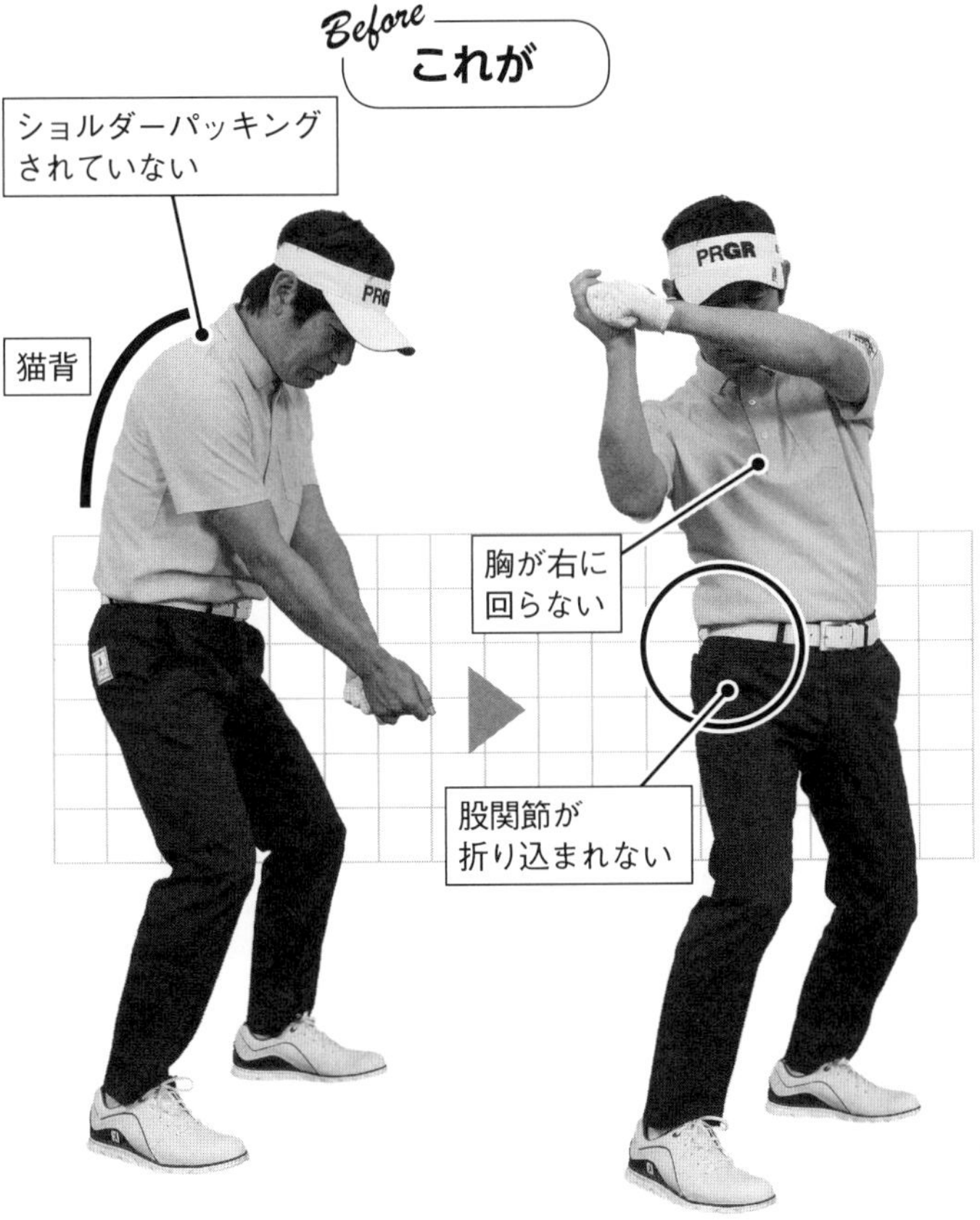
Before
これが
ショルダーパッキング
されていない
猫背
胸が右に
回らない
股関節が
折り込まれない

猫背のままアドレス。ヒザが前に出て重心が後ろ寄りに。胸椎が回旋する体勢でなく、ショルダーパッキングもできないのでクラブを手で上げる勢いで腰が伸びる

エクササイズ
6
背骨をニュートラルにして股関節を使う

## 1 シャフトを鎖骨に近づけてクラブを持つ

写真のようにバーベルを持つように、シャフトをなるべく鎖骨に近づけてクラブを持つ。背骨はニュートラルで足幅は肩幅より少し広げるくらい。顔は正面を向く

## 2 スクワットの要領で腰を落とす

背骨のニュートラルポジションを保ち、スクワットのようにヒザを曲げる。若干ヒザが外に向いてもいいので腰を引く。逆にヒザが内側を向いたりヒジを外に広げてはダメ

腰を落とす

**10回→2セット**

×
ワキがあいてはいけない
ヒザが内向きになってはいけない
背中が丸まったりヒザがツマ先よりも内向きにならないように注意

**POINT**
- 鎖骨にクラブをつけるように持つ
- 肩関節は外旋
- ヒジを下げて肩甲骨も下げる
- ヒザが若干外に向いてもいいので腰を引く

**注意点**

☑ 顔は正面を向く
☑ ワキをあけない（ヒジを開かない）
☑ ヒザを内側に向けない

# ショルダーパッキングと股関節の折り込みで理想のスイングに近づける

## エクササイズを取り入れた場合

After こうなる

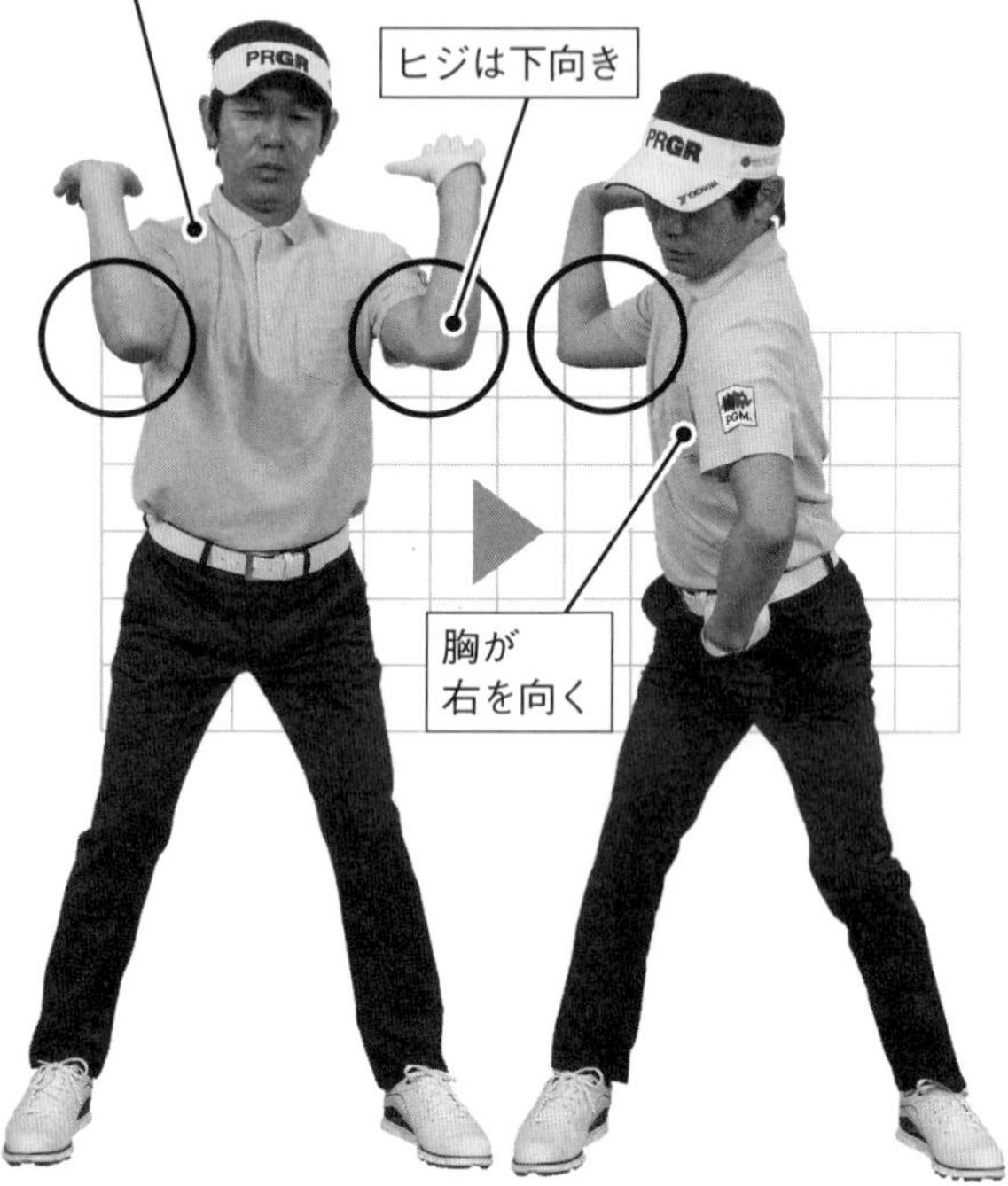
肩甲骨が下がる
ヒジは下向き
胸が
右を向く

ヒジを下に向けることで肩甲骨が下がる。肩関節が適度に外に回ってワキが締まるので、このままショルダーパッキング。さらに股関節を折り込んで右を向くと、勝手に胸椎が右に回旋する

## エクササイズをしなかった場合

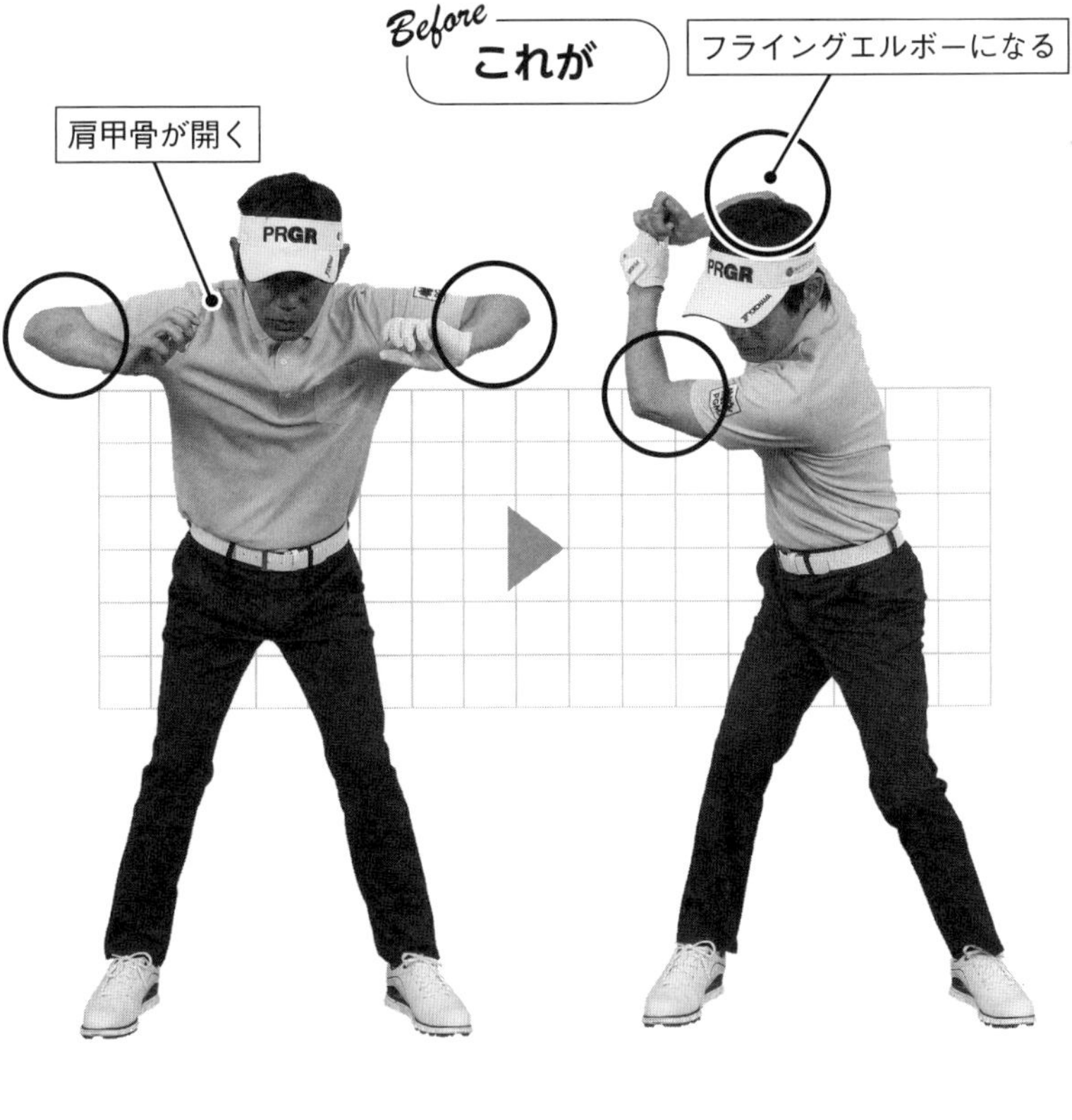
Before
これが
肩甲骨が開く
フライングエルボーになる

背中が丸く、肩甲骨も開いているのでワキがあいてショルダーパッキングできない。バックスイングでは手でクラブを上げることになるため、胸椎が回旋せずフライングエルボーになる

# 股関節を折り込み胸椎を回旋させる

## 1 肩でクラブを背負い軽くスクワット

エクササイズ7の要領で立ったら、首の後ろにクラブを持っていき軽くスクワットする体勢を作る。手首はあまり返さず、ヒジとワキ腹を少し近づけるようにして左右の肩甲骨を寄せ、背すじを伸ばす

左右の肩甲骨を寄せる
背すじを伸ばす
軽くスクワットする体勢

## 2 腰を動かさずに胸だけ回す

腰の向きを変えないように胸椎を左右に回旋。おヘソとみぞおちの向きが若干変わるのがポイント。一緒に同じ方向に動かしてはダメ

おヘソとみぞおちの位置に差が出る
胸を左右へ向ける

## 3 2の要領で逆方向にも回す

背骨はニュートラルポジション

右から左へと交互に
5回→2セット

×
腰の向きは
変えない

腰が動いてはダメ。おヘソとみぞおちは同方向を向かない

**POINT**
- 手首はあまり返さない
- 左右の肩甲骨を寄せる
- ヒジとワキ腹を少し近づける
- 胸椎が伸び、回旋する

### 注意点

☑ おヘソとみぞおちが同じ方向を向かない
☑ 背骨はニュートラル
☑ 腰の向きはなるべく変えない

# 腰ごと右を向いてしまうバックスイングが改善される

## エクササイズを取り入れた場合

After こうなる

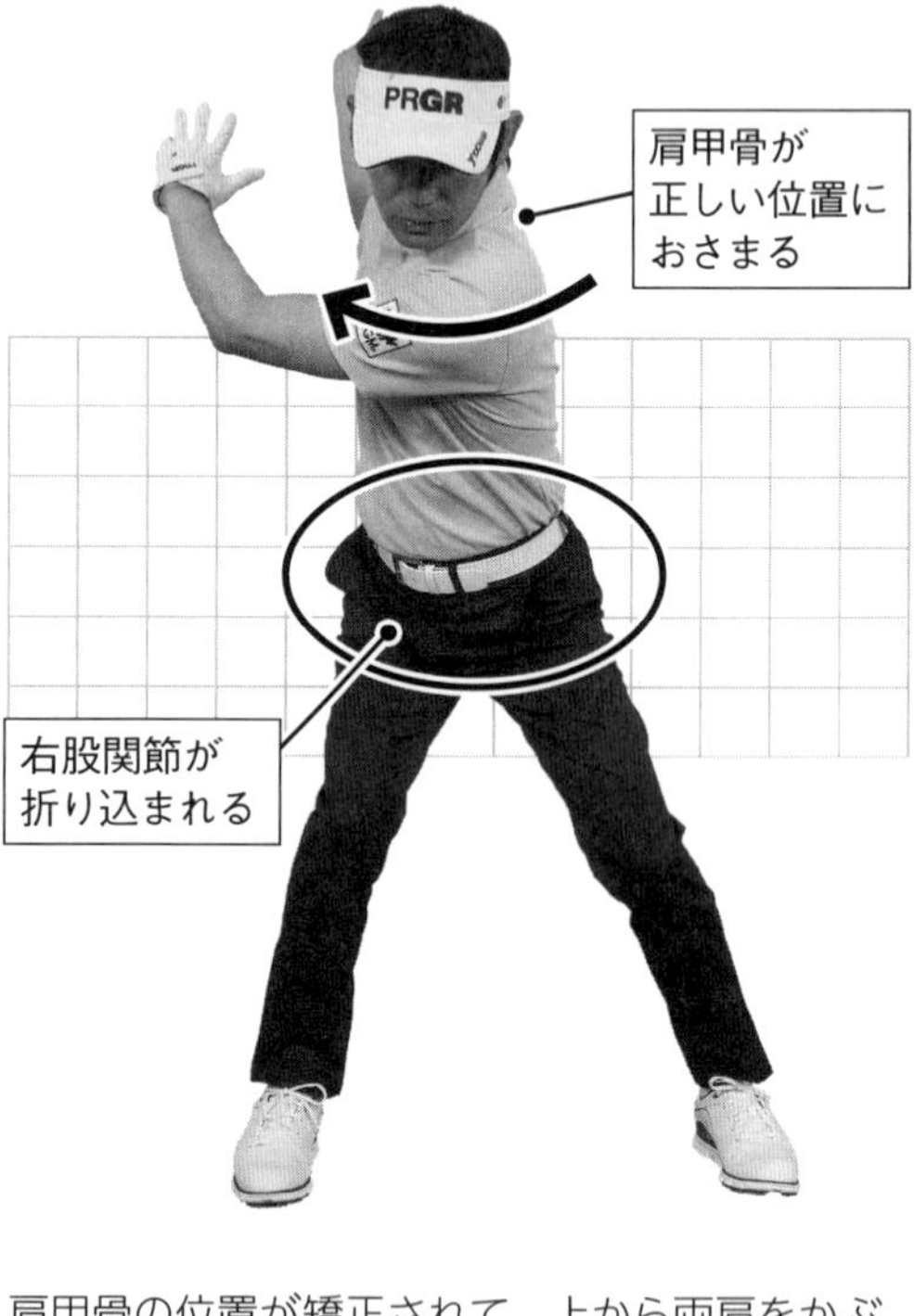
肩甲骨が
正しい位置に
おさまる
右股関節が
折り込まれる

肩甲骨の位置が矯正されて、上から両肩をかぶせるような形が改善される。その結果ワキが締まってショルダーパッキングできる。股関節も折り込めるのでバックスイングが正しく回る

## エクササイズをしなかった場合

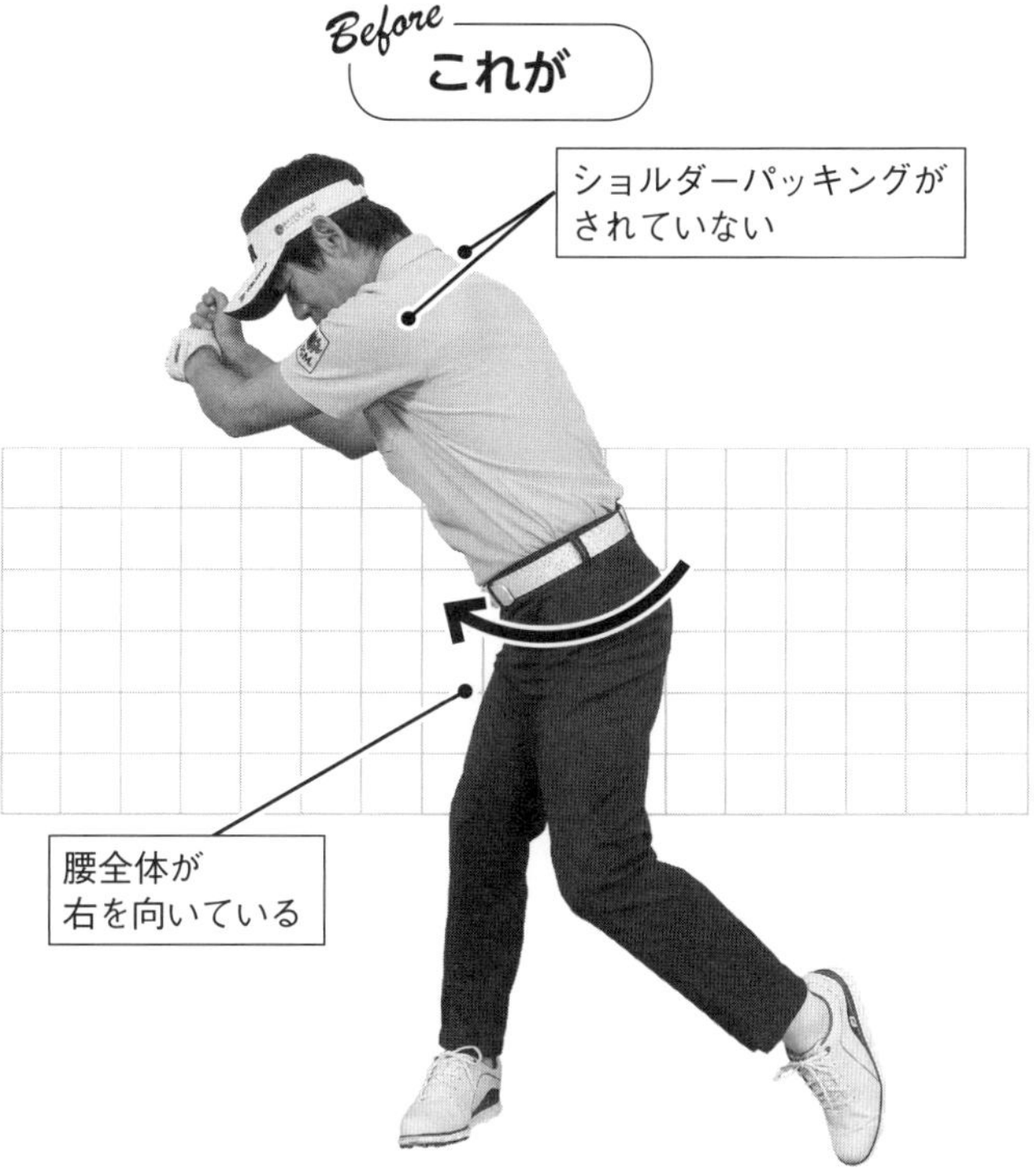
Before
これが
ショルダーパッキングが
されていない
腰全体が
右を向いている

ショルダーパッキングがなく、股関節も折り込めていないと腰ごと右を向く。この形ではダウンスイングで捻れを作れない

# 股関節をより深く折り込んだ状態で胸椎を回旋させる

## 1 幅広スタンスで体重を移動

首の後ろでドライバーを担ぐように持ったら、スタンスを広げて立つ。お尻をできるだけ落として左右いずれかの足に体重を乗せながら股関節を折り込む

股関節を折り込む
お尻を落とす
ツマ先とヒザの向きをそろえる
スタンスは広くとる

## 2 胸椎を回旋する

股関節をしっかり折り込んで、ヒザを曲げたほうの足側に胸椎を回旋させる。伸ばした足はできるだけピンと伸ばし、小指を床面につけておく

胸椎を回旋させる
ベルトのバックル位置は変わらない
足はなるべく伸ばす

## 3　1〜2の要領で逆サイドも行う

前傾は変えない
小指は地面につけたまま

右から左へと交互に
５回→２セット

×
股関節が
伸びない
ようにする

体の動きに足が引きずられると股関節が伸びてしまう

**POINT**
- お尻をできるだけ落として体重を移動
- しっかり前傾する
- 片足はピンと伸ばす
- ベルトのバックルの高さが変わらないように回旋
- 伸ばした足の小指は地面につける

**注意点**

☑ お尻やヒザは前に出さない
☑ 上体を起こさない

# 胸椎の回旋と股関節の伸展を使ってダイナミックにスイングできる

胸椎が左に回旋する
右股関節は
伸展

ダウンスイングからフォローではひねりを使ってパワーを増幅、さらに右股関節を伸展させてスピーディに振り抜ける

## エクササイズを取り入れた場合

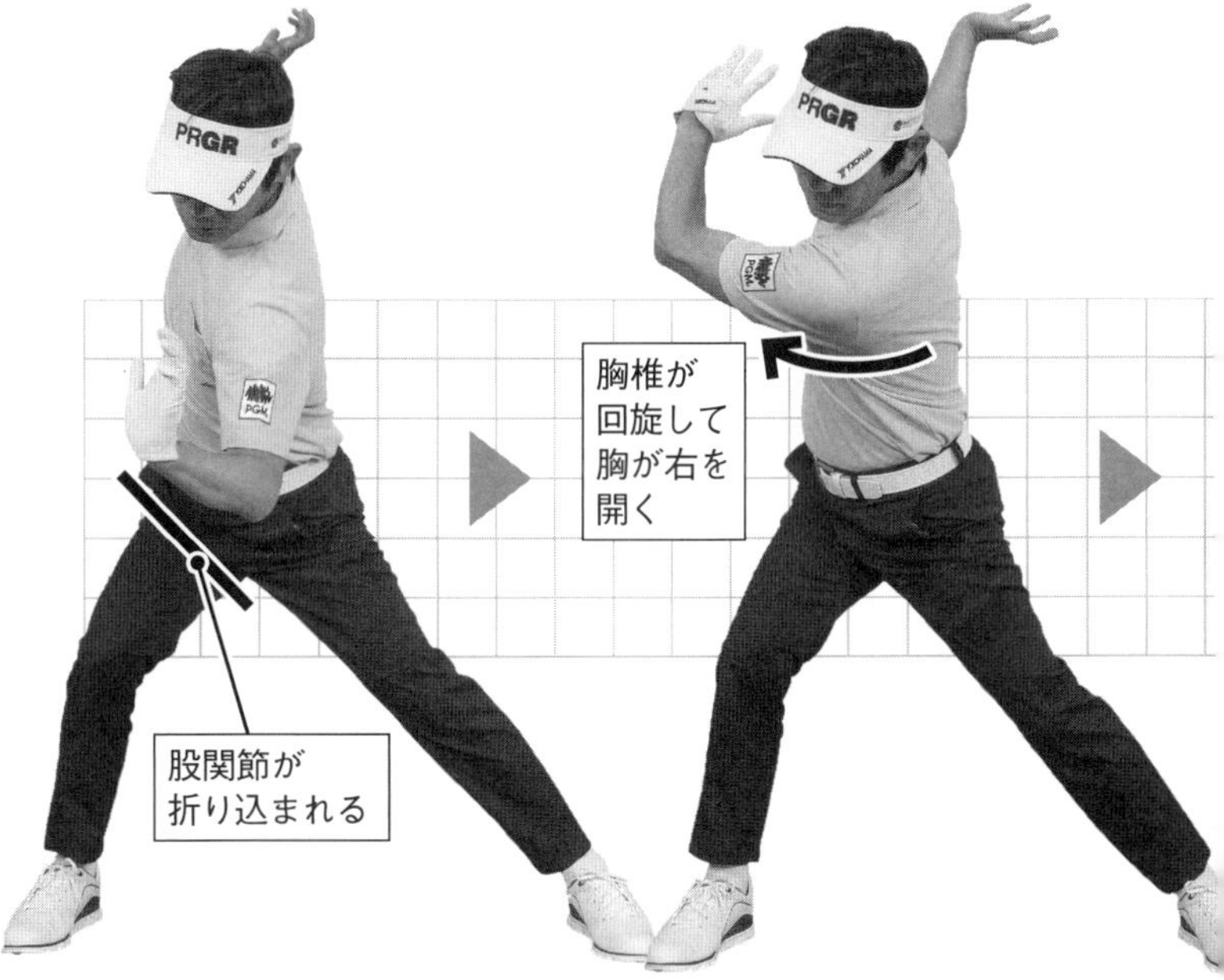
胸椎が
回旋して
胸が右を
開く
股関節が
折り込まれる

バックスイングでは股関節の内旋と胸椎
の回旋を使って動き、パワーをためる

直前 10分前

## 1 直立して胸椎を左右に回旋

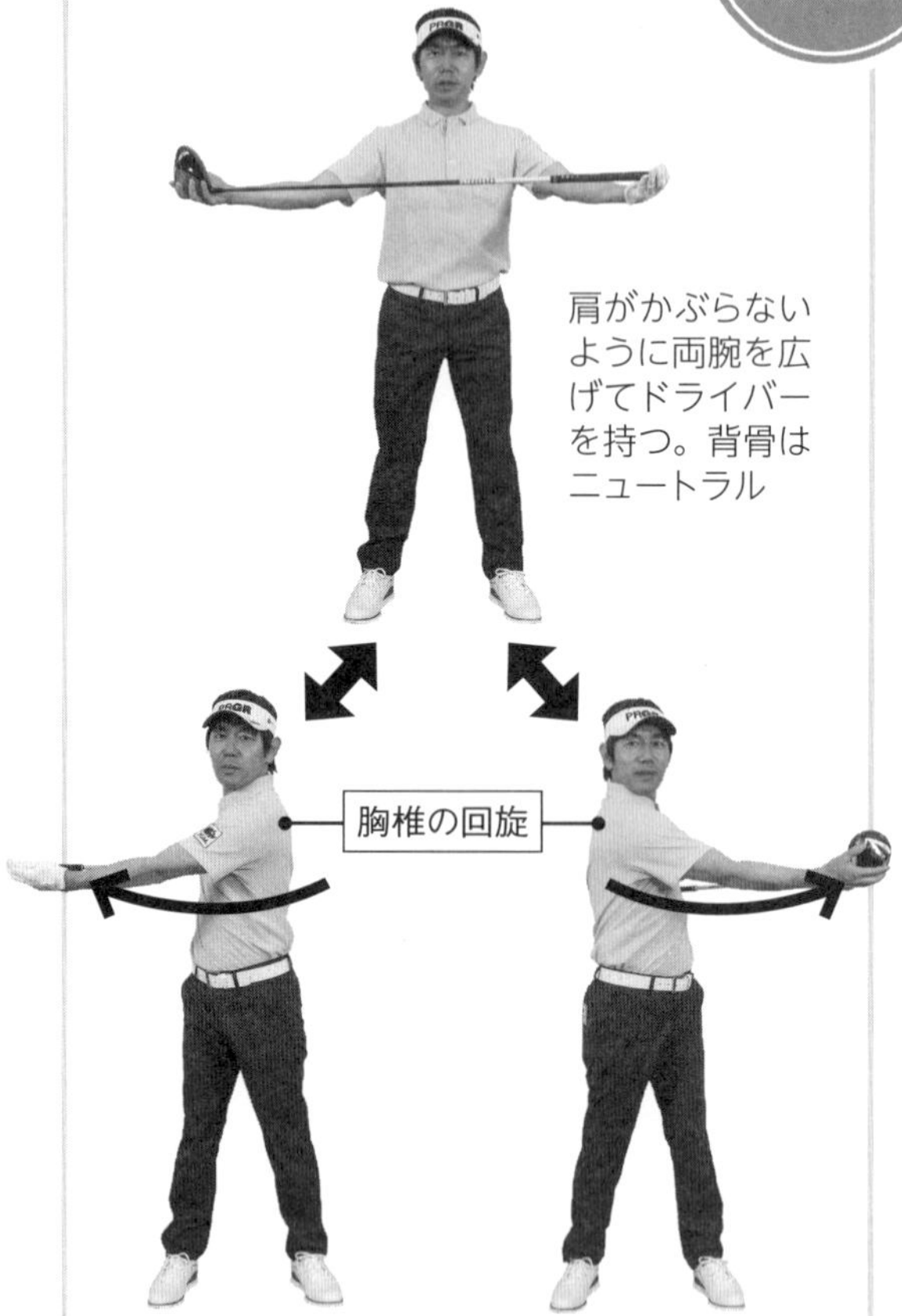

スタート10分前でも効果があるスイングストレッチ

肩がかぶらないように両腕を広げてドライバーを持つ。背骨はニュートラル

背骨のニュートラル状態を保ったまま、腰を動かさないように胸を左右に回して胸椎を回旋させる。首は一緒に動かさないこと。ゆっくり数回行ったら少し勢いをつけてやる

## 2 股関節の折り込みをチェック

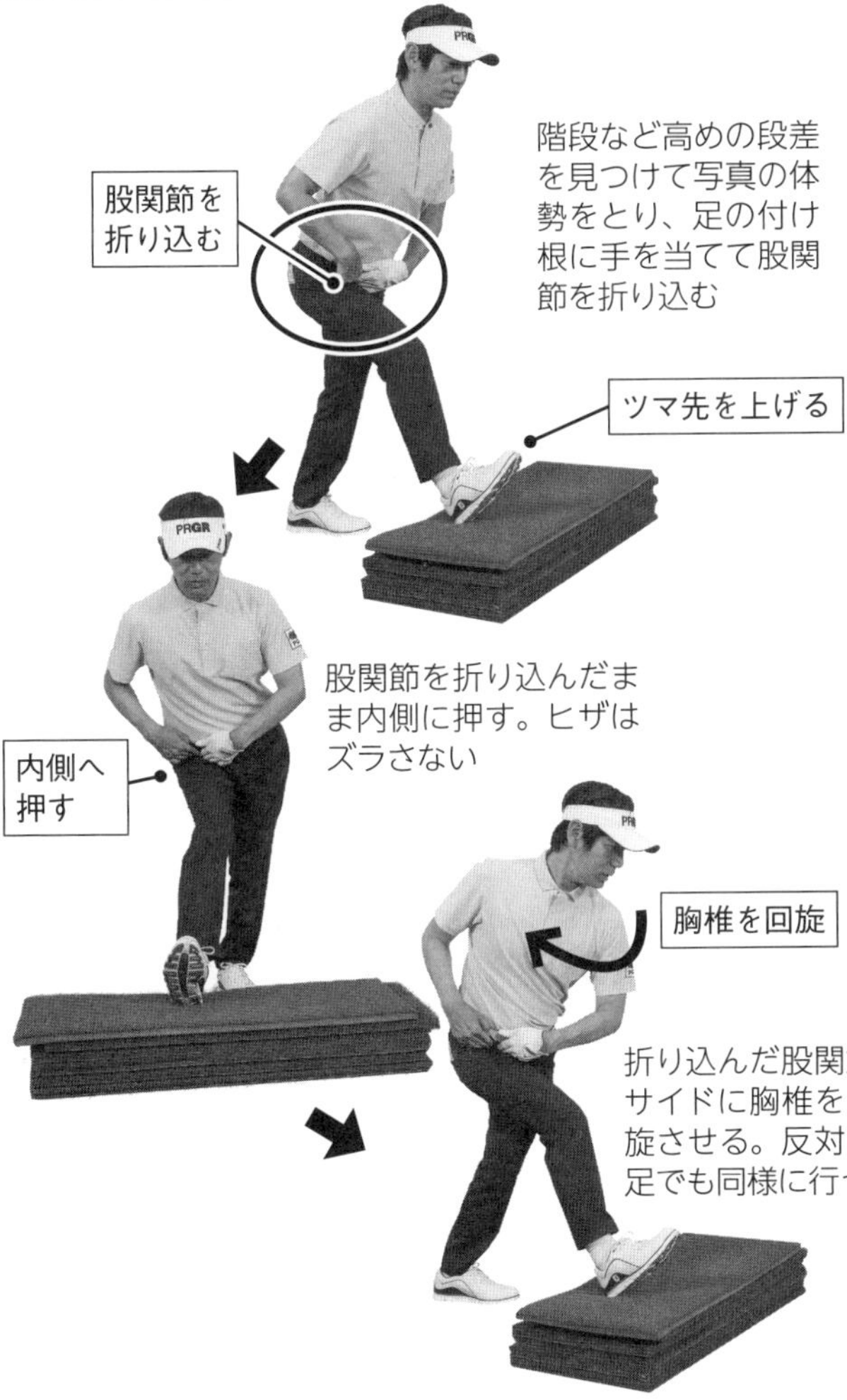
股関節を
折り込む
ツマ先を上げる
内側へ
押す
胸椎を回旋

階段など高めの段差を見つけて写真の体勢をとり、足の付け根に手を当てて股関節を折り込む

股関節を折り込んだまま内側に押す。ヒザはズラさない

折り込んだ股関節サイドに胸椎を回旋させる。反対の足でも同様に行う

## 3 足を前後にして胸椎を回旋

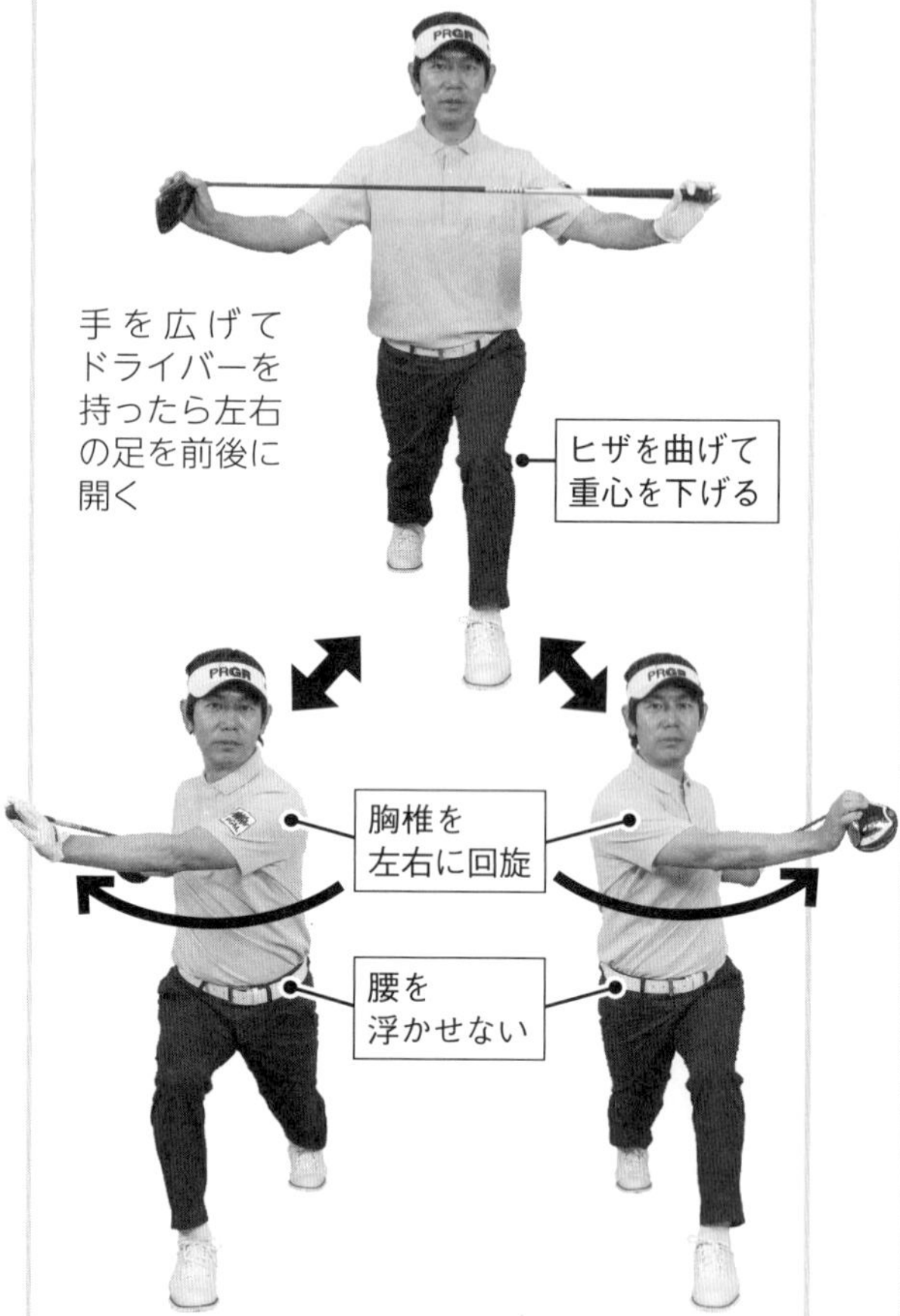


腰の高さや向きを変えないように胸椎を左右に回旋させる。腰が浮いたり、後方のヒザが内側に入ったり、上体が倒れないように注意

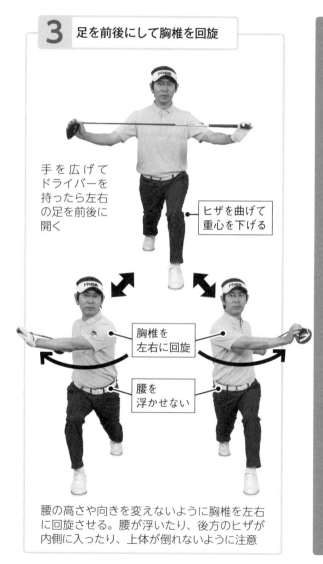

## 4　左右の股関節を屈曲&伸展

両足の幅を広めにとって真っすぐに立つ

右ヒザを曲げて右足に体重を乗せ、左股関節に手を当てて左足を伸ばす

左ヒザを曲げ、左足に体重を乗せる。右股関節に手を当てて右足を伸ばす

スイングで必要な股関節の屈曲と伸展を促す。伸ばしたほうの股関節に軽く手を当ててしっかり伸ばす。体重は左右に移動するが両足の裏は終始、地面につけたままにする

## 5 股関節の屈曲を促す

写真のように真っすぐに立って、左右いずれかの足を曲げて組む

伸びているほうのヒザをゆっくり、曲がるところまで曲げる

ヒザを曲げたまま股関節を屈曲させて上体を前に倒す

ここではクラブを支えに行っているが、壁に背中をつけたり、片手で壁やカートを支えにして行ってもOK。前傾したときに組んだ足のほうのお尻の筋肉がストレッチされるのを感じるように

## 6　背中をストレッチして胸を回す

背中に当てたクラブを両脇で挟み、やや広めの足幅で立つ

アドレスのイメージで軽く前傾し、背すじのニュートラル状態を感じながらバックスイングの要領で胸を右に回す

上体の前傾をキープしダウンスイングからフォローに向かうイメージで胸を左に回す

イメージはスイングだが早く動かさなくてもいい。背骨がニュートラルポジションにキープできていると、スムーズに胸が左右に回る

## 7 胸椎の回旋と股関節の折り込みを連動させる

クラブの両端を持ったら体の前で地面とクラブを平行にセットし、アドレス時の前傾姿勢をとる

バックスイングのイメージで右股関節を折り込み、ゆっくり大きく体を右にひねる

ダウンスイングからフォローの要領で、左股関節を折り込んで、ゆっくり大きく左に体をひねる

体を右にひねるときは右股関節、左にひねるときには左股関節を折り込むと体を大きくひねれる。上体だけひねらないように注意

## 8 体の回転主導をリハーサル

クラブを持って普通にアドレスしたら、グリップ位置を変えずにクラブが地面と平行になるところまで上げ、そこからトップへ

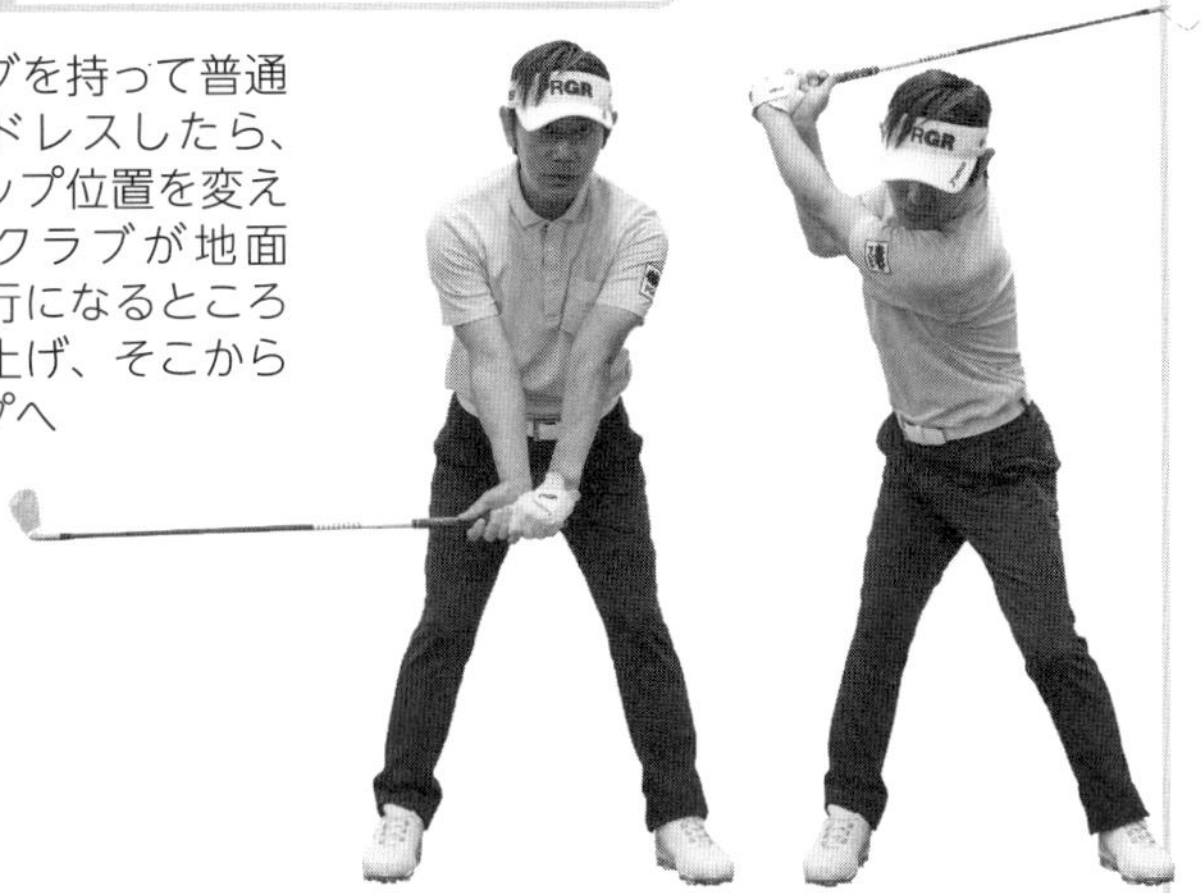

左股関節を折り込み、体の回転主導でダウンスイング。手とクラブの関係はトップのときのまま

お腹が目標方向を向くようにダウンスイングの体勢をとる

はじめにテークバックでトップ時の手とクラブの位置関係を作っておき体を回してトップへ。先に手を降ろさず、左股関節を折り込んでおなかを目標方向に向ける

## おわりに

いかがだったでしょうか。基盤のないところにテクニックを乗せるのは難しい。そこで、基盤となる骨や関節の使い方と、それを可能にする姿勢について説明してきました。

骨格からスイングを眺めることで、お気づきになったことが多々あったと思います。ミスのメカニズムについても理解しやすくなり、これまで「なぜ悪いんだ?」と首をひねっていたことが「なるほど、だから悪いのか!」という方向に変わった方もおられるでしょう。

そこまできたら、あとは実践あるのみです。動くべきところをしっかり動かし、止めるべきところは止める。緩めるべきところは緩め、固めるべきところはしっかり固められる体を手に入れる。ここにテクニックやパワーが加われば、すべてのゴルファーがもてる力を十二分に発揮できます。

スイングの形に悩む時代は終わりました。本書の内容を踏まえて取り組んでいただければ、ビギナーの方は寄り道することなく上達できます。経験者の方は蓄えた経験や知識が整理され、有機的に結びついて伸びしろが広がり、この先も長くゴルフを続けることができます。また、トップアスリートはケガのリスクを回避して、効率よくスイングできるようになるでしょう。

最後になりましたが、本書の出版にあたっては、池田書店の齋藤亮介さん、構成者の岸和也さん、菊池企画の菊池真さんに多大なるご協力を、また、内容につきましてはコナミスポーツ株式会社をはじめとする有識者の方々に大変有益なご意見、ご指導を頂戴しました。この場をお借りして、厚くお礼を申し上げます。ありがとうございました。

内藤雄士

著者

## 内藤雄士（ないとう ゆうじ）

ゴルフコーチ・ゴルフアナリスト。1969 年生まれ。日本大学ゴルフ部在籍中にアメリカにゴルフ留学し、最新ゴルフ理論を学ぶ。帰国後、ゴルフ練習場ハイランドセンター（杉並区・高井戸）にラーニングゴルフクラブ（LGC）を設立し、レッスン活動を始める。1998 年、ツアープロコーチとしての活動を開始。2001 年には、マスターズ、全米オープン、全米プロのメジャー大会の舞台を日本人初のツアープロコーチという立場で経験する。丸山茂樹プロのツアー 3 勝をはじめ、契約プロゴルファーの多数のツアー優勝をサポートしてきた。現在は様々なゴルフ媒体への出演や、一般財団法人丸山茂樹ジュニアファンデーションで理事を務めるなどジュニアゴルファーの育成にも力を入れている。また、PGA ツアーの中継を中心に、ゴルフアナリストとしても活動している。著書に『ゴルフ 現代スイングの結論』（河出書房新社）他多数。

協力

## コナミスポーツ株式会社

日本最大級の総合型スポーツクラブとして全国に展開し、ゴルフをはじめとしたスクール運営やフィットネスプログラムの開発など、さまざまな良質な商品・サービスの提供を通して、運動がもっと身近で楽しいものとなるアイデアの実現・普及に努めている。


---


STAFF

構成／岸　和也　　撮影／富士渓和春　　イラスト／川本　満
本文デザイン／石垣和美（菊池企画）　　DTP・デザイン／原沢もも
撮影協力／清水康三郎、ハイランドセンター　　校正／聚珍社
編集／菊池企画　　企画プロデュース／菊池　真


---

## 内藤雄士 ゴルフ 正しいスイングは「骨格」で理解する！


著　者　内藤雄士
協　力　コナミスポーツ株式会社
発行者　池田士文
印刷所　萩原印刷株式会社
製本所　萩原印刷株式会社
発行所　株式会社池田書店
〒 162-0851　東京都新宿区弁天町 43 番地
電話 03-3267-6821（代）／振替 00120-9-60072

落丁・乱丁はお取り替えいたします。



ISBN978-4-262-16643-8





19009011